씹고, 뜯고, 맛보고, 즐기고~

떼레레의 나라
파라과이

Paraguay, la tierra del Tereré

37년 선교사가 그려낸 눈물겹고 유쾌한 이야기

추천사
"한 사람의 인생이 담긴 책입니다."

김홍석 목사
(안양일심교회 담임, 예장고신 제73회 총회장 역임)

"사람이 온다는 건 실은 어마어마한 일이다.
그는 그의 과거와 현재와 그리고 그의 미래와 함께 오기 때문이다.
한 사람의 인생이 오기 때문이다.
부서지기 쉬운 그래서 부서지기도 했을 마음이 오는 것이다.…"(정현종, 2008년)

한 평생을 파라과이 선교에 헌신했던 이정건 선교사의 이야기가 책으로 발행되는 것을 매우 기쁘게 생각합니다. 이 책은 많은 사람들이 남기는 회고록이나 자서전과는 결이 다르다고 생각합니다. 자신의 공로나 업적이 수록된 책이 아니라 오롯이 자신의 생애를 주님께, 파라과이 사람들을 위해 바친 일생의 기록이기 때문입니다. 한 사람의 인생이 담겨 있습니다.

고신대학교와 고려신학대학원을 졸업한 후 1989년 3월 고신총회를 통해 파라과이로 파송되어 2025년 은퇴하기까지 약 37년에 이르는 동안의 사역 기록이기도 하지만, 하나님께서 선교 현장에서 역사하신 소중한 기록을 담고 있습니다. 그러므로 해외 선교에 조금이라도 관심을 가진 사람이라면 한 번쯤 읽을 것을 권합니다.

이 책은 표지에 고신연합수련회에 참석한 파라과이 현지교인들의 뜨거운 찬양 모습을 사진으로 실어 그들의 열정적인 신앙 생활상을 보여 주었으며, 본문의 글마다 현지 사진을 적절히 삽입해 가독성을 높였을 뿐만 아니라, 파라과이 현장의 모습을 생생하게 전하는 역할을 톡톡하게 하고 있습니다. 지금은 오프라인이나 온라인서점마다 여행 관련 도서들이 넘쳐나고 있지만, 한국에서 멀리 떨어진 파라과이 여행을 안내하는 책은 희귀할 정도입니다.

이것은 선교계(宣敎界)에서도 마찬가지입니다. 우리가 방문하기 쉬운, 가까운 국가에 관한 관심과 기도는 넘쳐납니다. 하지만 남미 대륙이나 아프리카 등지는 너무 멀어서, 관심을 두고 기도하는 교회가 적은 것이 현실입니다. 선교에도 자본주의 논리가 그대로 투영되고 있는 것입니다. 그러나 주님께서는 땅 끝까지 복음을 전하라고 하셨으므로 먼 곳에 있는 나라들을 위해서도 기도하면서, 선교를 담당해야 하겠습니다. 이에 순종하여 파송 받은 파라과이 먼 나라에서 사역하던 이정건 선교사의 책은 많은 도전적 내용을 담고 있으므로 강력히 추천합니다.

이 책은 100년 후에 더욱 사랑받을 책입니다. 조선에 온 선교사들이 제법 많은 기록을 남겼습니다. 셔워드 홀(Dr. Sherwood Hall, 1893~1991)은 의료 선교사로 '결핵환자들의 아버지'라 불렸으며, 조선에서 태어난 최초의 서양인으로서 모국에서 숨을 거두면서도 '사랑하는 땅 한국'에 묻히기를 염원했던 사람이었습니다. 그가 남긴 『조선 회상』(좋은 씨앗 발행)은 조선의 잘못된 미신과 풍습, 문화, 관혼상제 등에 대하여 소상하게 기록하고 있습니다. 이러한 연구와 저술 등에 힘입어 조선 선교가 이루어졌다고 볼 수 있습니다.

셔워드 홀 선교사의 『조선 회상』은 집필된 지 약 1세기가 지나서야 베스트 셀러(bestseller)를 넘어 스테디 셀러(steady seller)가 되었듯이, 이정건 선교사의 이 기록이 1백년 후에는 더 많이 사랑받는 책이 될 것으로 봅니다. 단순한 선교 보고서나 개인적인 기록이 아니라 한 사람의 생애 전체를 통하여 역사하신 주님의 행적을 담고 있기 때문입니다. 외국인 선교사의 눈으로 바라본 파라과이의 지리, 문화, 종교, 풍습, 음식, 관광, 그리고 한인 이민 역사 등을 함께 담고 있습니다.

무엇보다 이 책은 재미가 있습니다. 외국 생활을 오랫동안 하거나 선교 현지에서 장기 사역을 했다는 이유만으로 남기는 다른 기록들과는 차이가 있습니다. 선교에 관심이 있는 목회자나 교우들은 물론이고, 특히 단기선교를 준비하는 사람들에게는 필독서가 되었으면 좋겠습니다. 이정건 선교사의 이 책이 한국교회의 많은 사랑을 받기를 바라는 마음으로 추천합니다.

추천사
"잊혀 진 땅,
그러나 반드시 기억해야 할 이야기"

조동제 선교사
(고신총회세계선교회 본부장)

　이정건 선교사님의 《떼레레의 나라 파라과이》는 단순한 여행기가 아니다. 이것은 선교사님이 37년 동안 선교사로 헌신하며 직접 보고, 듣고, 경험한 살아있는 역사이며, 남미 선교의 새로운 지평을 여는 창(窓)이다.

　많은 이들에게 파라과이는 낯선 나라다. 그러나 이 책을 펼치는 순간, 독자는 '남미의 심장'이라 불리는 파라과이의 숨겨진 아름다움과 그곳에서 일어난 하나님의 선교 이야기에 빠져들게 된다. 저자는 선교사의 눈으로, 그리고 한 인간으로서의 깊은 애정을 담아 파라과이의 문화, 역사, 사람들, 그리고 신앙생활의 여정을 생생하게 전한다.

　그는 단순한 선교사역 보고를 넘어 "씹고, 뜯고, 맛보고, 즐기고"라는 슬로건처럼 독자들이 이 책을 통해 살아있는 생물을 경험하듯 파라과이를 경험하도록 인도한다. 파라과이의 강과 도시는 눈으로 보는 듯, 파라과이 음식은 실제로 맛보는 듯, 그리고 때로는 눈물겹고 때로는 유쾌하게 그려낸 선교 이야기들이 선교를 꿈꾸는 이들과 신앙인들뿐 아니라, 새로운 세상을 알고 싶은 모든 일반 독자들에게도 깊은 감동을 줄 것이다.

　이 책은 파라과이에 대한 선교적 비전과 역사적 통찰, 그리고 인간적인 따뜻함이 어우러진 걸작이다. 선교사님의 책, 미지의 나라 파라과이를 통해 미지의 땅, 파라과이가 더 이상 미지가 아닌, 우리의 가슴에 새겨질 아름다운 나라가 되기를 바란다.

추천사

"선교사님의 사랑, 파라과이여"

오병욱 목사
(하나교회 담임)

이정건 선교사님의 KPM 본부장 시절, 저는 선교정책위원장으로 함께 했습니다. 이어서 이정건 선교사님이 멤버케어원장으로 섬기던 때에, 저는 멤버케어위원장으로 동역했습니다. 그리고 하나교회(천안)에서 담임목사와 선교담당 협동목사로 몇 년을 함께 지냈습니다.

그런 특별한 관계로 늘 가까이 하면서 알게 된 이정건 선교사님은 한결같은 분입니다. 그래서 선교사로 처음 발을 디뎠던 파라과이에서 지금까지 사역하고 있습니다. 또 세밀하고 성실하게 기록을 잘하는 분입니다. 마치 누가복음과 사도행전을 기록한 누가와 같습니다.

선교사님은 파라과이 선교사로 파송 받은 이후, 국내에서 본부 사역을 하는 동안도, 파라과이를 잊지 않고 매월 빠짐없이 선교 편지를 보냈습니다. 그것이 파라과이 선교 역사가 되고, 선교사님의 일생이 되고, 그 이야기들이 모여서 바로 이 귀한 책이 되었습니다.

이 책은 여러 가지로 유용해 보입니다. 첫째는 떼레레의 나라 파라과이에 대한 다양한 정보가 있습니다. 보고 배울 점도 눈에 뜨입니다. 또한 선교사님의 글을 통해 파라과이를 간접으로 경험하는 재미도 있습니다. 게다가 선교사님을 통해 주시는 하나님의 은혜도 있습니다.

책을 보며 선교사님의 수고를 생각하게 되고, 선교사님을 통해서 역사하신 하나님을 송축하게 되고, 선교사님이 사랑했던 파라과이를 위해 기도하게 되고, 선교사님이 밟았던 파라과이의 구석구석을 찾아가 보고 싶은 충동이 일어나, 나의 버킷리스트에 파라과이를 추가합니다.

 # 들어가면서 Introducción

나는 파라과이에서 사역하는 선교사다. 고신총회세계선교회(KPM) 소속으로 1989년에 파송되어 37년째 사역하고 있으며, 금년 말에 은퇴를 앞두고 있다. 지나온 날들을 생각해 보니 모든 것이 하나님의 은혜였음을 고백하지 않을 수 없다. 나는 평생 사역지인 파라과이를 사랑했고 파라과이에서 영혼 구원을 위한 열정으로 사역해 왔다. 나는 끝까지 파라과이를 떠나지 않았고 본부 사역 10여년을 제외하고는 늘 파라과이 현지인들과 함께 했다.

몇 년 전에 아내와 사별하고, 본부 KPM 멤버케어원장 사역을 끝으로 2023년 말에 파라과이로 다시 돌아왔다. 파라과이에서 선교사역을 시작했으니 파라과이에서 마감하는 것이 맞겠다고 생각했고 평소 아내도 그것을 원했었다. 나는 파라과이로 돌아온 후 선교차량에 전도지와 전도물품을 싣고 다니며 만나는 사람마다 그들에게 예수 그리스도의 복음을 전하고 있다. 비록 금년 말에 현역 선교사로서의 사역은 마감하지만, 남은 여생도 은퇴 선교사로서 어디서든지 복음 전하는 일을 계속하려 한다.

파라과이는 정말 아름다운 나라다. 하지만 한국에는 잘 알려져 있지 않으며, 지리적으로 워낙 멀어 쉽게 방문할 수 있는 곳은 아니다. 2023년 UN이 발표한 자료에 의하면 파라과이는 아직까지 세계에서 가장 알려지지 않은 아름다운 나라 가운데 하나라고 소개하고 있다. 알려지지 않았다는 것은 아직 가보지 않은 사람들이 많다는 뜻이고, 따라서 앞으로 알려질 무한한 가능성이 있는 나라라는 것이다.

따라서 내가 파라과이에서 37년째(본부사역 포함) 선교사로 사역하면서 사역 현장에서 하나님께서 역사하신 생생한 경험들과 선교지에서 여기저기 다녀 본 곳 중 소개하고 싶은 곳들과 파라과이 사람들의 삶과 생활, 그리고 역사와 문화들을 이 책에 담아 보았다.

이 책의 순서는 우선 '오직 주의 은혜라'라고 고백하지 않을 수 없는 파라과이 선교 초창기 이야기부터 지금까지 사역들을 돌아보고, 이어서 '남미의 심장(El corazón de América del Sur)'이라고 불리는 파라과이에 대한 전반적인 소개, 지리와 종교, 역사, 국가 기념일 및 행사, 파라과이 사람들의 생활, 음식문화, 그리고 대표인 관광지 소개 등의 순으로 꾸며 봤다.

아쉬운 것은 선교 초창기의 기록을 뒷받침할 수 있는 사진 자료가 부족하다는 점이다. 여기저기 찾아보면 찾아낼 수도 있는데 선교지에서 글을 쓰고 있기 때문에 자료를 얻기가 쉽지 않고 또 대부분의 사진 자료는 한국에 있어서 선교지에서 그 작업을 할 수 없다는 점이 너무나 아쉽다. 그나마 여기에 수록된 사진 자료들 가운데 오래된 사진들은 아날로그 시대에 찍은 사진을 사진첩에 보관해 놓은 것을 다시 사진으로 찍어 재생했기 때문에 화질이 선명하지 못하다. 그래서 사진 자료가 부족한 내용은 독자들의 상상으로 그 빈 공간을 채워주시길 바란다.

나는 이 책의 제목을 세계에서 유일하게 파라과이에만 있는 파라과이 국민음료 떼레레(Tereré)를 차용해 〔떼레레의 나라 파라과이〕라고 붙였으며, 책의 슬로건을 '씹고 뜯고 맛보고 즐기고'라고 붙여 보았다.

모 제약회사의 광고문구 같지만 그 의미는 이 책을 읽으시는 분들이 파라과이를 직접 방문하셔서 씹고(파라과이가 얼마나 아름다운지 곱씹어 보고), 뜯고(파라과이의 문화, 역사를 낱낱이 뜯어보고), 맛보고(파라과이의 맛있는 음식을 직접 맛보고), 즐기고(파라과이의 아름다운 경치와 문화 등을 마음껏 즐기고) 하시란 뜻이다.

2025년 5월 파라과이에서

〈차례〉

들어가면서(Introducción) _ 06

제 1부 오직 주의 은혜라(Solamente por la gracia del Señor)

1. 목사가 되고 선교사가 되다 _ 16

2. 파라과이 선교 초창기 이야기 _ 19
    1) 델 에스떼(Del Este)에 정착하다
    2) 현지인 교회를 개척하다
    3) 우물파기 사역으로 생수되신 예수 그리스도를 전하다

3. 비하인드 스토리 (The Untold Story) _ 25

4. 재미있고 감동적인 일화 몇 가지 _ 27
    1) 에르난다리아스(Hernandarias) 지역의 침술 사역
    2) 아빠레시다(Aparecida) 자매의 장례식
    3) 예쁜 빠블리또(Pablito)의 수술
    4) 프랑스인 점쟁이 제랄도(Geraldo)씨 부부

5. 위험한 가운데서 지켜 주심 _ 38
    1) 딸의 생명을 지켜 주심
    2) 교통사고의 위험으로부터 지켜 주심

3) 강도의 위험으로부터 지켜 주심

6. 아들과 함께 한 여행 _ 44

7. 파라과이장로교신학교 사역 _ 47

8. 고신선교사회회장 사역 2년 _ 49

9. 고신선교본부장 사역 3년 _ 50
　　1) 본부장 선임과 당면한 문제 해결
　　2) 선교 축제의 시작
　　3) 동료 선교사 사이의 따뜻한 동지애- 계좌 이동
　　4) 교단 선교 60주년 기념대회

10. 멤버케어원 사역 6년 _ 57
　　1) 멤버케어원 사역을 시작하다
　　2) 멤버케어원 2기 사역과 아내의 소천
　　3) 후배 선교사들과 후원교회에 드리는 제언

11. 재파송..파라과이로 다시 돌아오다 _ 64

12. 선교사로서 가장 보람을 느꼈을 때? _ 67

13. 한국의 위상과 선교 _ 68

14. 나의 유일한 취미 _ 71

제 2부 남미의 심장 속으로(Al corazón de America del Sur)

1. 파라과이 소개 _ 74

- 남미의 심장 파라과이(República del Paraguay, el Corazón de América del Sur)
- 파라과이 한인 이민 역사(Historia de la inmigración coreana en Paraguay)
- 국익이냐 의리냐?(¿ El interés nacional o la lealtad?)
- 부러운 것 두 가지(Dos cosas que envidio en Paraguay)

2. 지리와 종교 _ 83

- 파라과이 강(Río Paraguay)
- 이따우과 시(Ciudad de Itauguá)
- 파라과이 제2의 관문 씨우닷 델 에스떼(La segunda puerta de entrada del Paraguay: Ciudad del Este)
- 파라과이의 선교역사와 고신교회들
  (Historia misionera del Paraguay y las Iglesias Presbiteriana Reformada Kosin del Paraguay)
- 기적의 물(Agua de Milagro)
- 종려주일과 고난주간 그리고 부활주일(Domingo de Ramos, Semana Santa y Día de la Resurrección)
- 성 요한 축제(la fiesta de San Juan)
- 추수감사절(Día de Acción de Gracias)
- 파라과이장로교신학대학 소개(Presentación al Seminario Presbiteriano del Paraguay)

3. 국가 기념일 및 행사 _ 104

- 국가 때레레의 날(Día Nacional del Tereré)
- 파라과이 영웅들의 날(Día de los Héroes)
- 차코 승전 기념일(Aniversario de la Paz del Chaco)
- 아버지날(Día del Padre)
- 파라과이 여성의 날(Día de la Mujer Paraguaya)
- 파라과이 국제 박람회(Expo Internacional del Paraguay)
- 으꽈 볼라뇨스 화재기념행사(La conmemoración del incendio Ycuá Bolaños)
- 아순시온 설립 487주년 기념일(487° Aniversario de la fundación de Asunción)
- 파라과이 청년의 날(Día de la Juventud paraguaya)

- 망자의 날(Día de los Muertos)

4. 파라과이 사람들의 삶 _ 121

- 파라과이의 경제상황(La situación económica en Paraguay)
- 2022년 파라과이 인구조사 결과(El resultado del Censo paraguayo 2022)
- 스페인어 습득의 노하우, 신문읽기(Métodos de aprender el idioma español, leer periódicos)
- 파라과이의 겨울 날씨(Clima invernal de Paraguay)
- 우버 택시(Uber Taxi)
- 비 오는 어느 주일 아침(Una mañana lluviosa del domingo)
- 불쌍한 차 메르세데스 벤츠(El pobrecito auto Mercedes Benz)
- 악마의 물고기 삐라냐(El pez diablo Piraña)
- 물고기와 사람을 함께 낚으며(Pescando los peces y a los hombres juntos)
- 뎅기열(El dengue)
- 아오뽀이(Aho poi)
- 파라과이의 생일잔치(La fiesta de cumpleaños en Paraguay)
- 평화로운 시위(Una huelga pacífica en el Paraguay)
- 비가 와야 합니다(Debe llover en este tiempo riguroso)
- 그저 바라만 보고 있지~(Solo estoy mirando)
- 세상에 이런 일이(Ocurre algo maravilloso en este mundo)
- 연말에 만나는 파라과이 민간신앙 의식(Los mitos y rituales que se celebran a fin de año en Paraguay)
- 송년에 관련된 파라과이 두 가지 풍습(Dos costumbres paraguayas acerca de la Nochevieja)
- 죽은 자를 위한 작은 기도처(La casita para los Muertos)
- 그 어떤 거짓말도 용서되는 날(El día en que se perdonan todo tipo de mentiras)
- 피자의 날(El día internacional de la Pizza)
- 파라과이의 전기 콘센트(Enchufe eléctrico en Paraguay)
- 은혼식(25° aniversario de bodas de plata)
- 신문(新聞) 읽기(Leyendo el periódico)
- 특별한 만남(Un encuentro especial)
- 묵은 것이 좋다(El añejo es mejor)
- 선교의 동역자(Los compañeros misioneros)

5. 음식 문화(Cultura de la comida tradicional) _ 166

- 고난주간과 찌빠(Semana Santa y Chipa)
- 마떼와 떼레레(Mate y Tereré)
- 토요일은 구운 통닭(Pollo asado)과 파라과이 소빠(Sopa paraguaya) 먹는 날
- 파라과이 사람들의 아침식사(El desayuno Paraguayo)
- 엠빠나다와 또르띨랴(Empanada y Tortilla)
- 밀라네사(Milanesa), 찌빠과수(Chipa Guazú), 만디오까(Mandioca), 과라나(Guaraná)
- 가을 전어와 아사도(Asado)
- 무게로 달아서 파는 음식(La comida que se vende por Kilo)
- 츄라스카리아(La Churrasquería)
- 파라과이 망고와 브라질 망고(Mango paraguayo y Mango brasileño)
- 파라과이 비아그라는 망고 껍질에(El Viagra paraguayo en la cáscara de mango)
- 뺑지께이조(Pão de queijo)
- 소박한 파라과이 전통음식점 소개(Introducción a un sencillo restaurante paraguayo)
- 파라과이 슈바인스학세(Schweinshaxe) 요리
- 파라과이 강변에서 환상적인 점심식사를(El almuerzo fantástico en la Costanera del río Paraguay)
- 파라과이 전통 수루비 수프(Caldo de Surubí típico paraguayo)
- 통닭 구이의 유혹(La tentación del pollo asado)
- 자몽을 효과적으로 먹으려면(La manera de comer eficientemente el pomelo)
- 누구에게나 참 좋은데(Sería muy bueno pero..)

6. 대표적인 관광지 _ 198

- 이과수 폭포(Las Catararas de Iguazú)
- 삼 국경과 세 국적(Tres fronteras y tres ciudadanos)
- 대통령궁과 사라진 사람들의 광장(Palacio de gobierno y Plaza de los Desaparecidos)
- 영웅들의 광장(Plaza de los Héroes)
- 까아꾸뻬 성모 축제일(Día de la fiesta de la Virgen de Caacupé)
- 아순시온의 남산 쎄로 람바레(Cerro Lambaré)
- 파라과이 예수회 선교 유적지(Sitio misionero jesuita paraguayo)
- 몬다우 폭포(Cataratas de Monday)

- 으브꾸이 국립 공원(Parque Nacional Ybycuí)

- 레만소 다리(El Puente Remanso)

- 챠코 영웅들의 다리(Puente de los Héroes del Chaco)

- 자과론(Yaguarón) 지역

- 사뿌까이(Ciudad de Sapucai)

- 산 베르나르디노(Ciudad de San Bernardino)

- 파라과이강과 아순시온 세관(Río Paraguay y la Aduana de Asunción)

- 이따이뿌 댐(La Represa de Itaipú Binacional)

- 자스레따댐(Entidad Binacional Yacyretá)

- 남미축구연맹 박물관(Museo de CONMEBOL)

- 파라과이 독립기념관(Museo de la Casa de Independencia)

- 아순시온 강변도로(La Costanera de Asunción)

- 예수교 선교회의 헤수스 데 타바랑게(Misión Jesuítica Guaraní Jesús de Tavarángue)

- 파라과이의 진주 엔카르나시온(Encarnación, Perla del Paraguay)

- 산 호세 제분소(Fábrica de Molino Harinero San José)

- 엔카르나시온 시립 철도 박물관(Museo Municipal Ferroviario Encarnación)

- 아순시온 식물원(Jardín Botánico de Asunción)

- 아순시온 국립 미술관(Museo Nacional de Bellas Artes de Asunción)

- 움부섬 박물관(Museo Isla Umbú)

- 그란 차코 1- 메노나이트 이민자의 후손들(Descendientes de inmigrantes menonitas)

- 그란 차코 2-1- 꼴로니아 박물관(Museo de la Colonia)

- 그란 차코 2-2- 메노니따 꼴로니아 박물관(Museo de la Fundación de la Colonia Menno)

- 그란 차코 2-3- 하이마트무세움 콜로니에 메노(Heimatmuseum Kolomie Menno)

- 그란 차코 3- 네우란드 역사 박물관(Museo histórico de la Neuland)

나오면서(Conclusión) _ 276

제 1부
오직 주의 은혜라
Solamente por la gracia del Señor

1. 목사가 되고 선교사가 되다

나는 1955년 경상남도 거창의 기독교 가정에서 태어났다.

10세 되던 해 우리 가족은 아버지의 직장을 따라 부산으로 이사를 했고, 그 이듬해 어느 날 밤에 잠을 자다가 부엌에서 문틈으로 새어 들어온 연탄가스에 온 가족이 중독됐다. 나는 비교적 늦게 발견되어 병원 응급실로 실려 가서 치료를 받았는데 사경을 헤맸다.

故 조동진 목사님

이때 나는 어렸지만, 희미하게 내게 닥쳐오는 죽음을 의식하며 하나님께 기도했다. 나를 살려주시면 목사가 되겠노라고. 그 기도와 서원 때문인지 하나님께서는 나를 살려주셨고, 기적적으로 회복했지만, 그 기도와 서원을 까맣게 잊었고 세월이 흘렀다. 내가 목사가 된 것도 그 기도와 서원 때문이었음을 세월이 많이 흐른 뒤에 깨닫게 되었다.

나는 쌍둥이 형과 함께 서울에서 자취생활을 하면서 고등학교를 다녔다. 고2 때였다. 내가 다니던 교회는 서울 용산구 후암동에 있는 후암장로교회(현 후암교회_대한예수교장로회 합동)였는데, 나는 200명 재적의 고등부 회장을 맡고 있었다.

고등학교 시절 '땅 끝에서 복음 전하겠다' 약속

당시 KIM(Korea International Mission) 선교회(현. GP/Global Partnership 선교회 전신) 본부가 후암장로교회 옆에 있었고, 5대 담임목사였던 고 조동진 목사님은 목회자일 뿐 아니라 뛰어난 선교학자로서 KIM 선교회 회장을 겸하고 있었는데, 그에게서 내가 입교식을 했고 그는 내가 선교사가 되는 데 결정적인 영향을 미치신 분이다.

이 교회는 가을마다 선교주간을 정해놓고 선교에 관련된 행사를 했다. 선교음악회, 선교전시회, 선교바자회 그리고 선교부흥회도 했다. 이 주간 마지막 날 밤에 강사로 오신 한 미국 선교사님이 선교부흥회에서 설교를 하셨는데, 미국에서 유학하신 조 목사님께서 유창한 영어 실력으로 통역을 하셨다.

선교사님은 사도행전 1장 8절을 가지고 설교하신 후 '하나님이 부르시면 선교사가 되어서 땅 끝에서 복음을 전하기를 원하는 사람'은 앞으로 나오라고 하셨고, 다른 여러 친구들과 함께 나도 앞으로 나갔다.

선교사님은 우리를 위해 기도하셨고 그날 밤에 나는 나의 삶을 하나님께 드렸다. 이것이 나의 선교의 시작이었다. 그러나 그 일 이후 나는 역시 선교사가 되기로 했던 하나님과의 약속도 역시 까맣게 잊고 말았다.

신학대학원 다니며 하나님과의 약속 생각나

서울에서 고등학교를 졸업한 후 나는 1975년 부모님이 계시는 부산으로 가서 고신대학교 신학과에 입학해서 공부했고, 이어서 고려신학대학원에 다니는 중 비로소 고2때 선교사가 되

1985년 4월 30일 이리선교교회 개척

아내 박은주 선교사와 결혼

기로 했던 하나님과의 약속이 생각났다.

나는 까맣게 잊고 있었으나 하나님은 결코 잊지 않고 계셨다. 신학대학원에서 공부하면서 선교학회 동아리에 가입해 선교훈련도 받고 기도도 했다. 이때 아내를 만나서 결혼했고 졸업 후 전라북도 이리(현 익산시)에서 개척교회를 시작했다.

나는 교회 이름을 '이리선교교회'라 지었고 교회 재정의 50%를 선교비로 사용하는 등 선교에 올인 했다. 4년의 목회 후 나는 이리선교교회를 사임하고 1989년 3월 31일 고신총회세계선교회(KPM) 주관으로 파송예배를 드리고 파라과이 선교사가 되었다.

제2기 고신선교훈련원 수료

파라과이 선교사 파송예배   파송예배 선서

2. 파라과이 선교 초창기 이야기

델 에스떼(Del Este)에 정착하다

지금은 선교사가 선교 사역지를 정할 때 선교본부와 미리 상의해 충분히 선교지에 대해 공부하고 현지답사를 해보고 거기에 있는 선배 선교사들을 만나서 정착과 사역에 대해 의논하고 준비해서 떠난다.

본래 내가 꿈꾸며 가고 싶었던 선교지는 인도네시아 발리(Bali)였는데 하나님은 선교본부를 통해 파라과이로 가라는 지시를 하셨다. 그런데 그 당시 남미에는 먼저 가 있는 선배 선교사도 없었고 선교지에 대한 아무런 사전 지식과 공부도 없이 무조건 순종해 떠났다.

지금 생각해 보면 어떻게 그렇게 할 수 있었을까 하는 생각이 든다. 그러나 모름지기 선교사는 자기가 가고 싶은 곳에 가는 것이 아니라 하나님이 보내시는 곳으로 가야하고 자기가 하고 싶은 사역을 하는 것이 아니라 하나님이 시키시는 사역을 해야 하는 것이라고 배웠기에 선교본부의 지시는 곧 하나님의 명령으로 알고 대책 없이 떠났다. 갔더니 과연 거기가 땅 끝이었다. 17세 때 땅 끝으로 가겠다고 서원했었는데, 정확하게 17년 후에 가족과 함께 땅 끝 파라과이에 서 있는 나 자신을 발견했다.

파라과이 어디 붙어 있는지도 모르고 떠나

5월 8일, 나는 난생 처음으로 해외로 떠났다.

파라과이가 어떤 나라인지, 거기에 사는 사람은 어떤 사람들인지, 남미의 어디에 붙어 있는 나라인지도 모르고 아내와 딸과 아들을 데리고 이민 가방 8개를 끌고 무작정 떠났다. 마치 아브라함이 하나님께서 가라고 명령하실 때 갈 바를 알지 못하고 떠났다고 했는데, 그때 아브라함이 느꼈을 그 느낌이었다.

김해공항에서 이날 우리 가족을 배웅하시던 부모님의 얼굴을 잊을 수가 없다. 그 날이 마침 어버이날이었다. 부모님을 기쁘게 해 드려야 하는 어버이날에 부모님의 눈에 눈물을 흘리게 했으니 선교의 출발일은 부모님에게 불효하는 날이었다.

1989년 5월 8일 아내와 두 아이와 함께 파라과이로 가는 비행기에 올랐다

한국에서 지리적으로 지구 정 반대편인 파라과이가 워낙 멀고 당시에는 선교지에 뼈를 묻는다는 각오로 갔기 때문에 부모님은 우리를 생전에 다시 보지 못할 것으로 알고 눈물로 배웅해 주셨다. 선교지로 가는 비행기 안에서 내내 우는 아내를 보고 어린 두 아이들이 "엄마 왜 울어? 꼭 할아버지, 할머니를 떠나서 선교사로 가야 돼?" 라고 몇 번이고 물었다.

파라과이는 출발부터 난관의 연속이었다. 본래 우리는 수도인 아순시온으로 가려고 계획했으나 그때 마침 일어난 파라과이 군부 쿠데타로 비자업무가 중단되어 비자를 받지 못했다. 파송은 3월 31일에 받았으나 비자 때문에 한 달 이상 기다리다가 더 이상 지체하기 어려워 당시 선교부 총무였던 김영진 선교사님과 의논했더니 브라질을 통해 들어가라고 해서 브라질 비자를 신청해서 받았다.

군부 쿠데타로 브라질 국경을 통해 밀입국

선교지로 가는 여정은 너무나 멀었다.

김해공항에서 일본 동경으로 가서 다시 미국 로스엔젤레스로, 그리고 비행기를 바꿔 타고 페루 리마를 거쳐, 브라질 상파울로에 도착했다.

우여곡절 끝에 도착한 브라질 이과수 공항

그리고 국내선 비행기로 이과수공항에 도착했는데, 한국을 떠난 지 40시간 만이다.

비행기에서 내리니 신학교 동기인 브라질 배성학 목사님이 공항에서 이틀간을 기다리고 계셨다. 그 후로도 배성학 선교사님 부부에게 받은 사랑은 너무나 크다.

우리는 브라질 이과수시와 파라과이와 국경을 통해 마주하는 델 에스떼시를 잇는 '우정의 다리(Puente de la Amistad)'를 통해 드디어 델 에스떼로 입국했다. 말하자면 밀입국이었던 셈이다.

현지인 교회를 개척하다

나는 가족과 함께 우선 이 도시에 정착했다.

이곳에는 모 교포 교인 이름으로 건축한 평안교회가 있었으나, 그 교인이 사업 실패로 소송에 걸려 뺏길 처지에 있던 곳을 임시로 맡게 되었다.

교회는 이미 법정소송으로 힘든 가운데 있었고, 담임목사도 공백상태라 교인들이 뿔뿔이 흩어져 겨우 남은 10여 명의 교인이 모이고 있었는데, 이 교회가 언어 훈련 중인 나를 담임목사로 청빙했다.

소송 걸린 교회, 하나님의 은혜로 3년 만에 부흥

나는 이 교회에서 사례금을 받지 않고 3년 반을 사역했고 사역하는 동안 하나님의 은혜로 교회가 부흥해 교회 빚

파라과이 델 에스떼 시에 개척한 아과비바교회

을 다 갚고 소송 끝에 예배당도 되찾았다.

그리고 1명의 장로를 세우고 3명의 안수집사를 세웠다. 그리고 현지인의 교회인 라파스(La Paz)교회를 시작해서 주일 오전에는 한인 대상의 주일학교와 장년예배를 드리고, 오후에는 현지인 대상으로 예배를 드렸다. 아내 박은주 선교사는 한인 유치원을 세워서 한글과 성경을 교포 자녀들에게 가르쳤다. 그 후 후임자를 세우고 난 뒤 한인교회를 사임하고, 현지인 선교에만 몰두해서 아과비바(Agua Viva: 생수란 뜻) 교회를 비롯해서 4개의 현지인 교회를 개척했다.

우물파기 사역으로 생수 되신 예수그리스도를 전하다

나는 고신 KPM 선교사일 뿐 아니라 KFHI(국제기아대책기구)의 듀얼 멤버십을 가지고 사역하면서 국제기아대책기구와 협력해 '우물파기 프로젝트'로 사역했다. 물이 부족한 마을에 우물을 파서 기증해 지역 주민들에게 맑고 깨끗한 생수를 제공함으로써 생수 되신 예수 그리스도를 전했다. 현지인 마을 4곳과 인디언 마을 1곳 등 총 5지역에 우물을 팠다.

우물 준공식에 시장도 오고 방송국서 취재

당시 마을 우물 준공식에는 시장도 참석해 축사를 했고 TV 방송국에서 취재를 하고 방영을 했고 여러 신문에도 기사가 실려 화제가 되기도 했다.

오염된 도랑물을 마시며 그 물로 빨래하던 사람들이 깨끗한 120미터 지하 암반수를 무한 공급받으며 행복하게 살고 있는 마을 사람들이 30년이 지난 지금도 방문하면 너무 고맙다고 인사를 한다. 이럴 때 한국인으로서, 선교사로서 무한한 보람과 자부심을 느낀다.

인디언 쇼레 마을 우물공사 완공 기념사진

쇼레시 엘리다 시장과 시청 직원들과 함께

인디언 마을에서 추장에게 구호품 전달

인디언 마을 우물공사 준공 언론 보도기사

경찰관, 정당방위를 위해 내 권총 사라

파라과이에 도착한 지 얼마 지나지 않은 때였다. 이웃에 사는 경찰관이 나를 찾아왔다. 그리고 내게 38구경 권총을 내 밀었다. 나는 너무나 놀랐다. 그런데 그 경찰관은 웃으면서 놀라지 말라고 하면서 이 권총은 자기 소유인데 저렴하게 줄 테니 사지 않겠느냐고 묻는 것이었다. 외국인들은 늘 강도의 표적이 되고 있고 언제 무슨 일이 일어날지 모르니 정당방위를 위해서 총을 가지고 있어야 한다고 했다.

나는 그에게 생각해 주는 것은 고맙지만 싫다고 했다. 왜냐하면 총을 가지고 있으면 언젠가 사용할 것이고 만약에 무슨 일이 벌어져서 정당방위로 그 총을 사용한다고 하더라도 그 일로 선교사역을 계속 할 수 있느냐는 것이다. 차라리 당하는 것이 낫겠다고 생각한 것이다. 2025년 3월 현재 파라과이 총기 단속반의 자료에 의하면 약 80만정의 총이 등록되어 있고, 실제적으로 사람들이 휴대하는 총기류는 45만 3천정 정도 된다고 한다.

마약 거래상, 나와 동업해 얻은 수익으로 좋은 일 하라

파라과이는 마약거래상들이 은밀하게 마약 제조도 많이 하지만 주로 콜롬비아 등 남미에서 생산하고 제조한 마약을 미국이나 유럽지역으로 보내는 중간 기지의 역할을 하는 나라다. 어느 날 우리 교회 성도 중 한 자매가 내게 말하기를 어떤 여성이 나를 만나자고 한다는 것이다. 왜 그러느냐고 하니까 그 여성은 마약거래를 크게 하는 사람인데 나와 동업을 하자고 했다는 것이다.

내가 해야 하는 일은 아무것도 없고 그냥 그 여자를 보호만 해주면 된다는 것이다. 그녀는 늘 마약 단속반에 쫓기고 있어서 어떤 때는 병원에 거짓으로 한 달씩 입원하기도 하고 그런 식으로 피해 다니는데 내가 선교사니까 내 뒤에 숨으면 안전할 것 같다고 한다는 것이다. 만약 그렇게만 해주면 매월 엄청난 금액을 줄 테니 그것으로 좋은 일을 하면 되지 않겠느냐고 제안했다는 것이다.

나는 그 제안을 단칼에 거부했다. 그리고 그 여자도 만나지 않겠다고 했다. 소름이 끼쳤다. 언론의 발표에 의하면 실제로 최근 몇 년 전에 파라과이에서는 개신교 중형 교회 현지인 목사와 그 일당이 잡혔는데 국제적인 조직과 연계해 엄청난 양의 마약을 거래하다가 체포되어 재판을 받고 교도소에 복역하고 있다. 사역자에게는 이런 모양 저런 모양으로 유혹이 들어온다. 그 유혹에 넘어가 세상 사람들에게 조롱을 받는 일이 생기지 말라는 법이 없다. 이것을 늘 기억해야 한다.

3. 한인 불법 체류자 사면령 숨겨진 사실

나와 내 가족은 파라과이로 밀입국했기 때문에 아무런 증명서도 없이 1년 반을 지냈다.

브라질 이과수로 국경을 건너갔다 오거나 델에스떼 시내에서 운전을 할 때 수시로 검문을 당했고 그때마다 비자가 없기 때문에 수차례 이민국에 불려 가서 추방의 위협을 당하며 많은 고초를 겪었다.

그때 나는 불법 체류자의 설움을 절실히 느끼게 되었다.

처가가 고 김영삼 대통령 부친과 잘 아는 사이

그런데 놀라운 일이 일어났다.

나는 그 당시 민자당 최고위원 이었던 고 김영삼 대통령의 부친 김홍조 옹과 내 처 외할머니가 잘 아는 관계에 있다는 것을 알게 되었고 또 동기 목사 가운데 김 최고위원과 친척 간인 김 모 목사를 통해 할 수 있는 한 가지 계획을 세웠다.

그것은 그 당시 우리 가족을 비롯해 파라과이 16,000명의 교포 가운데 500여명이 불법체류를 하고 있는 상황이라 정부에서 불법 체류자들에게 사면령을 내리도록 하자는 계획이었다. 이것을 실행에 옮겨 마침 그때 한국을 국빈 방문하고 있던 파라과이 안드레스 로드리게스(Andrés Rodríguez) 대통령에게 김영삼 최고위원이 특별 부탁을 했고 로드리게스 대통령이 귀국해 한인 불법체류자에게 사면령을 내렸다. 그때가 1990년 말이었다.

내가 알기로 그 당시 브라질은 불법체류자를 구제하기 위해 10년 주기로 사면령을 내렸고 이 사면령을 내릴 때 파라과이 교포 가운데서도 브라질 영주권을 취득하는 일도 더러 있었다. 우리 가족도 당시 아무 증명서도 없어 불안한 상황에 있었기 때문에 브라질 영주권이라도 취득하려고 상파울로로 건너가서 두 주간 체류하며 브라질 변호사를 통해 영주권을 시도했지만, 사기를 당하고 돈만 날렸다.

그러나 파라과이는 이 일로 처음이자 마지막으로 사면령이 내렸고, 500여명의 한인 불법체류자들이 정식으로 구제됐는데, 내가 은밀하게 작업해 만들어 낸 이 사실을 아는 사람은 아무도 없다.

아마 파라과이 한인회도, 대사관도 모를 것이다.

이 일은 김영삼 전 대통령이 현존하고 있지 않기 때문에 처음으로 밝히는 사실이다.

그 당시 돈을 주고 영주권을 얻으려면 변호사를 통해서 해야 했는데 비용이 1인당 2,000불씩 들었다. 모름지기 사면령이라 함은 무료로 영주권을 내주어야 함이 마땅한데 이민청에서 한인들에게 1인당 500불씩 수수료로 받았고 대상자가 많아서 영주권 취득 행정 수속을 한국학교에서 했다.

우리 가족도 그때 수속해서 영주권을 취득했고, 이후로는 법적으로 영주권자로 당당하게 살며 사역을 할 수 있게 되었다.

4. 재미있고 감동적인 일화 몇 가지

에르난다리아스(Hernandarias) 지역의 침술사역

나는 선교사역을 하면서 현지인 가운데 몸이 아파도 돈이 없어서 약을 사 먹지 못하고 병원에도 가지 못하는 사람들을 많이 보았다. 그래서 나도 간단한 침술이라도 배워서 그들을 치료해줄 수 있으면 좋겠다고 늘 생각했었다. 그런데 기회가 왔다. 첫 번째 안식년인 1993년에 스페인에 가서 공부하면서 거기서 한인 침술사 한 분을 만나게 됐고 그에게서 수지침을 배웠다.

안식년 스페인에서 침 배워 전도 위해 사용

스페인에서 돌아와서 처음으로 에르난다리아스(Hernandarias)라는 지역에서 선교할 때였다. 처음에는 전도를 위해 사람들을 모을 목적으로 무료시술을 해주었다 그런데 이상하게도 수지침이 효과가 있었다. 처음 침을 맞는 사람일수록 효과가 빨리 나타났다. 간단한 질병은 수지침을 놓으면 신기하게도 나았고 심지어는 팔이 비틀어진 사람들도 침을 놓고 뜸을 뜨면 정상으로 돌아왔다. 그 당시 침을 놓는 일본인 침술사가 있었는데 1회 치료에 25달러씩 받았다. 그런데 나는 무료로 치료를 해주었다. 단 무료로 치료해주는 대신에 교회 예배에 참석해야 하는 조건이었다.

소문이 나기 시작했다. 예레미아(Jeremías Lee) 목사에게 가면 어떤 병이든지 낫는다는 소문이었다. 환자들이 몰려오기 시작했다. 교회는 아침부터 저녁까지 환자들로 들끓었다. 이제

에르난다리아스 시에서 침술사역 전 기도하고 있다

는 복음전파는 뒷전, 몰려오는 환자들을 치료하기에 바빴다. 심지어는 암 말기 환자도 치료해 달라고 찾아왔다. 나는 의사 면허증도 없는데 혹시 치료 행위로 고발이 되면 어떻게 하나? 라는 염려가 엄습했다.

또 하나 실망스러운 것은 환자들이 치료받는 중에는 교회에 나오는데 낫고 나면 안 나오는 것이었다. 예수님께서 말씀하시기를 "이 사람들이 나를 찾는 것은 떡을 먹고 배부르기 위함이라"고 하신 말씀대로였다.

그러던 어느 날 기도하는데 "네가 지금 무얼 하고 있는 것이냐? 복음을 전하러 왔는데 복음은 전하지 않고 환자만 진료하고 있느냐" 주님께서 말씀하셨다. 나는 그날 회개하며 기도했다. 나에게서 수지침의 능력을 거두어 가 달라고, 그리고 정식 면허 있는 의사가 와서 이 불쌍한 사람들을 치료할 수 있게 해 달라고 기도했다.

그랬더니 신기하게도 다음 날로 하나님께서는 치유의 능력을 거두어 가셨다.

수지침을 놓아도 듣지 않는 것이었다. 자연히 수지침 진료를 그만두고 복음전파에만 전력하게 됐다.

하나님께서 의사 선교사 보내 주셔 7년간 동역

또한 감사하게도 하나님께서 때맞춰 내가 기도한 그대로 의사 한 분을 보내 주셨다. 아순시온교회 이근욱 집사님.. 아순시온 국립의대를 수석으로 졸업하고 스페인에서 유학해 전문의가 된 한국인 의사를 내가 사는 도시에서 만났다. 그리고 대화하는 가운데 그가 나와 동역하기로 약속하고 주일마다 왕진 가방과 약을 차에 싣고 선교지에 오셔서 진료 및 치료를 시작했다. 그는 이미 현지인 사회에서 이름난 의사였기 때문에 아픈 사람들이 많이 왔다.

나는 복음을 전하고 말씀을 가르치고 이근욱 집사님은 병자들을 치료했다. 이근욱 집사님은 나와 7년을 함께 동역했는데 알고 보니 그도 고등학교 다닐 때 의료선교사로 헌신했었는데 그동안 잊고 있다가 나를 만나서 함께 사역하는 가운데 하나님께서 마음을 감동시키시고 재 헌신하게 하셔서 그 잘 나가던 전문의 일을 그만두고 지금은 더 열악한 아프리카에서 의료선교사로 귀하게 사역을 하고 있다.

아빠레시다(Aparecida) 자매의 장례식

에르난다리아스에서 실로암교회(Iglesia Presbiteriana Siloé)를 개척해 사역할 때의 일이다. 어느 주일에 한 여성도가 아빠레시다(Aparecida)라는 자매를 교회에 데리고 왔다. 그리고 예배 후에 그 자매를 위해 기도해 달라고 했다. 왜 그러느냐고 물으니, 이 자매가 1년 전부터 갑자기 머리가 아프더니 두통이 가시지 않고 하루 종일 아파서 견디기 힘들어 해서 우리 교회 한국인 목사님이 계시는데 그분에게 기도를 받으면 나을 것이라고 했더니 자기를 데려가 달라고 하기에 데리고 나왔다는 것이다. 이때는 침술 사역도 접었던 때라 오직 기도만 할 수밖에 없었다.

두통으로 고생하는 머리에 손 얹고 기도

나는 그녀의 머리에 손을 얹고 간절히 기도를 하고 집으로 돌려보냈는데 다음 주일에 교회로 와서 간증을 했다. 말하기를 그 주일에 기도를 받고 집으로 갔는데 저녁쯤 되어서 가만히 생각해보니 교회를 다녀온 뒤로 하루 24시간 늘 아프던 머리에 통증이 사라진 것도 모르고 있었다는 것이다. 하나님이 고쳐 주셨다고 믿은 이 자매는 그날부터 교회에 열심히 출석하면서 신앙생활을 시작했다.

그때 그 자매의 나이가 32세였는데 벌써 아이가 6명이었다. 그런데 어느 주일에 내게 축하해 달라고 말했다. 무슨 일이 있느냐고 했더니 하나님이 7번째 선물을 주셨다는 것이다. 나는 기가 막혔다. 찢어지게 가난한 아빠레시다 자매가 이렇게 아이만 자꾸 낳으면 어쩌겠느냐고 생각하니 기가 차지만 오히려 기뻐하는 그 자매를 보고 나의 연약한 믿음을 나무라며 하나님께 그 자매를 위해 기도했다. 자매는 주일마다 교회에 와서 아이를 위해 기도해 달라고 했고 나는 그녀의 배에 손을 얹고 건강하게 순산하게 해 달라고 기도를 해 주었다.

불신자 남편 교회 다니는 아내 미워해 행패

그런데 불신자 남편은 교회에 열심히 다니는 아내가 미웠다. 날마다 술을 마시고 집으로 들어오면 아내를 때렸다. 견디지 못한 자매는 교회로 피신해 왔고 내게 어떻게 하면 좋겠느냐고 울면서 물었다. 나는 마음속으로는 몇 번이고 그 못된 남편과 당장 헤어지라고 말하고 싶었지만, 그녀에게 집으로 다시 들어가라고 했다. 아이들은 어떻게 하고 이렇게 나왔느냐고 하면서 죽으면 죽으리라는 각오로 남편이 핍박할수록 더 잘하라고 하며 돌려보냈다.

그로부터 몇 주간이 지났다. 어느 주일에 아빠레시다 자매는 내게 배속의 아이가 움직이지 않은지가 며칠이나 되었다고 걱정스럽게 말했다. 나는 기도해주고 하나님이 지켜주실 것이라고 하면서 돌려보냈는데, 그 다음 주일에 한 번도 빠지지 않던 그녀가 교회에 오지 않았다. 예배를 마친 후 그녀를 전도했던 성도가 내게 말하기를 어제 밤에 그 자매가 죽었다는 것이다.

내가 죽거든 목사님이 장례 주관해 달라

나는 너무나 놀라서 말이 안 나왔다. 무슨 일이냐고 물으니 배속의 아기가 이미 죽은 지 오래되어서 속에서부터 부패해 온 몸이 망가졌지만 가난해서 병원에도 못 가서 죽었다고 했다. 남편은 아내에게 "교회에 가서 너희 목사에게 돈을 달라고 하라"고 다그쳤지만 그 자매는 "우리 목사님은 나 아니라도 도와주어야 할 사람들이 너무 많은데 나까지 부담을 주고 싶지 않다"고 하면서 거절했다는 것이다. 그러면서 죽기 전에 남편에게 이런 당부를 했다고 전해주었다. "내가 죽거든 꼭 우리 교회 예레미아 목사님이 장례를 주관해 주기를 부탁해요. 당신도 예수 믿고 천국에서 만나요"라고 했다고 했다.

나는 즉시 교회 성도들을 데리고 그 집으로 갔더니 가톨릭교회 교인들이 이미 많이 와 있었다. 파라과이는 더운 나라여서 사망한 지 24시간 안에 매장해야 하는 법이 있어서 장례를 서둘러야만 했다. 그런데 파라과이 사람들의 장례 전통대로 가톨릭 교인들이 이미 가득 와서 자기들이 장례 미사를 드리겠다고 했다. 관에 누워있는 아빠레시다 자매를 내려다봤다. 파라과이 장례식은 보통 관 두껑을 열어놓는데, 이미 뱃속에 든 아이와 함께 상당히 부패가 진행되고 있어서 냄새 때문에 관 두껑을 닫아놓고 있었다.

나는 거기에 모인 많은 사람들에게, 특히 가톨릭 교인들에게 정중하게 말했다. "여러 가톨릭 형제, 자매 여러분, 이렇게 와 주셔서 감사합니다. 나는 고인이 출석하며 신앙생활 하던 교회 목사인데 고인이 죽기 전에 남편에게 유언을 남기기를 자기의 장례식은 우리 교회 목사님이 해 달라고 부탁했다는데 맞나요?" 하면서 남편에게 고개를 돌리고 물으니 남편이 "맞다"고 대답했다. 그래서 "고인의 뜻을 존중하여 제가 장례식을 집례합니다. 여러분도 하나님을 믿는 분들이니 모두 참석해 주시리라 믿습니다"라고 했다.

장례식 후에 교회에 나온 사람 여러 명

나는 속으로 틀림없이 이 사람들이 자리를 박차고 일어나서 나가리라 생각했는데, 놀랍게도 한 사람도 동요하지 않고 장례 예배에 참석했고 묘지까지 따라가서 하관예배까지 동참하

에르난다리아스 시에 개척한 실로암교회

교인들과 함께 찌빠를 만들고 있다

주일학교 아이들 수송차량

면서 나를 통해 두 번의 복음 설교를 들었다.

그날 장례식 후에 교회에 나온 사람도 여러 명 있었다. 예수님이 말씀하신 대로 "한 알의 밀이 땅에 떨어져 죽지 않으면 한 알 그대로 있고 죽으면 많은 열매를 맺으리라"고 하셨는데, 아

주일학교 생일축하 잔치

빠레시다 자매는 한 알의 밀로서 사명을 다하고 주님께로 갔다.

예쁜 빠블리또(Pablito)의 한국 병원 수술

에르난다리아스(Hernandarias)시에서 사역하던 1995년경이었다.

초등학교 교사였던 엘리다(Elida)라는 자매의 가족이 교회에 출석하고 있었는데 그 집에 막내로 태어난 남자 아이가 빠블로(Pablo)였다. 우리는 그 아이를 '꼬마 빠블로'란 뜻의 애칭으로 빠블리또(Pablito)라고 불렀다. 위로 딸만 셋인 집에 기다리던 남자 아이가 태어났으니 온 가족이 얼마나 기뻤겠는가? 더구나 이 아이가 얼마나 예쁜지 나는 그 당시 여태까지 그렇게 예쁜 아이는 처음 봤다. 금빛 머리칼에 흰 피부, 오똑 선 코, 그리고 파란 눈을 가진 아이였다. 온 교회의 귀염둥이였다.

그런데 이 아이는 태어날 때부터 선천성 심장 기형아로 태어났다. 심장 판막에다가 심장의 동맥과 정맥의 배치가 불균형을 이루어 늘 가슴 답답해했고 숨이 차서 힘들어 했다. 병원에 가서 검사를 했더니 수술하지 않으면 6세 이상 살기 어렵다고 했다. 당시 빠블리또는 4세였다. 그런데 당시 파라과이 병원의 시설과 의사의 수준으로는 성공 확률이 낮고 게다가 수술비마저 상상할 수 없는 큰 액수였다. 우리는 기도 끝에 한국으로 이송하여 수술을 받게 하자고 결정했고 선교본부와 의논하고 허락을 받은 후 고신교단 병원인 고신대학교 복음병원과 협의한 후 한국으로 이송했다.

선천성 심장병 수술하려 한국으로 왔으나

난생 처음으로 외국으로 떠나는 이 자매와 아들을 위해 아내 박은주 선교사가 동행했다. 온 교회가 합심해서 기도했다.

한국에 도착한 이들은 박 선교사의 안내로 병원에 입원해 파라과이에서 가져간 엑스레이 필름을 분석하고 복음병원 설비 장비로 다시 정밀 검사를 몇 차례 더 받았다. 그러는 중에 엘리다 자매는 한국 후원교회를 방문해 감동스런 예배에 참석하고 발전된 한국을 경험하면서 놀라워했다. 언어가 통하지 않아서 박선교사가 24시간 동행해야만 했다. 검사 결과가 나왔는데 수술을 받지 않으면 안 되고 수술도 까다로워서 생존 확률이 50 : 50 이라고 했다. 최종 결정은 엄마인 엘리다 자매가 해야 했다.

자매는 며칠간 눈물로 기도하더니 아이를 데리고 파라과이로 돌아가겠다고 했다. 만약에 한국에서 수술받다가 죽으면 아이를 한국에서 묻어야 하는데 그렇게 할 수는 없다고 생각했던 모양이다.

50퍼센트 살 확률보다 50퍼센트 죽을 확률을 더 겁내는 자매를 보면서 우리는 너무 안타까웠다. 결국 파라과이로 다시 돌아왔고 아순시온 침례병원에서 미국인 의사가 수술을 했지만 결국 수술 도중에 숨을 거두었다. 너무나 안타까웠다. 지금도 눈을 감으면 그 예쁘던 빠블리또가 웃으면서 재롱을 떨던 모습이 보이는 것 같다.

프랑스인 점쟁이 제랄도(Geraldo)씨 부부

델 에스떼시(Ciudad del Este)에서 사역할 때 개척해서 목회하던 아과비바(Agua Viva)교회 옆에는 프랑스인 점쟁이 제랄도(Geraldo)씨 부부가 담장 하나를 사이에 두고 살고 있었다. 이 점쟁이는 교수 출신이고 상당한 학식이 있는 사람이지만, 마을 사람들에게 타로(Tarot)로 점을 봐주고 복채로 살아가는 사람이었다. 점을 용하게 친다는 소문이 퍼져 그의 집 앞에는 벤츠(Benz) 등 고급 승용차를 타고 오는 부자 고객들이 많았다. 처음에는 그에게 전도하기 위해서 한국을 다녀올 때 늘 작은 선물을 챙겨 와서 주면서 잘 지냈다.

그런데 어느 날 그의 부인 잉그릿(Ingrit)이 우리 부부와 티타임을 갖자며 자기 집으로 초대했다. 우리는 작은 선물인 한국 전통부채를 가지고 방문했고, 그들은 우리를 집안으로 인도해서 식탁에 앉아서 차를 마셨다. 제랄도씨가 내게 말했다. "나를 찾는 고객들은 모두 사무실에서 응대했지만, 당신네들은 지금까지 우리 집 안으로 들어온 유일한 사람들이라"고 했다.

우리가 방문 후 점괘가 안 나온다며 돌변

그런데 그 후에 이상한 일이 일어났다. 우리가 방문한 그날 이후로 점쟁이 제랄도씨의 점괘가 나오지 않는 것이었다. 우리가 그 집안에 발을 딛는 순간 하나님의 나라가 그 집에 임했으니 영적인 전쟁이 시작된 것이다. 그날부터 이 점쟁이 부부의 태도가 돌변해 우리를 공격하기 시작했다. 사울에게 악신이 임했던 것처럼 과격한 행동을 보이기 시작한 것이다.

그날부터 그들은 우리가 주일, 수요일 그리고 금요일 예배드릴 때마다 우리가 부르는 찬양 소리가 시끄럽다고 교회로 찾아와 항의를 하는가 하면 밤에 잠을 못 자겠다고 하면서 안면 방해죄로 검찰에 고발해 경찰이 출동하기도 했다. 또 주일학교 아이들이 교회마당에서 놀면 시끄러우니 조용히 하지 않으면 쏘겠다고 위협을 하면서 담장 위에서 권총을 겨누면 아이들이 혼비백산해 도망치기를 여러 번 했다. 청년부 모임에서 청년들이 기타와 드럼을 치면서 찬양을 하면 자기는 세상 음악을 더 크게 틀면서 예배모임을 방해하는 것이었다. 그리고 주술예식을 행할 때 고양이를 죽여서 불태워 매캐한 연기를 우리 교회 쪽으로 보내기도 했다.

3년간 반복 고발, 교회 문 닫게 하는 게 목적

주일이 지나면 나는 의례히 경찰서에 불려가고 심문을 받았다. 월요일마다 반복적으로 고발을 했기 때문이다. 이러기를 3년간이나 계속했다. 그들 부부의 최종 목적은 우리 교회를 문 닫게 하는 것이었다.

참을 수 없어 교회 성도들이 모여서 대책을 의논했다. 그리고 내게 이 프랑스 점쟁이를 경찰서에 맞고소해서 동네에서 내쫓자고 했다. 그리고 동네 사람들에게 서명을 받기 시작했다. 이 일에 앞장을 선 사람은 우리 교인이 아니라 교회 바로 앞에서 사는 독실한 카톨릭 신자인 훌리안 깐떼로(Julián Cantero)와 까띠(Katty) 부부였다. 그 부부는 우리 부부와 종교는 달라도 친구로, 이웃으로 참 잘 지냈다. 그들은 우리가 고난당하는 모습을 차마 보지 못하고 이 일을 위해 발 벗고 나섰다. 좋은 기회였고 천군만마를 만난 듯했다. 그러나 나는 단호하게 교인들을 말렸다. "제랄도씨 부부도 우리의 전도 대상자인데 고발하면 어떻게 전도하겠으며, 또 교회의 이미지는 어떻게 되겠는가?" 라고 하면서 동의하지 않았다.

교인들은 나를 이해하지 못했다. 그러나 나는 어떻게 하든지 그를 전도해 보려고 다방면으로 애를 썼다. 그러나 그는 꿈쩍도 않았다. 날마다 영적 전쟁이 계속됐다. 너무나 괴로운 시간이 흘러갔다. 나는 후원교회에 요청해서 기도를 부탁했는데 후원교회 교인들은 못된 제랄도씨를 "지랄도"라고 부르며 기도하면서도 미워했다.

그런데 어느 날 제랄도씨가 큰 수술을 받기 위해 병원에 입원했다는 소식을 들었다. 나는 아내에게 병원으로 심방을 가자고 했다. 아내는 안 가려고 했다. 겨우 설득을 해서 병원에 갔더니 제랄도씨 부인 잉그릿이 우리 부부를 병실 문밖에 세워 놓고 "여기 왜 왔느냐?"고 화를 내며 돌아가라고 문을 쾅! 닫고 들어갔다. 문전박대를 당한 것이다. 아내는 내게 "이렇게 당할 줄 알고 안 오려고 했다"는 것이다.

다음 날이 되었다. 나는 꽃다발을 준비해서 아내에게 다시 방문하자고 했더니 아내는 이제는 절대로 안가겠다고 했다. 그러면서 "오늘 가서 또 망신을 당하려고 그러느냐?"며 거절했다. 나는 할 수 없이 혼자서 병문안을 갔다. 병실 문을 두드리니 부인 잉그릿씨가 나와서 날 보더니 웬 일인지 들어오라고 했다.

문전박대를 각오하고 있던 나는 너무 놀랐다. 알고 보니 어제 우리를 내쫓고 난 후에 그들 부부끼리 대화하면서 아무리 미워도 그렇지 아무도 병문안을 오지 않는데 예레미야 목사 부부가 병문안을 왔는데 내쫓은 것은 너무 했다고 반성했다는 것이다. 그런데 다시 안 올 줄 알았는데 또 왔으니 감동을 하고 병실로 안내를 한 것이다.

병문안 가서 부부 구원 위해 간절히 기도

나는 수술하고 힘없이 누워있는 제랄도씨에게 다가가서 위로의 말을 하고 기도해도 되겠느냐고 물었다. 그는 그렇게 하라고 했다. 나는 그의 회복과 부부의 구원을 위해 간절히 기도했다. 그런데 그 뒤로 그 부부는 교회는 나오지 않았지만, 핍박은 더 이상 하지 않았다. 길고 긴 영적 전쟁이 3년 만에 끝났다. 그러나 나는 3년간 시달리면서 그 여파로 1년간 우울증을 앓으면서 선교지 철수까지 심각하게 고민했었지만, 결국 주님의 사랑으로 승리를 했다.

2005년 우리는 안식년으로 귀국하게 됐다. 귀국 전날 프랑스 점쟁이 제랄도씨 부부가 우리를 찾아왔다. 그 동안의 일을 진심으로 사과하며 나비(mariposa) 수십 마리의 날개를 뜯어 손수 수놓아 만든 대한민국 국기를 선물로 주었다. 꽃이 많은 그의 집 정원으로 날아드는 예쁜 나비들을 잡아서 만들었다는 것이다. 그러면서 "내가 지금까지 당신 같은 선교사는 처음 보았다. 존경한다. 잘 가시라 그리고 빨리 다시 돌아오라"고 했다. 내가 한국에서 본부사역을 하느라 오랜 세월을 선교지로 복귀하지 못하고 있을 때도 내 생일 때마다, 성탄절 때마다 인터넷으로 카드를 보내면서 축하를 해 주었다.

2023년 가을, 13년 만에 다시 선교지로 돌아와서 그를 찾았는데 만날 수가 없었다. 제랄도씨는 얼마 전에 병으로 사망했고, 혼자가 된 그 아내 잉그릿도 다른 곳으로 이사를 갔는데 어디로 갔는지 모른다고 동네 사람들에게서 들었다. 잉그릿의 구원을 위해 기도한다.

5. 위험한 가운데서 우리를 지켜 주심

자동차에 깔린 딸 아무 일도 없이 무사

파라과이에 도착해서 사역을 시작한 지 2년도 채 되지 않았을 때였다. 한인 교포교회인 평안교회에서 목회할 때 심방용 중고차량을 구입해서 사용했는데 아주 오래된 포드(Ford) SUV 자동차였다. 이 차는 비싼 휘발유를 넣어야 하는 무려 8기통의 엔진을 가지고 있었다. 차의 처음 주인은 후안 까를로스 와스모시(Juan Carlos Wasmosy) 대통령이었는데, 너무 오래된 차라서 중고시장에 나온 것을 구입했다. 그런데 차가 자주 말썽을 부려서 수리비가 많이 들어갔다.

어느 날 심방 가려고 차에 올라타 시동을 걸었다. 그리고 전진 기어를 넣었는데 이상하게도 차가 후진을 하는 것이었다. 그리고 뭔가 '물컹' 하는 느낌이 들면서 자동차 바퀴에 무엇이 깔린 듯했다. 바로 그때 교회 동역자였던 현지인 셀소 페레이라(Celso Ferreira) 전도사가 다급하게 고함을 지르면서 "목사님, 쏘니아(Sonia)가 바퀴에 깔렸어요!"라고 했다.

이 차는 미국제 자동차라서 육중하게 무게가 많이 나가는 자동차였다. 내가 차에 올라탈 때 6살짜리 딸 송이(Sonia)가 자동차 뒤 범퍼에 올라갔다가 갑자기 차가 후진하는 바람에 미끄러져 바퀴 밑으로 빨려 들어가고, 차 바퀴가 그 위를 지나간 것이었다. 그런데 셀소 전도사의 고함소리에 당황해서 다시 기어를 넣고 전진하는 바람에 딸을 두 번이나 밟고 지나갔다.

급히 시동을 끄고 자동차에서 내려서 늘어져 있는 딸아이를 보니 눈앞이 캄캄했다. 그 아이를 얼른 병원으로 데리고 가야 하는데, 나는 오히려 아이를 안고 집으로 들어가서 침대에 눕

했다. 자동차가 아이의 허벅지를 지나갔는지 허벅지에 바퀴자국이 선명했다. 나는 다리가 완전히 부서진 줄 알고 그 아이를 붙들고 울부짖으면서 기도했다. 살려 달라고.. 그리고 장애가 생기지 않게 해 달라고.. 이 아이가 잘못되면 나는 여기서 선교를 중단해야 한다고..

기도 후에 아이를 병원으로 데리고 가서 엑스레이를 찍어도 뼈에 아무 이상이 없었다. 너무나 놀라운 일이었다. 지금도 이해가 되지 않는 기적이었다. 당연히 담당 의사도 안 믿었다. 그러나 나는 하나님이 하셨다고 분명히 믿는다. 딸아이는 그 후에 한 주간 정도 걷지 못했지만 잘 회복해서 아무런 후유증도 없이 나았다. 죽을 뻔했던 아이가 지금은 미국에서 사람을 살리는 간호사로, 목사의 사모로, 세 아이의 엄마로 잘 살고 있다.

술 취한 군인의 차가 달려든 가장 큰 사고

나는 파라과이에서 선교사로 살면서 몇 번 죽을 고비를 넘겼다. 한 번은 동료 선교사들과 함께 수도 아순시온에서 열리는 선교사 모임에 참석하고 돌아오는 길에 시내 중심가를 지나고 있었다. 운전은 순복음교회 J 선교사가 하고 있었는데, 갑자기 오른쪽 도로에서 술 취한 군인의 차가 신호를 무시하고 전속력으로 달려와서 우리가 탄 자동차의 오른쪽 옆구리를 받았다. 이 사고로 자동차는 전복됐고 심하게 훼손됐다.

나는 조수석에 앉았고 그쪽으로 충돌했기 때문에 옆구리를 크게 다쳐 갈비뼈가 3개나 부러지는 중상을 당했지만, 생명은 건졌다. 함께 있었던 두 명의 선교사는 경상을 입었다. 나는 침례병원으로 이송돼 치료를 받았고, 이 일로 안식년까지 6개월 남았지만, 치료를 위해 먼저 귀국하게 되었다.

이 사고는 파라과이에서 당했던 여러 번의 사고 가운데 가장 큰 사고였다. 하나님이 나와 동료들의 목숨을 구해 주신 것이다.

고속도로에서 피할 수 없이 돌진한 검은 소

나는 교회사역은 델에스떼시(Ciudad del Este)에서 하고, 신학교 사역은 수도 아순시온(Asunción)에서 했기 때문에 여름과 겨울 방학을 제외하고는 매주 왕복 700킬로, 12시간을 운전하면서 십 수 년을 다녔다. 매 주 월요일마다 아순시온에 가서 신학교 사역을 하고, 금요일 주말에는 델에스떼로 돌아왔다.

어느 주간 월요일이었다. 신학교로 가기 위해 차를 운전해서 고속도로를 달리고 있었다. 고속도로지만 여러 도시 중간을 관통하는 도로였고, 도로 사정도 좋지 않아 도로변에 있는 집에서 소, 돼지, 닭, 개 등이 수시로 나와 도로를 건너고 있었다.

나는 앞만 보고 달리고 있는데 갑자기 앞에서 커다란 검은 소가 돌진해 들어왔다. 너무 갑작스런 일이라 미처 피할 여유도 없이 소를 정면으로 받았다. 얼마나 세게 받았는지 소가 공중에 떠서 날았고 그 자리에서 즉사했다. 내 중고 SUV 자동차는 완전히 망가졌고 나와 아내는 온 몸에 자동차 유리 파편을 뒤집어썼다. 그러나 이 사고로 자동차는 폐차됐지만, 우리 부부는 가벼운 찰과상만 입었다. 목숨을 위험할 수 있는 커다란 사고였음에도 하나님이 지키셨다. 교통경찰이 현장조사를 하면서 내가 선교사요 목사인줄 알고는 당신의 하나님이 지켜 주셨다고 말할 정도였다.

권총으로 안수집사 내리치고 목사 집 안내하라

초창기에 한인 교포교회인 평안교회에서 사역하고 있을 때였다. 외국인들은 늘 강도의 표적이 되어 있었고, 예배당이 현지인들만이 사는 빠블로 로하스(Pablo Rojas) 마을 안에 있었기 때문에 항상 강도의 위험이 있었다.

안수집사였던 K 집사 부부가 주일마다 늘 일찍 와서 부인 K 집사는 강단에 꽃꽂이를 했고 남편 K 집사는 그 시간에 성경을 읽으며 찬송을 부르곤 했다. 어느 주일 아침이었다. 이 날도 부부가 꽃꽂이를 하며 찬송을 부르고 있었는데, 갑자기 권총을 든 강도 2명이 교회 안으로 들어와서 총으로 위협하면서 가진 모든 것을 다 빼앗았다. 그리고 너희 목사가 사는 집으로 안내하라고 총을 겨누며 윽박질렀다.

그러나 K 집사는 사택을 안 가르쳐주고 "나는 모른다."고 했다. 강도는 권총 손잡이 부분으로 그 K 집사의 이마를 내리쳐서 이마에서 피가 철철 흘렀다. 그래도 끝까지 모른다고 하자 차를 타고 달아났다. 그 시간에 나는 설교 준비를 하고 있었는데 갑자기 누가 문을 탕탕 두들겨서 나갔더니 얼굴이 피로 낭자한 K 집사였다. 자신의 목사를 지키기 위해 대신 고난을 당했던 그 K 집사 부부를 나는 지금도 잊지 못한다. 남편 K 안수집사는 지금 천국에서 주님과 함께 있지만, 늘 기억이 나는 귀한 주의 종이었다.

한밤 중 길에서 권총 들고 추격해온 강도

또 한 번은 신학교 사역을 하던 초기에는 장거리 운전이 부담이 되어 혼자서 고속버스를 타고 아순시온을 다녔다. 고속버스지만 터미널 몇 정거장을 앞두고 늘 집 근처에서 운전수에게 내려 달라고 하면 내려 주었다. 그러면 거기에서 약 500 미터 정도 걸어서 집으로 가곤 했다. 그런데 고속버스에서 내리는 시간이 밤 12시가 넘는 시간이어서 집으로 걸어올 때는 늘 무서웠다. 누가 갑자기 달려들면 꼼짝없이 당할 처지였다.

그런데 어느 날, 고속버스에서 내려서 걸어가는데 인기척이 있어서 뒤를 돌아보니 현지인 2명이 내 뒤를 밟고 있었다. 순간 손에 든 총이 달빛에 반사되어 번쩍 빛이 났다. 나는 갑자기 두려움에 사로잡혔고 속도를 내기 시작했다. 그랬더니 그들도 나를 따라 빨리 추격을 해왔다. 내가 뛰자 그들도 뛰는 것이었다. 나는 죽을힘을 다해 뛰면서 일부러 다른 골목길로 들어서며 그들을 겨우 따 돌렸다.

집에 도착한 나는 집 앞에서 그만 풀썩 주저앉았다. 놀란 아내가 뛰어나와 옷과 머리가 흐트러진 채 땀으로 범벅되어 있는 나를 발견하고 얼마나 놀랐겠는가? 그 이틀 뒤 내가 늘 내리는 그 지점에서 내리는 승객을 따라가서 강도짓을 일삼던 2인조 강도가 체포되었다는 신문기사가 났다. 강도의 얼굴을 보니 이틀 전에 나를 뒤쫓던 그 강도들이었다.

이 일이 있은 후 나는 비록 멀지만 차를 가지고 아순시온 신학교 사역을 하러 갔고 그때부터 아내가 매주 동행하면서 신학교에 가서 신학생들에게 간식을 만들어 주면서 함께 섬겼다. 주간에는 아순시온에서, 주말에는 델에스떼에서 머물면서 신학교 사역과 교회 목회사역을 병행했다. 이때가 참 행복한 때였다.

신분증 가방 낚아챘다 내던지고 가

어느 날, 아내가 막내 슬기와 육교를 건너고 있었는데 갑자기 어떤 현지인이 다가오더니 아내가 손에 들고 있던 가방을 낚아챘다. 그 속에는 영주권(Carnet), 주민등록증(Cédula), 신용카드, 운전 면허증, 열쇠, 현금 등이 모두 들어 있었다.

외국인이기 때문에 영주권이나 주민등록증을 잃어버리면 재발급 받기가 매우 어려웠다. 그래서 아내는 강도에게 "Por favor(제발)"이라는 말을 연속적으로 반복하며 돌려달라고 빌었다. 그랬더니 강도가 빼앗은 지갑을 빙빙 돌리며 "이거?"라고 하면서 놀리듯 보여주다가 갑자기 무슨 생각이 들었는지 그냥 돌려주고 가버렸다. 정말 놀라운 일이 일어났다.

지금도 이해할 수 없는 사건이다. 그의 백성을 위해 강도의 마음까지도 하나님이 주관하심을 믿는다.

은행강도와 경찰 총격전. 총알이 내차 유리창에

또 한 번은 자녀들과 함께 시내에 갔다가 강도 두 명이 은행을 털고 나오다가 출동한 경찰과 대치하며 총격전을 벌이던 현장을 지나가게 되었다. 다행히 아이들은 차 안에 있었고 사람들은 비명을 지르며 엎드렸고 나도 우왕좌왕했는데 그때 총알이 내 곁을 스쳐 지나가서 길에 세워 둔 자동차의 유리를 박살냈다. 총알의 방향이 조금만 내 쪽을 향했더라면 어떻게 됐을까? 상상하면 지금도 아찔하다. 범인들은 체포되고 그들이 타고 온 차량은 총알 세례를 받아 유리창이 모두 박살났다.

저 멀리서 경찰 한 명이 다리에 총상을 입어 피를 뚝뚝 흘리며 걸어가고 있었다. 이렇게 위험한 가운데서도 하나님이 우리를 생명 싸개 속에 싸서 보호해 주셨다고 지금도 믿고 있다.

6. 아들과 함께한 여행

미국으로 떠날 아들과 보낸 둘만의 시간

이슬기.. 내게는 하나뿐인 아들이라 정말 잘 키우고 싶었다. 그리고 착하고 온순하기만 한 아들이 정말 씩씩하고 남자다우면 좋겠다고 생각해 어릴 때부터 태권도도 가르쳤다. 이 아이가 중학교 3학년이 됐는데 곧 미국 대학에 진학할 누나와 함께 미국으로 보낼 생각이었다.

아들과 함께 마지막 시간을 둘만의 시간으로 보내리라 작정하고 부자간에 계획을 세웠다. 방학을 이용해 파라과이에서 가장 오지인 볼리비아와의 국경지역인 차코(Chaco) 지역으로 한 주간 여행하기로 했다.

태권도를 열심히 연마하는 아들

그 당시 차코는 대부분이 비포장도로였고 한 번 비가 오면 고립되어 땅이 말라야만 빠져나올 수 있을 정도였다. 자동차는 반 트럭용 미쓰비시 차였는데 연식이 오래됐다. 여기에 짐을 가득 싣고 떠났다. 아들과 계속 이야기를 주고받으면서 신앙생활에 대해, 공부에 대해, 미래에 대해 이야기를 많이 나누었다.

워낙 오지라서 통행량도 적고 인가도 드문 지

송암태권도 창시자 이 준 총채와 함께

역이 많아서 만약에 차가 고장이 나면 어떻게 하나? 하는 불안한 마음도 있었지만, 하나님을 의지하며 다녔다. 때로는 차 안에서 라면을 끓여 먹었는데 맛이 일품이었다.

그런데 길이 비포장도로라 먼지를 뽀얗게 뒤집어쓰고 달리는 자동차는 힘이 부치는지 허덕이는 것 같았다. 자동차의 기어를 고정시키는 나사가 4개가 있는데 한번은 덜컹거리는 도로를 달리다 보니 볼트 4개 중 3개가 달아나서 기어를 넣을 수 없었다. 진퇴양난에 빠진 우리는 차를 길가에 세워놓고 하나님의 도우심을 구하며 기도했다. 그리고 다시 기어를 덮고 있는 커버를 벗기고 들여다보니 나사 한 개가 빠져서 중간에 끼어 있고 한 바퀴만 더 굴러도 흘러 달아날 상황에 있는 것을 발견하고 그걸 조심스럽게 집어서 드라이버로 고정시킨 후 겨우 기어를 넣고 천천히 1시간쯤 달려서 근처 작은 도시에 도착했다. 간이 정비공장에서 볼트 2개를 구해 기어를 고정시켜 문제를 해결했다.

볼트 3개가 달아나고, 냉각수 줄줄 새고

또 한 번은 비포장도로를 달리면서 튀는 날카로운 돌이 라디에이터를 타격했고, 라디에이터에 구멍이 나 냉각수가 줄줄 새는 것이었다. 그래서 빈 플라스틱 콜라병 두 개를 싣고 운행하다가 개울을 만나면 무조건 차를 세워 물을 떠서 라디에이터에 채운 뒤, 다시 운행하는 일을 수없이 반복했다. 물을 채우지 않으면 엔진이 가열되고 시동조차 걸리지 않는 것이었다. 참으로 난감했다. 나는 아들과 함께 다시 기도했다. 제발 언제 만날지도 모르는 다음 정비소까지 잘 버티게 해 달라고..

그런데 문제는 달려도, 달려도 마을이 보이지 않았고 개울조차 없었던 것이었다. 자꾸만 시동이 꺼졌고 그때마다 차를 세워놓고 엔진이 식을 때까지 기다렸다가 다시 시동을 걸어서 출발하기를 여러 번 반복했다. 엔진이 과열되어 폭발이라도 나면 어쩌나 하는 두려움도 있었지만, 하나님을 의지하면서 앞으로 나아갔다. 그렇게 달리기를 무려 30킬로미터. 겨우 작은 도시 하나를 발견했고 거기에서 구멍 난 라디에이터의 구멍을 땜질하고 냉각수를 가득 채워 문제를 해결했다.

차코 지역을 아들과 여행 중 만난 인디언들에게 전도함

그리고 그동안의 일을 현지인 정비사에게 이야기했더니 안 믿는 눈치였다. 하나님이 하신 일을 누가 믿겠는가? 나와 아들만이 증인이다.

아들이 여행에서 느낀 3가지 깨달음

무사히 여행을 마치고 집으로 돌아오면서 아들에게 물었다. 이번 여행에서 뭘 느꼈느냐고. 아들은 3가지를 말했다.

첫째는, 하나님이 만드신 세계가 너무 아름답다는 것이고,

둘째는, 하나님은 살아계시며 우리의 기도를 들으신다는 것이고,

셋째는, 내 아버지가 나를 얼마나 사랑하는지 이번 여행을 통해 다시 느꼈다고 요약해서 말했다.

그 아들이 귀신 잡는 해병대를 자원입대해 군 생활을 했고 신학을 공부해 목사가 되었고, 지금은 필리핀 세부(Cebu)에서 세 아이의 아빠로, 선교사로 사역하고 있다.

7. 파라과이 장로교 신학교(Seminario Presbiteriano del Paraguay) 사역

파라과이의 수도 아순시온에는 장로교신학교가 있다. 바로 파라과이 장로교 신학교(Seminario Presbiteriano del Paraguay)다.

나는 여기서 오랜 기간 동안 교수로서 조직신학을 가르쳤고 학장 그리고 이사장으로서 파라과이의 영적 지도자들을 양성했다.

파라과이 장로교신학교는 1985년에 세워졌다.

한인교회인 남미교회에서 당시 담임목사였던 박태종 목사를 중심으로 시작하여 올해로 설립 40주년을 맞았다.

현지 지도자 양성, 학사학위 받는 대학으로

신학교는 본래 파라과이의 한인교포 성도들을 섬길 교회 사역자를 키우기 위해 세웠다. 그

파라과이장로교신학교 교정

파라과이장로교신학교 졸업식 축사

러나 얼마 가지 않아 한인교회와 한국에서 파송된 선교사들이 개척한 현지인 교회 수가 늘어감에 따라 현지인 지도자가 필요해 그들을 양성하기 위한 신학교로 발돋움했다.

현재는 한인교회인 아순시온 교회를 중심으로 열심히 후원하고 있으며, 이사 선교사들이 매월 자발적으로 회비를 납부해 그 재정으로 운영하고 있다.

파라과이장로교신학교는 설립 25년만인 지난 2010년 10월 31일 파라과이복음대학교(UEP: Universidad Evangélica del Paraguay)의 한 단과대학으로 편입되어 정식으로 교육부로부터 학사 학위(BA)를 받을 수 있는 대학으로 발전했다.

신학교 난립 않고, 하나의 교단만 세우자 합의

이 신학교는 한국의 어느 교파에도 소속되어 있지 않으며, 처음부터 한국처럼 신학교 난립 현상을 보이지 말고, 파라과이에는 단 하나의 장로교단만 세우자고 합의를 하고 공동으로 서명을 하고 시작한 신학교육 기관으로서 지금까지 이 원칙을 잘 지키고 있다.

이 신학교 사역을 위해 고신, 미주 고신, 합동, 미주 합동, 통합, 대신측 한인 선교사들이 협력으로 사역하고 있고 오래전부터 현지 장로교단(파라과이 개혁 장로교단)을 만들어서 함께 동역하고 있다.

종교개혁주일 채플을 마치고 신학생들과 함께

8. 고신선교사회 회장 사역 2년

나는 2010년 1월부터 안식년을 시작했다. 그런데 그 해 8월 "참여와 도약"이란 주제로 경주 현대호텔에서 교단 선교 55주년 기념대회가 열렸다. 선교대회를 마친 후 있었던 고신선교사대회에서 생각지도 않게 임기 5년의 선교사회 회장에 선출됐다. 전체 400여명의 선교사들을 섬기게 된 것이다.

당시 선교본부장이었던 김한중 선교사는 전 세계 우리 교단 선교사들의 사역 지역을 28개 지역 선교부로 만드는 개편 작업을 해야 하기 때문에 선교사회 회장의 도움이 필요했다. 그래서 선교부 집행위원회는 안식년이 끝난 내게 2010년 이후 1년간 국내에 머물면서 이 사역을 하도록 결의했다.

나는 대전에 있는 선교본부에 사무실을 하나 만들고 본부장과 함께 KPM 소속 전 세계 선교사들의 사역지를 다니며, 이 방대한 작업을 1년 만에 마무리하고 선교지 파라과이로 돌아갔다. 이 기간 동안 선교사들의 권익을 위해 선교본부와 조율하여 선교사와 그 가족의 경조사를 챙기며 복지 향상을 위해 노력했다.

9. 고신선교본부장 사역 3년

본부장 선임과 당면한 문제 해결

본부 사역 1년 후 다시 선교지 파라과이로 돌아온 나는 현지에서 선교사회 회장 사역을 계속하면서 아과비바교회에서 다시 제자 훈련에 힘쓰며 목회에 전념했다. 또 매주 아순시온을 다니며 파라과이 장로교 신학교 교수 사역을 계속 이어 나갔다.

대전에 있는 고신총회 선교센터 전경

현지인 부목사에 교회 맡기고 한국으로

그러던 중 2012년 6월 임기 3년의 새로운 본부장을 선출하는 과정에 정말 뜻밖에도 내가 본부장으로 선출되었다. 몇 번 고사했으나 받아들일 수밖에 없었다. 갑자기 선교지를 떠나야 하는 상황에 힘든 과정도 있었지만, 교회 성도들에게는 3년간 본부 선교사로 파송하는 것으로 이해를 구했고, 실제로 간단하게 주일예배 때 파송예배도 드렸다. 교회를 신학교에서 가르쳤던 제자 마누엘 막시모(Manuel Máximo) 부목사에게 맡기고 한국으로 출발했다. 그리고 9월 고신총회에서 본부장으로 인준 받고 곧장 행정업무를 시작했다. 선교사회 회장은 임기를 3년 남겨놓고 다른 선교사에게 바턴을 넘겼다.

본부장에 취임하자 작고 큰 파도처럼 일이 밀려왔다. 그런데 감사한 것은 행정 수장으로서의 경험이 전혀 없었지만, 인수인계에 아무런 어려움이 없었다. 그것은 이미 1년간 전 본부장을 도와서 행정업무를 했었고 더구나 선교지를 다니며 현지 28개 지역부를 조직해 봤기 때문에 선교 현장도 모두 파악하고 있었다. 보통 본부장직을 수행하기 위해서는 처음 1년은 업무 파악과 선교사와 선교지 상황을 아는 데 소비되지만 이미 파악을 하고 있었기에 시간을 절약할 수 있었다.

선교센터 건립 빚 작정 헌금 받아내 1년 만에 해결

그 당시 가장 큰 숙제는 미국 PCA(Presbyterian Church in America)에서 기증한 대전 중리동 99번지 부지 위에 아름다운 교단 선교센터를 짓고 난 후 준공예배까지 드렸지만, 건축하느라 진 빚과 누적된 마이너스 선교사들의 빚까지 포함해서 약 12억 원의 빚을 지고 있어서 매월 은행 이자만 800여만 원씩 지출되고 있는 최악의 상황이었다. 그래서 건전한 재정회복이 우선순위여서 이 일에 온 힘을 기울였다.

우선 건축 당시 작정헌금을 해놓고 여러 가지 사정으로 건축비를 내지 못한 많은 교회에 전화를 걸든지 직접 찾아가서 작정 헌금을 거두기 시작했다. 이 일로 비난도 많이 받았다. 대부분의 교회는 작정 헌금을 순순히 내놨지만, 어떤 교회는 자꾸만 차일피일 미루면서 나중에는

"이 본부장은 마치 빚쟁이 빚 독촉하듯이 헌금을 강요한다"고 하면서 볼멘소리도 했다. 그러나 이것은 하나님께 드리겠다고 이미 약속된 헌금이었고, 이 약속을 근거로 은행 빚을 내 선교센터를 건축했으니 내는 것이 지극히 당연함에도 불구하고 그런 해프닝도 일어났다. 이렇게 해서 약 1년 반 만에 약속된 헌금을 다 받아냈고 수억의 빚도 갚게 되어 이자는 더 이상 나가지 않아도 됐다. 어려운 형편 가운데서도 완납을 해주신 교회들에게 감사를 드린다.

선교축제의 시작

1980년대부터 본격적으로 시작된 해외 선교의 붐은 1990년대와 2000년 중반까지 피크를 이루었지만, 2000년 후반대로부터 서서히 한국교회가 침체되기 시작하자 한국 선교도 위기에 봉착하게 되었다.

선교사 파송 숫자가 점점 줄어들고, 선교 재정도 하락하기 시작했다. 그래도 교회에서 재정을 뒷받침하는 교단 선교부는 그런대로 유지가 되는데, 그렇지 않은 선교단체들은 직격탄을 맞게 되었다. 하지만 2010년대에 들어서면서 고신선교부도 어려움을 겪게 되었다.

선교 재정 하락, 다섯 가정 선교사의 기도

그래서 나와 함께 본부에서 사역하던 다섯 가정의 선교사들이 모여 기도하면서 생각한 것이 3마리 토끼를 한꺼번에 잡는 선교 프로젝트를 만들어서 주말마다 교회를 찾아가자는 계획이었다. 이것이 선교축제를 시작하게 된 계기다.

세 마리 토끼라 함은 첫째, 교회의 선교 열정 회복, 둘째, 선교 동원으로 선교자원 발굴, 셋째, 1만 명 후원자 가족 확보와 선교재정 확보다.

선교축제는 본부 선교사 다섯 가정 부부 도합 10명이 토요일마다 교회로 찾아가서 1박 2일간 주일 오후까지 섬기고 돌아오는 프로그램이다. 이 방문을 위한 몇 가지 원칙이 있다. 하나는, 사례비는 절대로 받지 않는다. 둘째는, 주는 대로 먹고 교회에서 제공하는 숙소에서 잔다. 셋째는 원하는 교인에 한해서 1개월에 5,000원 선교비를 내는 후원자가 된다. 대략 이런 것이었다.

놀라운 일이 일어났다. 교회마다 너도나도 하겠다는 신청이 들어왔다. 우선 10명의 선교사들이 방문해서 토요일과 주일 이틀간 유치부부터 초, 중, 고, 대, 청년, 그리고 장년 예배까지 들어가서 말씀을 전하고 선교의 열기를 뜨겁게 해도 사례금 한 푼도 안 받으니 교회가 재정적인 부담이 없어 규모가 큰 교회는 물론 농촌 미자립 교회도 신청을 했다. 식사는 교회가 토요일 저녁만 제공하면 주일 오전 예배 후 교회식당에서 해결하고 돌아올 때는 본부 재정으로 식사를 했고, 본부의 승합차로 이동을 하여 전국을 누볐다.

예배 때마다 많은 헌신자들이 나왔고 각종 이벤트를 접목해 1박 2일의 선교축제를 재미있고 감동스럽게 했다. 1인당 한 달에 5,000원을 CMS 구좌로 동참하는 성도들이 늘어나서 선교본부의 재정에 큰 보탬이 되었다.

'고신이니까 된다'는 의미

선교축제는 하나님께서 우리 KPM 고신선교회에 주신 복이라고 믿는다.

이 프로그램이 교단과 선교단체에 알려지자 너도나도 배우러 오겠다고 연락이 왔고 실제로 훈련을 받으러 온 교단과 선교단체도 있었다. 나도 이것으로 KWMA(한국세계선교연합회) 세미나에 가서 발표도 했지만 아직까지 그 누구도 시도하지 못한 것은 본부 선교사들의 전적인 헌신이 없이는 불가능한 일이다.

다른 곳에는 이 헌신이 없어서 프로그램이 좋

선교축제 때 현지인 찬양을 하고 있다

선교축제 현지인 의상체험

은 줄 알면서도 아직까지 시도하지 못하고 있다고 한다. 그들이 이구동성으로 한 말은 이것이다. "고신이니까 된다" 무슨 의미일까?

동료 선교사의 따뜻한 동지애- 계좌 이동

고신 KPM 선교회는 기본적으로 세미풀링 시스템(Semi-pooling system)이다. 미국의 남침례교 선교부와 같은 풀링시스템(pooling system)이 아니고 일반적인 타 교단 선교부나 선교단체처럼 개별 재정 시스템이 아니라 그 중간 형태의 세미풀링 시스템을 사용한다.

즉, 선교사는 각각의 가상계좌가 있어서 본부에서 개인 관리를 하지만, 전체 펀드는 하나다. 모든 선교사의 신교비를 한데 모아서 함께 공동 분배의 원칙에 의해서 사용한다. 그래서 전 세계를 국가 GNP 정도를 기준으로 4개 지역으로 나누어 선교비를 차등적으로 지급한다. 선교비가 모자라는 선교사도 같은 지역에 있는 다른 동료 선교사와 똑같이 생활비가 지급된다.

모금이 적어서 자신의 가상계좌에는 마이너스지만, 플러스 선교사의 계정에서 보내주기 때문에 안정적으로 사역을 할 수 있는 장점이 있으나 여전히 그만큼 마이너스가 늘어나며 언젠가는 갚아야 한다.

마이너스 선교사 51%에서 34%로

이런 어려움을 전체 선교사들에게 호소함으로써 동료 선교사의 재정 극복을 위해 플러스가 많은 선교사들이 자발적으로 자기의 계정에서 일정한 액수의 선교비를 마이너스가 많은 선교사에게 계정 이동을 하도록 도와줌으로써 결과적으로 마이너스를 줄여나가도록 했다.

물론 마이너스 계정 선교사는 더욱 더 모금에 힘을 써야 함은 물론이다. 그러나 이런 동료애는 다른 교단 선교부나 선교단체에서는 찾아보기 어려운 일이다. 조건 없이 자신의 물질을 나눌 수 있어야 성육신 선교를 제대로 실천하는 선교사라 할 수 있다. 이 방법으로 본부장 취임 초기에 전체적으로 마이너스 선교사가 51%, 플러스 선교사가 49%였는데 3년 후 본부장 임기를 마칠 때는 마이너스 선교사 34%, 플러스 선교사 66%가 되었다. 그리고 차기 본부장에게 재정을 넘길 때 선교본부 전체 재정 플러스 12억 원을 넘겨주었다. 하나님의 은혜에 감사하며 이 일에 헌신적으로 동참한 KPM 동료 선교사들이 너무나 자랑스럽다.

교단 선교 60주년 기념대회

2014년 6월 고신선교포럼을 대전 고신선교센터에서 "고신선교 60년의 평가와 전망"이라는 주제로 가졌다. 고신선교포럼은 언제나 교단선교대회를 앞둔 전해에 다음 해 있을 선교대회를 위한 전략회의로 모여 의논하고 결정한 전략을 가지고 선교대회를 개최한다.

고신선교포럼은 총회, 선교정책위원회, 본부, 후원교회, 노회, 선교 전문가 그리고 현장 선교사들 모두 60여명이 모이는 포럼이다.

이 포럼을 마치고 이듬해인 2015년 6월에 천안에 있는 고려신학대학원에서 "열방을 향한 하나님의 비전"이라는 제목으로 교단선교 60주년 기념대회가 있었다. 연 인원 2,000명이 넘는 참석자가 동원되어 성황을 이루었다. 특히 이 선교대회가 의미가 있었던 것은 그 당시에 전국을 휩쓸던 메르스(MERS: 중동호흡기 증후군) 유행병으로 전국의 모든 행사가 올 스톱되고 취소가 되었던 때지만, 우리는 믿음으로 강행했고 전염된 사람 단 한명도 없이 선교대회를 잘 치렀다는 것이다.

5년 단위 선교대회, 10년만에 70주년 기념대회로

이어서 선교사대회, 노회선교대회가 차례로 열려 전국교회와 500여명의 선교사들이 선교의 사명을 다시금 다지는 소중한 기회가 되었다. 이 행사들을 내가 본부장으로서 마지막으로 잘 치뤄 낸 것은 하나님의 은혜였다.

그 후 2019년 12월 중국 우한에서 처음 발병된 코로나는 2023년 5월에 공식적으로 펜데믹 상태가 종료됐는데, 그 여파로 한국교회에 들이닥친 위기는 말로 표현하기 어려웠고 특히 선교는 최악의 상황까지 갔다.

그 때문에 5년마다 가지던 교단선교포럼과 교단선교대회가 모이기 불가능해 2019년과 2020년 모임은 건너뛰고 2025년에 교단선교 70주년 기념대회로 6월에 경주에서 모이기로 되었다. 나는 이 모든 상황을 보면서 여전히 역사와 세계를 주관하시는 하나님은 가공할만한 코로나 펜데믹까지도 사용하셔서 더 큰 선교의 역사를 이루어 가셨음을 보았다. 하나님을 찬송한다.

10. 멤버케어 원장 사역 6년

멤버케어원 사역을 시작하다

나는 본부장 사역을 임기인 3년만 하고 다시 선교지로 돌아가기 위해 연임을 하지 않겠다고 약속했다. 그리고 본부장 사역을 마감하고 후임자에게 물려준 뒤 2015년 가을부터 그동안 가지지 못했던 안식년을 가졌다. 그러던 중 2016년 본부에서는 멤버케어원의 필요성을 공감하고 멤버케어원을 정식으로 설립하기로 했다. 그리고 이사회로부터 초대 원장으로 수고해 달라는 요청을 받았다.

나는 이미 선교지로 돌아가서 차기 사역을 위해 안식년 기간 동안 현지인 목회자 재교육에 대한 여러 가지 훈련을 받고 있었고, 아내는 현지 교민 자녀들에게 한국어 교육을 제대로 지도하기 위해 여러 가지 교육을 이수하고 자격증도 획득했다. 모든 준비를 마쳤고 선교지로 가야만 했기 때문에 여러 차례 고사를 했다. 그때 선교사 멤버케어 선배였던 류영기 선교사님이 내게 간곡하게 부탁하셨다. "선교사를 잘 훈련시켜서 파송하는 것도 중요하지만, 이미 파송된 선교사가 선교를 잘 하도록 영적으로, 육적으로, 재정적으로, 심리적으로 지원하는 것도 중요하다"고 말씀하셨다. 우리 부부는 깊이 기도한 끝에 하나님의 부르심으로 믿고 순종하기로 결심했다.

그러나 새로운 사역을 시작하기에는 너무나 부담이 많았다. 우선 선교지의 사역들을 정리해야 해서 다시 선교지로 갔다. 그리고 우리가 하던 사역과 사역지를 후배 선교사에게 넘기고 선교지의 재산도 정리해서 현지 선교부에 위임했다.

애타게 기다리던 성도들과 재이별 가장 힘들어

그런데 가장 힘들었던 것은 본부장 3년간 우리를 애타게 기다리며 돌아오기만 기다리고 있었던 사랑하는 현지인 성도들과의 재이별은 견디기 어려운 고통이었다. 이런 큰 고통을 감수하면서까지 본부사역을 또 해야 하나? 하는 생각도 했지만, 하나님의 인도하심에 순종할 수밖에 없었다. 멤버케어원장 임기는 3년이었는데 멤버케어원 시스템이 처음 있는 일이라 새로운 시스템을 구축하며 일을 시작했다.

물론 다른 교단선교부나 선교단체도 선교사 멤버케어 기능은 있었지만 선교본부 안에 선교사와 그 부모 그리고 자녀들까지 통합케어 하는 시스템을 갖춘 전문기관은 없었기 때문에 어디서 보고 배울 데가 없었다. 어쩔 수 없이 그동안 우리가 해왔던 멤버케어를 바탕으로 우리만의 독자적인 멤버케어 시스템을 갖추느라 시행착오를 겪으며 틀을 만들었다.

돌봄·행정 양 날개 가지고 멤버케어 시작

고신 멤버케어원은 행정시스템과 돌봄 시스템 양 날개를 가지고 멤버케어를 시작했다. 멤버케어는 지극히 개인적인 요소들이 많기 때문에 본래 행정과는 구별되어야 마땅하지만 선교사들에게 실질적인 도움이 돼야 하므로 행정적인 구조도 필요했다. 그래서 멤버케어원 안에 전문가 집단으로 구성된 멤버케어위원회를 두었다. 멤버케어위원회는 의사, 교수, 상담가, 심리전문가, 목회자, 선교사 등 12명으로 구성해 함께 일했다.

멤버케어원 R&R(쉼과 회복) 프로그램

그분들은 자비량으로 헌신하며 그들의 전문성을 재능기부로 하여 선교사들을 최선을 다해서 섬겼다. 멤버케어원은 육체적으로, 영적으로 힘들어하는 선교사들을 치료하고 선교사 부모님상이나 자녀의 결혼에 관여해 도와드리고 군에 입대한 자녀들을 돌아보고 한국으로 나오기 어려운 선교사를 위해서는 1년에 몇 차례 현장으로 찾아가서 만나서 함께 지내면서 격려하고 위로하는 시간들을 가졌다.

그리고 안식년 선교사들을 위해 1년에 두 차례 봄과 가을에 제주도에서 회복을 위한 아름다운 프로그램(R&R-Rest & Renewal)을 만들어서 섬겼다.

멤버케어원 2기 사역과 아내의 소천

멤버케어 3년이라는 시간이 후딱 지나갔고 나는 다시 선교지로 돌아갈 계획을 하고 있었다. 그런데 본부와 이사회에서 내게 3년만 더 일해 달라는 부탁을 해왔다.

이사회 권유 받아들여 두 번째 임기 시작

본부와 이사회는 이제 멤버케어 시스템이 갖춰졌고, 타 교단 선교부나 선교단체에서 멤버케어 담당자들이 우리 KPM의 멤버케어 시스템을 부러워하면서, 배우고 견학도 하겠다며 본부로 연락이 오고 찾아오는 일이 빈번해졌다. 더구나 2019년 말에 시작된 코로나 팬데믹으로 선교현장에 최대의 위기가 왔는데, 지금 그만두면 어떻게 하느냐고 했다.

나는 코로나 19 펜데믹 때문에 선교지에서 수많은 선교사들이 감염되어 신음하고 일부는 철수했는데, 그들도 돌봐야 했고 현장에서 많은 선교사들이 죽어나가는 판국에 그만둘 수가 없었다. 그래서 이사회의 권유를 받아들여 다시 두 번째 임기를 시작해 바쁜 날을 보내고 있었다.

순종의 대가는... 내 인생을 송두리째 잃어

그런데 그 결심과 순종의 대가는 너무나 혹독한 시련으로 다가왔다는 것을 세월이 흐른 뒤에 깨닫게 되었다. 물론 순종함으로 얻은 유익과 은혜와 축복은 이루 셀 수도 없고 고통스런 세월과는 비교할 수 없을 정도로 크다고 고백은 하지만, 개인적으로 치른 대가는 너무나 컸다. 내 인생을 송두리째 잃어버린 경험이었다.

2021년 8월 26일 오후 3시경 내 인생에 있어서 가장 크고 충격적인 사고가 일어났다.

전북 익산으로 후배 목사의 모친상에 조문 갔다가

33년 선교 동역자 故 박은주 선교사

돌아오는 길에 사역 때문에 겹치고 축적된 피로감이 한꺼번에 몰려오는 바람에 나도 모르는 사이에 깜빡 졸았다. 그 순간 고속도로 옆에 정차되어 있는 도로수리 차량 트럭을 들이받았다. 나는 조금 다쳐 생명에 아무 지장이 없었지만, 아내는 충격으로 머리를 심하게 다쳐 병원으로 이송됐다. 혼수상태에서 깨어나지 못하고 나흘을 견디다 결국 하나님의 부르심을 받았다.

나는 몇 달간 정신을 잃은 사람처럼 살았다.

멤버케어 사역 3년만 하고 파라과이로 돌아갔으면 이런 일이 없었을 텐데. 하루에도 수백 번 이런 생각을 하면서 울었다.

그리고 하나님께 왜 내게 이런 일이 일어나야 했느냐고 따졌다. "왜, 왜, 왜?"

박은주 선교사는 사명을 다했기에 불렀고,

그때 주님이 내 마음속에 조용히 말씀하시는 것 같았다. "그래, 네 마음이 아프지? 나도 마음이 아프단다. 그런데 한 번 물어보자. 네 아내가 너랑 함께 있는 것이 더 좋으냐 아니면 나랑 함께 있는 것이 좋으냐?"

나는 대답했다. "물론 주님과 함께 있는 게 더 좋죠. 그러나…" 그랬더니 다시 말씀하셨다.

"그래, 그래서 내가 데리고 왔단다. 네 아내 박은주 선교사는 자기의 사명을 다했기 때문에 내가 불렀고, 너는 아직 사명이 남았어" 하시는데, 나는 울면서 그 남은 사명을 위해 최선을 다하겠다고 말씀을 드리고 흐르던 눈물을 훔쳤다.

KPM 멤버케어원 간판

그 이후로 나는 남은 1년 반의 임기를, 코스타리카에서 선교 훈련 중 코로나 펜데믹으로 한

멤버케어원 선교사 상담

아들 이슬기 선교사와 함께한 멤버케어 사역

멤버케어원장 퇴임 감사예배

제 1부 오직 주의 은혜라(Solamente por la gracia del Señor)

국에 잠시 들어와 있던 아들 이슬기 선교사 부부와 함께 멤버케어 사역을 계속했다.

아들 부부는 부모가 모두 선교사인 MK(Missionary Kids)로 선교사 자녀를 케어 하는 일에 적격이었기에 어려움을 당하는 선교사 자녀들에게 큰 힘이 되었다.

후배 선교사들과 후원교회에 드리는 제언

이 책을 읽으시는 분들은 믿기 어려우실지 모르지만 나는 지난 37년간의 선교사역 중 우울증으로 시달렸던 1년간을 빼고 36년간을 매월 1일에서 3일 사이에 한 번도 빠짐없이 선교 기도편지를 써서 본부와, 후원교회, 그리고 개인 후원자들에게 보냈다.

물론 본부사역을 할 때도 이 일은 계속됐다.

선교사로서 선교 기도편지를 쓴 것은 물론이고, 공식 직함을 가지고 했던 사역도 "선교사회장 서신, 본부장 서신, 멤버케어원장 서신"으로 이름 붙여서 매월 썼다.

선교 기도편지 쓰는 선교사만이 살아남는다

그러니까 선교사회장 2년간 24회, 본부장 3년간 36회 그리고 멤버케어원장 6년간 72회 기도편지를 써서 선교사들과 전국교회에 보냈다. 선교기도편지는 선교사역 중에 해야 할 사역 가운데 1번 순위다. 누가 '적자생존'을 가리켜 "적는 자만이 살아남는다."라고 말했다고 하지만, 선교 기도편지를 쓰는 선교사만이 살아남는다고 말하고 싶다.

보통 후원교회들이 연말마다 겪는 고민 가운데 하나는 새해에는 어떤 선교사를 후원하고 어떤 선교사를 후원 중단할 것인가를 결정하는 것이라고 한다. 어차피 후원 액수는 정해져 있고 매년 후원을 늘여 가기가 쉽지 않으니까 선교사 후원 조정이 필요한데 이때 후원하던 선교사를 중단할 때 첫 번째 기준이 되는 것은 그 선교사가 얼마나 선교 기도편지를 꾸준히 보냈느냐, 어떤 선교사가 후원교회와 자주 연락을 하며 기도 부탁을 하느냐 하는 것을 가지고 기준으로 삼는다고 한다.

　선교사들은 꼭 기억하기를 바란다. 더욱이 1년에 한 번도 선교 기도편지를 안 보내는 선교사들이 있다고 본부로 항의하는 교회도 더러 봤다. 이참에 후원교회에도 부탁을 드리고 싶은 것은 신실하고 정직하며 열심 있는 선교사를 잘 골라서 후원을 시작하면 그 선교사가 선교지에서 철수하든지, 아니면 하나님이 불러 가시든지 하는 이 두 가지 경우를 제외하고는 가능하면 처음부터 끝까지 후원을 해 주시길 꼭 부탁드린다.

11. 재파송..파라과이로 다시 돌아오다

나는 KPM 고신 선교사회 회장의 임무를 맡고 2년간 봉사를 한 후 2012년 고신총회의 부름을 받아 KPM 선교 본부장으로 3년, 멤버케어원장으로 6년의 사역과 1년의 안식년을 거쳐 2023년 13년 만에 파라과이로 다시 돌아왔다.

파라과이에서 선교사역을 시작했으니 파라과이에서 사역을 마무리 하고 싶었고, 그것을 아내도 원했고 주님이 내게 "너는 아직 사명이 남았다"고 하시면서 나를 파라과이로 다시 돌려보내셨으니 그 남은 사명을 감당하기 위해 남은 은퇴까지 남은 2년간을 결승점을 향해 열심히 달려가고 있다.

천안 하나교회가 주 파송교회 되다

나는 지난 37년의 선교사역 기간 중 35년을 주 파송교회가 없었다.

선교 35년 만에 주 파송교회가 생겼다

그런 말 하면 아무도 안 믿었다. 모두들 내게는 든든한 주 파송교회가 있다고 믿고 있었던 모양이다. 사실 협력하여 후원하는 교회와 개인은 많았지만, 주 파송교회가 없어서 늘 아쉬웠는데 파라과이로 다시 돌아올 때 드디어 파송교회가 생겼다. 천안 하나교회다.

나는 본국 사역을 하던 동안 8년을 하나교회에 출석하면서 선교협동 목사로 사역했다. 그래서 하나교회는 내 모 교회 같았고, 모든 교인들도 가족 같아서 행복하게 지냈다. 그런데 이 사실을 아시고 하루는 오병욱 담임목사님이 내게 재 파송될 때 주후원교회가 되어 주겠다고 먼저 말씀하셨다. 눈물이 나는 제안이었다.

그래서 재 파송될 때 하나교회에서 파송예배를 드렸고 나는 당당히 주 파송교회가 있는 선교사로 사역을 마감하게 되어 너무도 행복하며 담임목사님과 하나교회에 감사를 드린다.

나는 지금 파라과이 전역을 다니며 개인 전도를 하며 복음을 전하고 있다.

파라과이는 전통적인 가톨릭 국가로서 가톨릭 신자가 85%나 되기 때문에 전도 대상자가 있을까 싶지만, 여기의 가톨릭은 정통 가톨릭이라기보다는 현지의 무속신앙과 결합된 형태의 가톨릭이라 스스로 자기는 가톨릭 신자라고 하지만, 형식적으로 성당에 다니는 신자들마저 점점 줄어드는 추세에 있다.

아순시온의 남산 쎄로 람바레에서 만난 파라과이 축구 전직 국가대표선수에게 복음을 전하고 있다

오직 예수 그리스도만이 구원을 주신다

따라서 이들에게 복음을 전할 때 본인이 가톨릭 신자라고 하면 가톨릭교회가 구원을 주는 것도 아니고 개신교교회가 구원을 주는 것도 아니다. 오직 예수 그리스도만이 구원을 주시는 분이므로 그 분을 믿어야

전도지와 전도 물품

선교지로 다시 돌아와서 5개 현지인교회 연합예배 인도

한다고 말해주며 전도지와 사탕을 건네면 대부분이 감사하다며 전도지를 받는다.

파라과이 사람들은 참 착하고 순수한 사람들이라서 복음을 잘 받는다. 그러나 오지를 다니며 전도를 할 때는 강도의 위험과 도로 사정이 좋지 않아서 늘 교통사고의 위험이 도사리고 있어서 날마다 안전을 위해 주님께 기도하고 있다.

그리고 다시 돌아온 장로교 신학교를 위해서는 전도 사역으로 인해 시간을 내기가 어려워 가르치는 일은 하지 못하지만, 이사로서 지원하고 기도하면서 신학교의 발전을 위해 함께 힘쓰고 있다. 교회를 개척하는 일도 시간의 제약 때문에 하지 못하고 대신에 이미 세워진 어려운 교회들을 순회하며 돕고 있고 교파를 초월해 설교 요청을 하는 교회는 어디든지 달려가 말씀으로 섬기고 있다.

선교지에 선교사가 필요 없는 날이 오기를

어쨌든 선교의 목적은 하나님의 영광이며 선교사들의 목표는 선교지에 더 이상 선교사가 필요 없는 그 날을 어서 속히 보는 것이다. 그 일을 위해서는 현지인 지도자를 양성하고 차세대를 키우는 일에 집중해야 한다.

그 이유는 자기 민족의 복음화를 위해 나설 일꾼을 만들어 놓지 못하면 주님 다시 오시는 날까지 계속 선교지에 선교사를 보내야 하기 때문이다.

파라과이 사람들의 평균 연령은 28세다. 젊은 나라다. 파라과이 교회의 미래를 위해 어린이와 청소년 사역이 중요하며 신학교 사역이 간과할 수 없는 중요한 사역이다.

12. 선교사로서 가장 보람을 느꼈을 때?

나는 선교사로서 이런 질문을 자주 받았다.

"선교사님은 언제 선교사로서 가장 큰 보람을 느끼셨나요?"라는 질문이다.

나는 그때마다 주저하지 않고 다음 이야기를 한다.

"당신은 한국 사람을 닮았습니다."

듀얼 멤버십으로 국제기아대책기구와 협력해 우물 공사를 하면서 파라과이 정부 관리들도 많이 만났고 티브이와 라디오 방송국의 PD들도 몇 차례 만났는데, 어느 날 방송국 아나운서가 뜬금없이 내게 이런 말을 했다. "목사님은 꼭 한국 사람을 닮았습니다."라고.

나는 그날처럼 선교사로서 큰 보람을 느낀 적은 없었다.

한국 사람을 닮았다는 말은 기본적으로 내가 파라과이 사람이라는 말이고, 이 말은 내가 그들에게 더 이상 외국인이 아니라 자기네 사람으로 받아들여졌다는 말이다.

이 말은 그들이 나를 볼 때 단순히 그들의 언어를 잘 하기 때문만이 아니고, 생각하는 것이나 말할 때의 제스처, 그리고 그들의 문화에 동화되어 있는 나를 보고 종합적으로 평가한 말이라고 생각한다.

나는 모든 선교사들이 현지인들에게 이 말을 들으면 좋겠다는 생각을 한다. "당신은 꼭 한국 사람 같습니다"

13. 한국의 위상과 선교

농업이민 와서 농사 안 지은 한국인

한국인 이민자들이 파라과이에 처음으로 발을 디딘 해가 1965년이다.

지금으로부터 꼭 60년 전이다.

그 때 처음으로 한국인들을 본 파라과이 사람들의 시선은 차가왔다. 먼저 이민 와서 살고 있던 일본사람들과 겉모습은 비슷한데 그들에 비해 가난해 보이고 자기들의 언어도 전혀 모르는데다가 농업이민을 왔다고 하는데 농사를 지을 줄 아는 사람들도 별로 없는 것 같아서 이들이 누구인지 매우 궁금했다고 한다.

처음 이민 왔던 이민 1진 교포들의 말에 의하면, 그 당시는 사실 한국이 매우 가난한 나라였고 모두들 해외에 한 번 나가 보는 것이 꿈이었던 시대였으니 농업이민의 문이 열리자 한 번도 농사를 지어보지도 못했던 사람들이 대부분 이민 가는 배를 탔다. 이 일을 성사시킨 사람은 채명신 장군이었고 그의 노력이 컸다고 한다.

파라과이에 도착한 이들은 파라과이 정부에서 제공한 드넓은 시골 농장에 배치됐으나 처음 파라과이 정부가 약속한 대로 되지 않았고, 또 농사 경험도 없는 사람들이 열악한 농장 생활을 견디지 못하고 모두들 야반도주해 도시로 모여들어 장사를 시작했다.

이민 오자마자 미국 비자부터 신청해

한인들은 가진 것도 없고 먹고 살아야 했기 때문에 처음에는 한국에서 가져온 옷가지를 팔러 다니는 행상으로부터 시작해서 닥치는 대로 일했다. 그런데 사실은 그 당시 대부분의 한인 이민자들에게 파라과이는 종착지가 아니라 아메리칸 드림을 이루기 위해 미국을 가는 경유지였다. 그러니 비자를 얻고 영주권을 취득하기 쉬운 파라과이에 도착하자마자 우선 미국 비자를 신청해 놓고 몇 년간 부지런히 돈을 벌어서 달러로 환전해서 침대 밑이나 장롱 속에 감춰 두었다가 미국 비자가 나오면 그 돈을 챙겨 미련 없이 파라과이를 떠났다.

그래서 지금까지 파라과이 이민청이 한국인에게 발급한 영주권만 해도 5만개가 훨씬 더 넘는다는 말을 들은 지도 꽤 오래 전이다. 그러니 현지인들에게 있어서 한인 교포들은 자기들에게 별로 도움이 되지 않는 사람들이라는 인식이 생겨서 한인들을 무시했다.

그리고 많은 사람들이 생각하기를 한국이라는 나라는 얼마나 가난한 나라기에 먹고 살려고 이렇게도 먼 곳까지 왔는가? 라고 생각하면서 불쌍한 눈으로 바라보기도 했다는 것이다.

그러니 복음을 전하러 온 초창기 선교사들이야 얼마나 더 무시를 당했겠는가? 짐작이 간다. 그런데 현지인들의 눈을 휘둥그레지게 만든 사건이 여러 번 일어났다.

올림픽, 월드컵 보고 "왜 이민 왔느냐?"

1988년 올림픽이 서울에서 열렸다. 파라과이 사람들이 TV를 통해 본 한국은 더 이상 자기들이 깔보던 나라가 아니었다. 올림픽 이후 한국 사람들을 바라보는 시각이 달라졌다. 그리고 말하기를 "TV에서 보니까 당신들 나라가 그렇게도 잘 사는 나라 같던데 이 먼 곳까지 왜 왔느냐"고 반문했다.

2002년 한일 월드컵 때 한국이 4강의 신화를 이루자 한국 사람들의 위상이 한 층 더 높아졌다. 더구나 경제까지 눈부시게 성장했으니 이제는 더 이상 무시할 나라가 아니라 부러워하는 나라가 되었다. 축구를 좋아하는 남미에서 축구를 잘 하는 나라는 대우받는다.

여담이지만, 2002년 월드컵에서 파라과이는 조별리그에서 스페인에 1-3으로 패배했다. 스페인은 조 1위로 올라갔고, 파라과이는 힘겹게 16강에 진출했지만 결국 독일에 패해 탈락했다. 한편, 8강에서 한국이 스페인을 승부차기로 꺾었고, 이에 파라과이 팬들은 환호했다. 자신들을 무너뜨린 스페인이 한국에게 탈락하자, 마치 복수를 해준 듯 한 통쾌함을 느꼈던 것이다.

그 당시 파라과이에서는 한국인에게 고마움을 표시하는 일화도 전해진다. 일부 버스 기사들은 승객이 한국인임을 알면 버스비를 받지 않고 무료로 태워줬다는 말도 있을 정도였다. 비록 경기 결과가 파라과이의 운명에 직접적인 영향을 주진 않았지만, "¡Gracias, Corea!"("고마워, 한국!") 이라는 반응이 나올 만큼 감정적인 공감이 있었다.

한류와 KOICA 활동으로 동경하는 나라

그러나 무엇보다도 결정적인 것은 2000년대 후반부터 시작된 한류바람이 온 세계를 잠식하기 시작했고 드디어 남미까지 도착하자 남미 나라들이 한국 음악, 춤, 영화, 드라마, 넷플릭스에 푹 빠져 이제는 한국이 그들이 동경하는 나라로 바뀌었다.

게다가 한국 정부와 KOICA를 통해 파라과이에 경제적인 지원도 많이 하고, IT 강국답게 기술 등 여러 분야에서 도움을 주고 있다.

예를 들면 그동안 수동적인 작업으로 운영하던 공항이나 정부의 시스템을 전자화하고, 국경의 보안 시스템도 첨단화하는 데 도움을 주었다고 한다.

따라서 선교적인 차원에서 사역들이 잘 진행되고 열매도 많이 거두는 황금시기가 되었.

마지막 때 한국을 사용하여 파라과이와 남미의 복음화를 이루는 하나님을 찬양한다.

14. 나의 유일한 취미

사람들마다 각각 자기만이 가진 취미가 있다. 운동, 음악, 미술, 여행, 사색, 산책, 요리, 독서 등등. 나는 우표 수집에 취미가 있었다. 젊을 때는 진귀한 우표를 꽤 많이 모았지만 그 후 그걸 어떻게 했는지 모른다. 아마 우표를 수집하는 지인에게 몽땅 다 준 것 같다. 그 이후에 새롭게 취미를 가지고 수집을 하기 시작한 것이 종(campanilla)이다. 특히 아내와 함께 선교지를 다니거나 타국을 여행할 때 다른 쇼핑에는 전혀 관심이 없는데 유일하게 사 모은 것이 종이다. 아내와 함께 선교지에서 종을 수집하는 것은 우리에겐 큰 즐거움이었다.

아내와 함께 선교지에서 수집하던 종

지금까지 50여 개국을 다니면서 그때마다 하나씩, 둘씩 사거나 선물 받은 종이 250여 개가

세계를 다니며 모았던 250여 개의 종

넘는다. 그것을 내 집 벽에 설치물을 만들고 거기에 정성스럽게 진열해 놓았는데 우리 집을 방문하는 사람마다 너무 예쁘고 진귀하다고 감탄을 했다. 그게 우리 집의 보물 1호가 되었다.

그런데 아내가 천국으로 떠난 후 함께 종을 수집하던 그 즐거움은 사라졌고, 종 수집이 별로 의미가 없어졌다. 그래서 일부를 대전 KPM 고신선교센터에 기증했는데, 본부에서는 동료 선교사인 박신호 화백의 손길을 통해 이것을 작품으로 만들었다.

박 화백은 유리로 설치물을 만들어 그 속에 종을 진열한 뒤, 작품의 이름을 "천국의 종소리"라고 붙였다.

박 화백은 이 작품의 옆면에 다음과 같은 글을 새겨 놓았다.
"기쁜 일이 있어 천국 종 치네. 나간 아들 돌아왔도다.
아버지가 친히 마중 나가서 잃은 자식 반겨 맞았다."

선교지를 향한 하나님의 마음을 잘 나타낸 글이다. 그리고 그 아래에는 이렇게 적혀 있다.
"하나님을 사랑하고 선교지의 사람들을 사랑했으며, 동료들을 마음을 다해 섬겨주셨던 고 박은주 선교사님이 세계의 선교지에서 수집했던 것입니다. 우리는 이 종들을 보면서 그녀가 남겨주고 간 따뜻한 마음과 웃음을 영원히 기억하고자 합니다. 그리고 본받고 싶습니다. A DIEU!"

대전 선교센터 본부 입구에는 이 작품이 진열돼 있어 선교센터를 방문하는 사람마다 작품을 보고 선교를 생각나게 하고 있다.

수집했던 종의 일부는 우리가 선교사 멤버케어 하던 당시에 즐겨 이용하던 제주도의 MJ 리조트에 기증했고 거기에도 장식해 놓았다.

故 박은주 선교사 기념 '천국의 종소리' 제막식

그리고 나머지는 내가 보관하고 있고 지금도 어딜 가면 습관적으로 먼저 종을 찾아다니는 나를 발견하곤 한다.

제 2부
남미의 심장 속으로
Al Corazón de América del Sur

I. 파라과이 소개

남미의 심장 파라과이(República del Paraguay, el Corazón de América del Sur)

파라과이 공화국(República del Paraguay)은 우리나라와 지구 정 반대편에 있는 남미의 중앙에 위치한 내륙국이다. 우리나라에서 2만Km 떨어져 있으며 직항로가 없어 2개국을 경유해 비행기로 36시간 이상 비행해야 수도 아순시온에 도착할 수 있다.

남미의 중앙에 자리 잡고 있기 때문에 남미의 심장(El Corazón de América del Sur)이라고 불린다. 브라질, 아르헨티나, 볼리비아와 국경을 맞닿아 있고 이 세 나라에 둘

파라과이는 지리적으로 남미의 심장에 해당한다   파라과이 지도

러싸여 있다.

파라과이란 국호는 파라과이 강(Río Paraguay)에서 따왔다. 파라과이는 육군, 해군, 공군 등 3군이 다 있으나 아이러니하게도 바다가 없는 파라과이에 해군이 가장 힘이 있다. 바로 파라과이 강이 있기 때문이다. 파라과이 강은 파라과이의 중앙을 관통하며 이 강을 통해 대부분의 물자가 수출입 되고 도로망을 통해서 전역에 공급된다.

파라과이의 국토면적은 406,752 ㎢로 우리나라 남한의 약 4배쯤 되며 인구는 약 610만 명가량 된다. 언어는 스페인어와 인디언 언어인 과라니어를 공용어로 사용하며 90% 이상이 인디오와 스페인인 사이의 혼혈(메스티소)이다. 종교는 가톨릭이 85%, 개신교가 15% 정도 된다.

파라과이의 수도는 아순시온(Asunción)이며, 인구의 97%가 파라과이강 동쪽에 살고 있다. 파라과이 강 서쪽의 그란차코(Gran Chaco) 평원은 파라과이 국토 면적의 60%를 차지하고 있으나, 인구는 20만 명(3%)에 불과해 인구밀도가 지극히 낮다.

스페인의 식민지였던 파라과이는 1811년 5월 14일 스페인으로부터 독립했다. 파라과이는 탄탄한 재정과 강한 군사력을 바탕으로 주변국과의 군사적 긴장과 마찰을 주도적으로 이끌 정도로 잘 나갔다. 당시 대통령 프란시스코 솔라노 로페스 장군(General Francisco Solano López)은 내륙국인 파라과이의 한계를 넘기 위해 야심찬 계획을 세웠다. 즉, 바다로 향하는 영토 확장을 위해 우루과이를 침략하기로 한 것이다.

파라과이는 우루과이와의 전쟁을 위해 아르헨티나에게 길을 터 줄 것을 요청했으나 거절당했다. 오히려 브라질, 아르헨티나, 우루과이 등 3국은 동맹을 맺고 1864년부터 1870년까지 파라과이와 치열한 전쟁을 벌였다. 이른 바 3국 동맹 전쟁이다. 이 전쟁에서 파라과이가 대패함으로써 파라과이는 이 전쟁에서 남성의 90% 이상, 인구의 절반 이상이 사망하고 국토의 40%가량을 잃었으며 국가 경제는 거의 파괴될 정도로 큰 피해를 입었다.

그 전쟁의 패배로 인해 파라과이 영토였던 이과수 폭포를 브라질과 아르헨티나에게

파라과이 국기 / 파라과이 수도 아순시온

파라과이의 수도 아순시온의 일출 광경

뺏겼다. 하지만 파라과이는 1935년 6월 12일 볼리비아와의 차코전쟁에서 승리함으로써 볼리비아와의 분쟁지역이었던 그란차코 지역 대부분을 회복했다.

  파라과이의 국기는 전 세계에서 앞뒤 그림이 다른 유일한 나라다. 위의 사진처럼 윗부분의 색은 빨간색, 아랫부분은 파란색으로 앞뒤가 같다. 그러나 가운데 휘장은 앞쪽은 'República del Paraguay(파라과이 공화국)'라는 글자에 올리브 잎과 별이 그려져 있고 뒤쪽은 'Paz y Justicia(평화와 정의)'라는 글자에 사자 그림이 그려져 있다. 삼국전쟁으로 큰 피해를 경험한 파라과이는 '다시는 전쟁이 없는 나라를 만들겠다'는 의지를 국기에 담았다.

파라과이는 5년 임기의 대통령제로서 현재의 대통령은 홍당(Partido Colorado) 소속인 산티아고 페냐(Santiago Peña)인데 2023년 8월 15일 대통령으로 취임했다. 그는 경제학자 출신으로, 이전에는 파라과이 중앙은행과 국제통화기금(IMF)에서 근무한 경력이 있다.

파라과이 한인 이민역사(Historia de la inmigración coreana en Paraguay)

1870년 삼국동맹전쟁에서 패한 파라과이는 국토의 많은 부분을 잃었을 뿐만 아니라 인구의 절반이나 잃었다. 따라서 국가 재건을 위해 외국에서 많은 이민자들을 받아들이는 정책을 실시했다.

대한민국과 파라과이

이민 온 사람들은 대부분 전쟁을 피해 더 나은 삶과 평화를 찾아온 유럽인들이었다. 유럽인 집단 중에는 스페인, 독일(대부분이 메노나이트), 이탈리아, 프랑스, 슬라브계가 있으며 다른 집단으로는 레반트/아랍계(대부분 기독교 레바논인과 시리아인)와 동아시아인(중국인, 일본인 등) 등이 있었고 후에 한국인 이민자들이 합류했다.

오늘날 신규 이민자의 출신지는 조금 바뀌어서 현재는 파라과이 이민자의 80% 이상이 이웃나라 브라질과 아르헨티나 출신이다.

파라과이 한국인 이민은 한국인 사업가 이관복 씨가 당시 파라과이 정부의 실권자와의 개인적인 친분으로 150여명의 농업인 이주 허가를 받아내어 시작됐다. 1965년 2월 17일 농업 이민 1진 30세대 95명이 부산항을 출발해 부에노스아이레스 항을 경유, 같은 해 4월 22일 아순시온 항에 도착했다.

하지만 파라과이 농업이민자들은 원래 배정되었던 개간지에 도착해서는 그곳에서 개간은커녕, 도저히 생활하기조차 어렵다는 것을 깨달았다. 변변한 농기구조차 갖추지 못했고 개미 떼와 독충과 싸우며 주거시설을 마련하고 매일 끼니를 마련하느라 고군분투를 해야 했다. 더욱이 대부분의 이민자들이 농업 경험과 기술을 갖지 않았기 때문에 황무지를 개간하는 일은 처음부터 무리였다. 결국 대부분의 이민자들은 하나, 둘씩 정착지를 떠나 아순시온과 같은 대도시로 재 이주했다.

대도시로 이주한 한인들은 마땅한 일자리를 찾지 못하자 행상에 나서게 되었으며 처음에는 한국에서 가져간 물건들을 팔다가 나중에는 현지에서 물건을 도매가격으로 사서 가가호호 방문하면서 소매가격으로 판매를 했다. 주로 월부나 주 단위로 분할 수금하는 형식으로 장사를 해서 돈을 모았다.

"벤데(Vende)"라고 부르던 행상 다음으로 한인들의 생계거리로 시작된 것이 봉제업이다. 처음에는 동네 바느질처럼 봉제를 하청 받아서 시작했으나 나중에 행상과 동반되면서 자체 생산과 판매 구조를 갖추게 되었다. 1980년대에는 신규 한인 이민자들이 자본과 기술력을 가지고 들어와 한인 의류업에 질적 성장이 있었고 이것을 기반으로 하여 전문 의류 상가로의 진출이 본격화되었다.

이때부터 한인들은 적극적으로 사회에 진출하기 시작했다. 과이라(Guairá)주의 주도인 빌랴리까(Villarrica) 시청 자료에 따르면 1983년 박씨 성을 가진 한국인 가족의 딸이 빌랴리까 카니발(Carnaval de Villarrica)에서 축제의 여왕(La reina de Festival)으로 등극하기도 했다고 한다.

90년대 들어 전자제품 또는 옷 가게 등 자영업을 하는 동포들이 많이 생겨났으며, 한인이 운영하는 중소기업들도 이 시기에 많이 생기기 시작했다. 2,000년대 들어서는 현지에서 태어난 이민 2세, 3세들이 현지 언어를 유창하게 구사하며 변호사, 의사, 검사 등 전문직에 진출하여 한국인의 위상을 높였다. .

그러나 의류산업과 가전제품 판매로 크게 돈을 번 많은 한인들이 파라과이를 경유

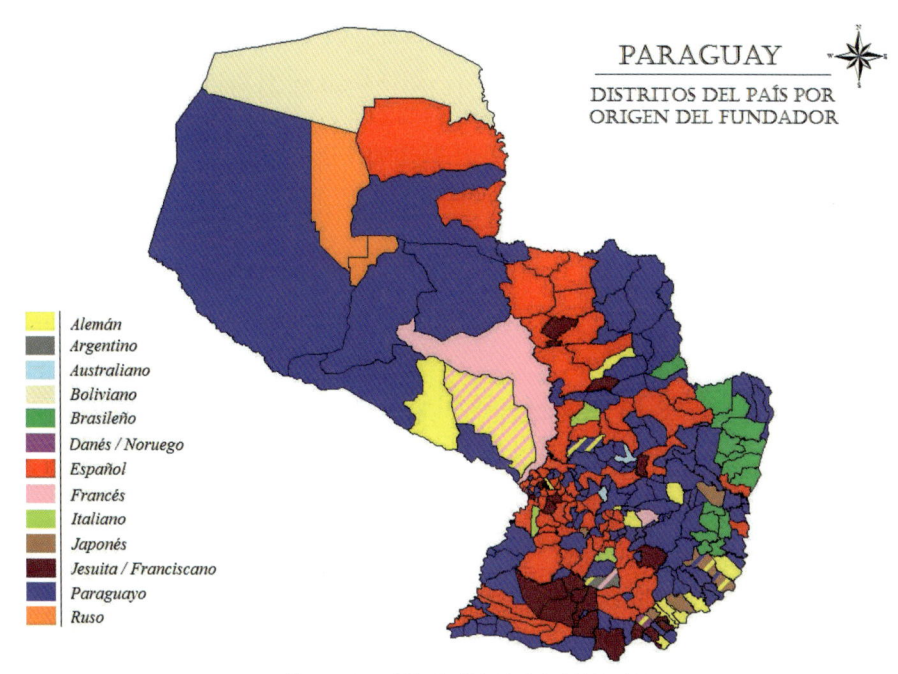

색으로써 표시한 각 지역 설립자의 출신지 분포도

국으로 삼아 미국이나 캐나다 등 제 3국으로 재 이주하는 바람에 한때 16,000여명에 달하던 한국 이민자 수가 급격히 줄어들었지만, 지금 그나마 5,000여명 선을 유지하고 있다.

국익이냐 의리냐?(El interés nacional o la lealtad?)

중국(China)은 '하나의 중국' 정책을 고집해 대만(Taiwán)과의 동시 국교를 허락하지 않고 '중국이냐 대만이냐' 둘 중 하나를 택하라고 강요하고 있다. 우리나라도 과거에 대만과 국교를 맺었으나 '하나의 중국' 정책에 의해 경제적인 이유로 대만을 포기하고 중국과 외교 관계를 맺었다. 의리보다는 국익을 위해서였다. 중국과 국교를 맺고 있는 다른 나라들도 마찬가지일 것이다.

파라과이는 대만과 국교를 맺고 있는 나라다. 대만은 2025년 현재 전 세계적으로 총 12개 국가와 국교를 맺고 있는데 그 중 라틴아메리카와 카리브 해 지역에 그 절반이 넘는 7개 나라가 대만과 국교를 맺고 있고 파라과이는 그 가운데 대만에게 외교적으로 가장 중요한 나라다.

얼마 전에 Xu Wei(쉬 웨이)라는 중국 외교부 소속 라틴아메리카와 카리브해 지역 자문 위원이 파라과이를 방문했다.

비자는 외교관 비자가 아니라 파라과이에서 있었던 UNESCO 모임의 참관인 자격으로 방문 비자를 받아 입국했다. 그러나 그는 방문 목적인 유네스코 모임에는 가지 않고 바로 국회의사당으로 가서 국회의원들을 만났다.

그리고 그가 입국한 목적 외에 정치적인 행보를 했다. 즉, 파라과이가 대만과 외교 관계를 끊고 경제 대국인 중국과 국교 관계를 새로 체결하면 많은 경제적인 혜택을 주며 수출의 문을 활짝 열어서 육류와 농산물을 대량으로 수입해 주겠다고 큰 소리를 쳤다.

솔깃한 제안이다. 안 그래도 일부 야당 의원들은 별로 국익에 도움이 안 되는 대만보다는 중국과 손을 잡자고 주장하기도 하지만 정권이 바뀌어도 줄곧 파라과이 대통령 및 여당은 국익보다는 의리를 택했다. 결국 파라

파라과이로부터 추방당한 중국 외교관 쉬 웨이

과이 외무부는 당장 Xu Wei(쉬 웨이)의 비자를 취소하고 내정간섭(por intromisión en asuntos internos) 혐의로 이 중국 외교부 공무원을 추방했다.

물론 파라과이가 대만과 국교 관계를 이어 나가고 우방국 입장에서 협력함으로써 대만으로부터 얻는 반사적 이익도 없진 않겠지만 큰 틀에서 보면 아무래도 "국익보다는 의리"를 택하는 멋진 나라라는 생각이 든다. 이 기사를 보면서 나는 내가 무엇을 선택해야 할 때, 과연 "내 개인의 이익을 위할 것인지, 의리를 택할 것인지" 깊이 생각

해볼 기회를 가졌다.

성경은 우리에게 "하나님과 재물을 겸하여 섬기지 못한다"고 분명히 말했다. 세상과 타협하면 분명히 얻을 이익이 많지만 신앙의 의리를 지키는 쪽을 택하고 불이익을 당하고 세상으로부터 버림을 받았던 구름같이 허다한 믿음의 선배들이 우리의 경주를 지켜보고 있다. 잘 살아야 한다.

"세상에서는 너희가 환란을 당하나 담대 하라 내가 세상을 이기었노라"(요 16:33 하)
"En el mundo tendréis aflicción; pero confiad, yo he vencido al mundo" (S.Juan 16:33)

부러운 것 두 가지(Dos cosas que envidio en Paraguay)

내가 파라과이에서 살면서 느끼는 이 나라에 부러운 것 2가지가 있다.

첫째는, 이념(이데올로기) 싸움이 없다는 것이다. 파라과이는 자유 민주주의와 시장 경제를 표방하는 나라로서 이념 분쟁이 없는 나라다. 정치적으로 야당과 여당, 좌파 우파는 있지만 적어도 맹목적인 색깔 논쟁은 없다. 물론 이 나라 정치인들의 최종 목표도 자신이나 소속된 정당이 권력을 잡는 일이고 그 목적을 이루기 위해서 야합하거나 고도의 정치적인 기술을 사용하기도 하지만 무조건 흑백논리로 상대방을 짓밟는 그런 야비한 짓은 안한다. 이런 면에서 해외에서 바라보는 우리나라는 정치적인 후진국인 셈이다. 진보와 보수, 빨간색과 파란색, 진부한 이념과 색깔 논리로 국력을 허비하고 있고 국제적으로 부끄러움을 당하고 있지만, 아직도 현실을 파악하지 못하고 있는 것이 너무나 안타깝다.

둘째는, 국민을 대변하는 기능이 가톨릭교회에 있다. 이것은 헌법적인 기능을 말하는 것이 아니라 국민 정서면에서의 기능을 말한다. 파라과이는 국민 80 퍼센트 이상이 카톨릭 종교를 신봉하는 나라다. 물론 헌법상 가톨릭교가 국가의 공식적인 종교는 아니고 분명히 종교의 자유가 있는 나라지만, 그래도 국민들의 종교적 성향과 종교적 지주는 가톨릭교임을 부인하기 어렵다.

따라서 가톨릭 대주교의 말은 권위를 가지고 있고 정치인들도 무시하지 못하고 귀를 기울여야 하는 구조로 되어있다. 최근에 정치권에서 각종 비리와 부정부패, 권력남용, 민생도외, 치안부재 등으로 혼란스러운 가운데서도 대주교들이 국민의 편에서 연일 정부를 향해 쓴 소리를 내뱉고 있다.

파라과이 방문 기념품(벽걸이)

나는 해외에 살면서 내가 대한민국 국민임이 너무나 자랑스러울 때도 많지만 요즘 같은 때는 너무나 부끄럽고 대한민국의 앞날이 걱정스럽다. 그래서 생각해 봤다. 여기서 조국을 위해 내가 할 수 있는 일이 무엇일까? 오랫동안 중단했던 조국을 위한 기도를 다시 시작하는 일이다.

지역주의, 이념싸움, 색깔론, 집단적 이기주의, 물질만능주의, 혼란스러운 정국을 위해서 기도하고 교회와 영적 지도자들이 먼저 회개하고 자신이 신봉하는 극단적인 이념 편에 서서 정쟁을 부추기는 선언이 아니라 진정 국민의 행복을 위해 조국의 평화와 안전을 위해 바른 말을 해야 한다고 생각한다.

2. 지리와 종교

파라과이강(Río Paraguay)

　오늘 오후에는 수도 아순시온의 젖줄이라고 불리는 파라과이강(Río Paraguay)으로 나갔다. 왜 젖줄이냐 하면 바다가 없는 파라과이가 바다로 나갈 수 있는 유일한 수로가 파라과이강이기 때문이다. 파라과이 수출입의 대부분이 이 강을 통해서 이루어지고 있다. 파라과이라는 국명도 파라과이강에서 유래됐다.

　파라과이강은 '파라과이'라는 이름이 붙었지만 사실은 브라질 중서부 마또그로스(Mato Grosso) 고원에서 발원해 브라질과 볼리비아, 브라질과 파라과이 국경을 따라 흐르다가, 파라과이 국토 중앙을 지나면서 아르헨티나 동북부 코리엔테스시(Ciudad de Corrientes) 북쪽에서 파라나 강에 합류되기까지 약 2,600Km의 거리를 흐르는 강이다. 세계에서 5번째로 길다.

　파라과이 강은 파라과이 국토를 동에서 서쪽이 아니라, 북에서 남으로 관통하고 있기 때문에 국토의 자연환경을 동, 서로 양분하는 지리적 기준이 되고 있다. 강의 동쪽은 주로 삼림으로 이루어져 있고, 이 지역에 파라과이 인구의 97%가 거주한다. 반대로 강의 서쪽은 건조하고 인구가 희박한 그란 차코(Gran Chaco) 지역이다. 차코 지역은 동부 지역보다 훨씬 넓다.

　파라과이 강 유역은 사바나(Sabana) 기후에 속하기 때문에 겨울에는 건조하고 여

파라과이강에서 낚시하는 사람들

파라과이 낚시꾼

파라과이 강

파라과이 강변

름에는 비가 많은 것이 특징이다. 즉 4월부터 9월까지의 겨울은 건조하고, 10월부터 3월까지의 여름은 비가 많이 내린다. 연평균 기온은 20℃ 내외이며, 최고기온은 40~42℃ 이지만, 최저기온은 3℃ 정도 된다.

파라과이 강 유역의 평균 강수량은 동부지역이 2,000㎜이며 서쪽으로 갈수록 줄어들어 서부지역의 끝에는 겨우 절반인 1,000㎜가량 된다. 여름철 강수량이 전체 연강수량의 80%가량 되는데 7월부터 8월 사이가 가장 건조한 시기다.

기후의 영향으로 파라과이 강 유역에는 관목수림과 초원이 형성되어 있고 강에는 어류가 풍부하여 식인고기인 삐라냐(Piraña)도 서식하지만 고급 어종인 도라도(Dorado), 수루비(Surubí), 빠꾸(Pacú) 오리입(Pico de Pato) 고기 등 약 80여종의 토착 어류를 비롯해 모두 350종의 어류가 서식하고 있다.

오늘 보니 강에는 낚시배가 2대 떠 있고 각각 2명의 낚시꾼이 낚시를 하고 있었고 강가에는 낚시배가 없어서 그냥 릴낚시를 하는 사람이 있었다. 요즘 주로 잡히는 고기 종류는 Bagre(메기)라고 하면서 지금이 금어기간(época de veto)은 아니라고 했다.

배를 타고 낚시하는 사람들은 강렬한 햇살에 피부를 덜 노출시키려고 온몸을 두텁고 긴 옷으로 두르고 모자와 수건으로 해를 가리며 땀을 흘리면서 고기를 잡고 있었다. 이걸 보면서 사람 낚는 어부인 나는 전도하기 위해 얼마나 고통을 감수하며 전도하고 있는가? 반성이 되었다. 릴 낚시꾼에게 슬슬 말을 걸었다.

이따우과 시(Ciudad de Itauguá)

이따우과(Itauguá)시는 파라과이 센트럴주(Departamento Central)에 속한 도시며 수도 아순시온에서 30 Km 떨어진 근교도시다. 1726년 6월 27일 스페인 사람 바론 히스파노 마르틴 데 바루아(Varón Hispano Martín de Barua)가 세웠다. 전도 여행 차 필자가 방문했을 때는 마침 시청에서 오전 9시부터 기념식과 여러 가지 행사들이 계속 있었고 거리에는 분위기를 돋우는 장식들로 가득했다.

이따우과(Itauguá)시는 "냔두띠의 도시(Ciudad de Ñandutí)라고도 불린다. "냔두(Ñandú)"는 과라니 인디언 언어로 "거미(araña)"이고 "띠(tí)"는 "그물"이니 "거미줄"을 말한다. 너무나 정교하고 화려하고 아름답게 수를 놓은 것이 마치 거미줄처럼 생겼다는 말에서 나왔다. 이 도시의 특산품은 뛰어난 장인들의 솜씨로 만들어 낸 수공예품으로 만든 옷과 각종 장식품이다. 이 도시에는 전통양식의 건축물이 많고 전통 춤, 전통 공예의 산실로 이름이 나 있다. 혹시 방문하시게 되면 방문 기념품으로 아름다운 수공예품을 손에 넣기를 바란다.

이따우과(Itauguá)의 뜻이 과라니(Guaraní)어로 "돌들이 많은 곳"이라는 지명대로 여기에서 생산되는 질 좋은 돌들로 아름다운 건축물을 많이 만들었다. 특히

이따우과시의 화려하고 정교한 냔두띠

이따우과시 입구

이따우과시 전도 여행

1,600년에 건축된 성당인 로사리오 성모교회(Catedral Rosario Santa Maria)는 이 돌들로 지어졌으며 많은 참배객들과 관광객들을 불러 모은다. 나도 그 성당에 들어가 봤는데 매우 아름답고 웅장해 보였다.

그 성당 옆에는 공원이 있고 정문 건너편에는 냔두띠를 만들어서 전시해 놨는데 많은 방문객들이 와서 사진을 찍는다. 나는 그들에게 다가가서 단체 혹은 가족들의 사진을 찍어주었다. 물론 전도를 위한 접점을 찾기 위함이다.

보통 사진을 찍을 때 서로 찍어줄 수는 있어도 전체 일행들의 사진은 누군가 찍어

로사리오 성모교회

주어야 하는데 착안해 사진을 찍어주면 누구든지 고마워했다. 나도 그들에게 내 사진을 찍어달라고 부탁하기도 했다. 이때를 이용해서 자연스럽게 전도지와 막대사탕을 주면서 전도했더니 아무런 거부감이 없이 잘 진행되는 것을 보며 오늘도 하나님께 감사했다.

파라과이 제2의 관문 씨우닷 델 에스떼(동쪽의 도시)
La segunda puerta de entrada del Paraguay, Ciudad del Este

나는 지금으로부터 36년 전인 1989년 3월 KPM 선교사로 파라과이에 파송됐다. 수도 아순시온으로 입국하려 했으나 그 당시 파라과이는 35년간 군부 독재정치를 하던 독일계 대통령 스트로에스네르(Stroessner) 장군이 쿠데타(Golpe)로 권좌에서 물러나는 등 정치적인 혼란기에 있었기 때문에 영사업무가 마비되어 비자를 받지 못해 겨우 브라질 이과수시를 통해 델 에스떼로 입국했고 결국 이 도시에 정착했다.

나는 델 에스떼(Del Este)시에서 안식년을 포함해 21년간 사역했고 그 후 본부로 들어가서 안식년을 포함해 13년간을 사역했다. 그리고 다시 파라과이로 돌아와서 이번에는 아순시온(Asunción)에 머물렀다. 내가 파라과이에서 가장 오랜 기간 사역한 도시가 바로 델 에스떼 시다. 파라과이에는 우리 KPM 선교사가 나를 포함해 모두 5가정이 사역하고 있는데 아순시온(Asunción)에 3가정, 델 에스떼(Del Este)에 2가정이 사역하고 있다.

또 30년 전에 고신종교법인체(Personeria Jurídica Misión Presbiteriana KOSIN del Paraguay)를 만들어서 재미고신총회 파송 선교사 1가족과 함께 현재 총 6가정이 함께 동역하고 있다.

Ciudad del Este(동쪽의 도시)는 1957년에 조성되었고 파라나 강(Río Paraná)을 경계로 마주보는 브라질과의 국경 지역에 있다. 본래 이 도시의 이름은 "스트로에스네르 대통령의 도시(Ciudad de Presidente Stroessner)"라는 이름을 가지고 있었다 하지만 1989년 1월 스트로에스네르 대통령이 사돈인 안드레스 로드리게스(General Andrés Rodríguez)장군에 의해 쿠데타(el golpe)로 물러난 후 권위적이었던 이 도시 이름이 "동쪽의 도시"라는 뜻을 가진 "씨우닷 델 에스떼(Ciudad del Este)"라는 아름다운 이름으로 바뀌었다.

한때 울창한 열대삼림으로 가득 찼던 이 지역이 우정의 다리(Puente de la Amistad)가 건설된 이후 비약적인 발전을 했다. 우정의 다리는 세계 최대의 관광지인 이과수폭포(Las Catarátas del Iguazú)가 있는 브라질 이과수시와 파라과이 델 에스떼시를 잇는 1964년에 개통된 500미터 길이의 다리다. 다리 정 중앙에 양국의 국기가 그려져 있는데 이 지점이 두 나라의 국경을 나누는 분기점이다.

이 도시는 수도 아순시온(Ciudad de la Asunción) 다음 가는 파라과이 제2의 중요한 무역도시다. 이 도시는 무관세 상업도시로서 미국 마이애미 다음으로 큰 시장을 형성하고 있으며, 파라과이 경제의 거의 70퍼센트를 책임지고 있다. 주된 고객은 브라질과 아르헨티나의 상인들인데 이 시장의 물건값이 저렴해서 대량으로 구매해 자국에 돌아가서 소매로 판매해 많은 이득을 남길 수 있기 때문에 많이 찾는다.

 따라서 이 도시에는 파라과이 화폐인 과라니(Guaraní) 뿐 아니라 미국 화폐인 달러(Dollar), 브라질 화폐인 헤알(Real), 아르헨티나 화폐인 페소(Peso) 등 4개국 화폐가 자유롭게 통용되고 있으므로 환전상, 중개업, 금융업이 발달되어 있다. 세계의 모든 물건이 거래되고 있고, 가격도 저렴해서 남미로 오는 여행객들에게 인기가 많다.

 파라과이는 한국인이라면 1달간 무비자 입국이 가능하며, 한국에 있는 파라과이 대

씨우닷 델 에스떼 전경

씨우닷 엘 에스떼 중심가

델 에스떼 지역 KPM 선교사들

사관을 통해 관광비자를 신청하면 3개월 멀티 비자를 받을 수 있다. 이 도시는 남미를 방문하시는 분들이 이과수 폭포를 관람하러 오실 때 반드시 들러 봐야 할 필수 코스다. 그래서 "관광은 이과수에서, 물건 구입은 씨우닷 델에스떼에서"라는 구호를 길거리에서 흔하게 볼 수 있다.

파라과이의 선교역사와 고신교회들
(Historia misionera del Paraguay y las Iglesias Presbiteriana Reformada Kosin del Paraguay)

파라과이 개신교의 선교 역사는 1920년경 영국 성공회에서 처음으로 파라과이에 들어와 인디언들에게 복음을 전한 것으로 시작됐다. 그러나 그들의 선교는 오래가지 못했고 1923년경 독일 사람들이 이민 오면서 독일 형제 교회(los hermanos libres)와 Los Menonitas(재세례파)가 파라과이에 뿌리를 내리기 시작했다.

처음에 그들은 그란차코(Gran Chaco) 지역의 인디언들을 중심으로 하는 선교를 했지만 점차 도시 지역으로 선교의 지역을 넓히면서 폭 넓게 선교하기 시작해 비교적 성공적인 열매를 거두었다

1943년에는 미국 남 침례교가 파라과이에 본격적인 선교를 하기 시작했다. 그들은 도시지역의 선교를 위해 1952년 수도 아순시온에 침례교 병원을 세웠고 그 해 일반학교를 세워 다방면의 선교를 하기 시작했다. 침례교단은 그 후 1964년에는 신학교를 세워 일꾼 양성에 주력하면서 원주민 지도자를 세워 그들 스스로 교회를 섬기는 훈련을 하도록 했다. 현재까지 파라과이에서 가장 많은 개신교회를 보유하고 있는 교단이 바로 침례교단인 것은 바로 이런 이유다.

제2차 세계대전 이후 오순절 운동의 펜테코스탈(Pentecostal: 오순절 교회파) 바람

제2회 파라과이 고신교회 연합수련회가 끝나고

수련회 찬양 모습

설교에 집중하는 성도들

이 남미 전 지역에도 불게 되었다. 파라과이도 그 바람의 영향으로 오순절 교회들이 점점 늘어나게 되었으며 예배에 활력이 넘치는 그들은 파라과이 개신교 선교역사에 색다른 활력을 불어넣었다.

　파라과이에서의 장로교 선교역사는 그다지 길지 않다. 1800년 후반기 3국 전쟁 이후 인구수가 급감한 파라과이 정부는 1900년 초부터 적극적인 이민 정책을 실시해 많은 외국 이민자들이 파라과이로 들어오게 되었다.

수련회 강사 천환 목사의 설교 　　　　　 맛있는 점심식사 시간

파라과이 고신교회 선교사들과 수련회 강사들

　이 때 한국도 1965년경부터 이곳 파라과이에 농업 이민을 보내게 되었고 이후 이들 대부분은 도시인 수도 아순시온으로 이주해 거의 모든 사람들이 상업에 종사하게 되었는데 이때 한인 이민자들이 모여서 예배하게 된 것이 파라과이 장로교 선교역사의 시작이었다.

　파라과이 최초의 한인교회는 1965년 아순시온에 세운 한인연합교회다. 연합교회를 개척한 분은 고 한성욱 목사였는데 한인연합교회는 초교파 교회로서 파라과이로 쏟아져 들어오는 다양한 교파 출신의 한인들을 수용하여 신앙으로 인도하는 정신적-신앙적 어머니 역할을 감당했다.

그 후 이민자의 수가 증가함에 따라 많은 교회가 세워졌고 현재 장로교회로는 아순시온교회가 가장 크다. 아순시온교회는 교회가 성장함에 따라 원주민 선교를 동시에 하게 되었고 이에 따라 10여개의 원주민 교회들이 아순시온 근방에 세워지게 되었다.

파라과이에는 많을 때는 17개의 한인교회들(수도에 약 10개)까지 있었으나 의류, 전자 등 사업으로 많은 돈을 번 파라과이 교민들이 대거 미국, 캐나다 등지로 재 이주하는 바람에 교인수도 줄어 현재는 10개 미만이다.

2025년 3월 현재 파라과이에는 한국에서 장로교, 침례교, 감리교, 순복음, 성결교 등 11개 교단에서 29가정, 선교단체에서 6가정, 개 교회에서 10가정 등 45개 가정이 파송되어 있으며 장로교단으로서는 한국의 고신, 재미고신, 합동, 미주한인, 통합, 대신 측에서 파송 받은 선교사들이 저마다의 선교의 열정을 가지고 현장에서 열심히 사역하고 있다.

KPM(고신총회세계선교회)는 1989년 3월에 나를 파라과이에 첫 파송했다. 그 후 이어지는 파라과이 KPM 선교사들은 개혁주의 교회 건설을 목표로 현지인들을 대상으로 왕성한 선교활동을 벌여 현재 파라과이에는 6명의 고신(재미고신 포함) 선교사가 5개의 현지인 고신교회를 목회하고 있다. 수도 아순시온에 3개(엠마누엘교회-김기석 선교사, 그라시아교회-박중민 선교사, 사랑과 진리교회-박종준 선교사), 델 에스떼에 2개(주영광교회-이태호 선교사, 에벤에셀교회-김상원 선교사)의 현지인 고신교회가 있다. 그리고 기독교 교육을 위한 초중고 학교(CER-Centro Educacional Reformado)를 운영하고 있다.

이들 교회는 지난 2024년 1월 고신교회 법인체 등록 30주년을 맞이해 5개 교회 연합수련회를 아레구아(Areguá)에 있는 아순시온 시온기도원(Campamento Sión)에서 가진 이래 해마다 연합수련회를 개최해 교회의 일치와 연합 그리고 영성훈련에 힘쓰고 있다.

두 번째 연합수련회는 지난 2025년 1월 26일~28일 아순시온 근처 누에바 콜롬비아(Nueva Colombia)에 위치한 몬테 시나이(Monte Sinaí) 수련원에서 열렸다.

기적의 물(Agua de Milagro)

해마다 12월 8일은 까아꾸뻬 기적의 성녀의 날(Día de la Virgen de los Milagros de Caacupé)이다. 이 날은 파라과이 최대의 종교 축제일이다. 이 날은 파라과이 사람들에게 있어서 어쩌면 성탄절이나 부활절보다, 그 어떤 종교적 절기보다 더 성스럽고 중요한 날이다.

이 날 가톨릭 신자들은 몸으로, 마음으로 이 축제에 참가한다. 참석자들은 자신을 순례자(peregrinos)라고 부르며 가능하면 차량을 이용하지 않고 고행을 목적으로 걸어서 가는데 어떤 이들을 일주일 전부터 까아꾸뻬 성당까지 걸어서 가는가 하면 어떤 사람은 까아꾸뻬에서 50Km 떨어진 수도 아순시온으로부터 시작해서 무거운 십자가를 지고 걸어가기도 한다.

까아꾸뻬 성녀의 날의 하이라이트는 "기적의 물(Agua de Milagros)"이라고 불리는

까아꾸뻬 성당에서 기적의 물을 받으려는 교인들

교인들이 기적의 물을 병에 담고 있다

Tupasy Ykua(뚜빠스 으꽈)샘에서 물을 받아가는 것이다. 미사가 종료되면 순례객들은 이 샘으로 달려가 물을 마신다.

이 물은 "성녀의 우물(Pozo de la Virgen) 이라고도 불리는데 이 물을 마시든지 머리에 바르든지 얼굴에 묻히면 병도 낫고 모든 소원이 이루어진다고 믿는다. 그러나 과연

까아꾸뻬 성당의 기적의 물 샘

이 물의 성분을 분석하면 그런 약효나 효능이 있을까? 그래도 그들은 의심하지 않고 믿는다.

우리는 알아야 한다. 생수는 곧 예수 그리스도시다. 그분이 우리에게 구원을 주시며 그분이 우리의 질고를 대신 지셨으므로 우리를 고치시며 그분이 우리의 필요를 채우시며 세상 끝 날까지 함께 하시겠다고 약속하셨다.

까아꾸뻬 성당

제 2부 남미의 심장 속으로(Al corazón de America del sur)

"명절 끝날 곧 큰 날에 예수께서 서서 외쳐 이르시되 누구든지 목마르거든 내게로 와서 마시라 나를 믿는 자는 성경에 이름과 같이 그 배에서 생수의 강이 흘러나오리라 하시니(요 7:37~38)"

"En el último y gran día de la fiesta, Jesús se puso en pie y alzó la voz, diciendo: Si alguno tiene sed, venga a mí y beba. El que cree en mí, como dice la Escritura, de su interior correrán ríos de agua viva(S. Juan 7:37-38)"

종려주일과 고난주간 그리고 부활주일
(Domingo de Ramos, Semana Santa y Día de la Resurrección)

기독교 국가, 특히 가톨릭 국가에서는 고난주간을 전후로 가지는 종교적인 행사는 실로 화려하고 웅장하다.

부활주일 40일 전부터 시작되는 사순절(Cuaresma), 예수님께서 고난 받으시기 위해서 예루살렘으로 입성하신 종려주일(Domingo de Ramos)과 그 주간 고난 주간(Semana Santa) 그리고 죽으시고 사흘 만에 다시 사신 부활주일(Pascua, Día de la Resurrección) 등 예수님의 부활을 정점으로 하는 각종 행사들이 열린다.

파라과이도 전통적인 가톨릭 국가답게 이런 행사들이 성대하게 열리며 고난주간 한

고난주간의 각종 행사들

고난주간의 각종 행사들

고난 주간 행사들   종려주일에는 종려나무가지를 들고 기념한다

주간은 모든 관공서가 휴무다.

이 기간을 이용해 파라과이 사람들은 한국 사람들이 명절에 고향을 찾아서 민족의 대 이동이 시작되는 것처럼 고난주간에 고향을 찾고 부모 형제 일가친척이 모여 종교적인 행사와 가족 간의 친목을 도모하는 것이 오랜 전통으로 되어 있다.

파라과이의 개신교회에서도 가톨릭교회처럼 많은 종교적인 행사를 갖지는 않지만 예수님의 고난과 죽음을 통해, 그리고 부활과 승천을 통해 신앙을 고백하며 예배에 참석하며 다시 오실 예수님을 대망한다.

그러나 전통적으로 고난주간의 긴 휴가를 통해서 고향 방문을 하는 교인들이 많아서 예배 시간에 회집에 어려움이 있는 것이 사실이다.

성 요한 축제(la fiesta de San Juan)

파라과이에서 6월 23일을 '산 후안의 날(el día de San Juan)'로 부르는데 좀 더 익숙한 이름으로는 성 요한의 탄생을 기념하는 '성 요한 축제일(La fiesta de San Juan)' 이다.

'성 요한 축제일'은 인디언 과라니어로 'San Juan Ára(산 후안 아라)'라고 한다. 산 후안 축제는 본래 스페인에서 유래됐는데 이 날은 악령을 퇴치하는 의식으로 모닥불을 피워 그 위를 뛰어넘고, 아직 불씨가 남아있는 잿더미 위를 천천히 맨발로 걷는 행사를 한다. 그리고 눈을 수건으로 가리고 막대기로 휘저어 항아리를 깨트려 악령을 추방하는 의식을 행한다. 축제의 하이라이트는 촛농 24방울을 물에 떨어뜨려 미래의 배우자 이름을 이니셜(inicial)로 점치는 행사다. 최근에는 파라과이도 결혼하지 않고 사는 사람들 많아져서 결혼 장려를 위해 가톨릭교회에서 적극적으로 이 행사에 나서기도 한다.

이 축제는 파라과이뿐만 아니라 다른 중남미 가톨릭국가에서도 볼 수 있는데 파라과이 산 후안 축제 행사는 파라과이(Paraguay) 원주민 과라니(Guaraní)족들이 전통적으로 겨울을 준비하는 축제로 치러 왔다.

이 행사는 당일 하루에 국한된 것이 아니라 6월 초에서 7월 초까지 한 달 동안 도, 시, 마을 등의 단위로 자율적으로 날을 정해서 행사를 한다. 이날 혹은 이 기간에는 전통음식(Gastronomía tradicional)과 전통음악(Música tradicional) 그리고 전통 춤(Danza tradicional)으로 축제를 벌이는데 많은 사람들이 참여한다.

내가 사는 수도 아순시온(Asunción)에서도 시내 중심가로부터 인근 위성도시까지 수십 군데에서 동시 다발적으로 혹은 시간을 달리해서 행사를 한다. 산후안 축제에는 허수아비 같은 포대자루 인형의 얼굴에, 정치적으로 이슈가 되는 사람의 얼굴을 그려서 조롱하고 불에 태우기도 한다. 여기에는 무능한 대통령, 특권층 자녀혜택, 최저 임

숯 위를 맨발로 걷기

산 후안 축제 기념물들

길거리 행진

전통 춤 추기

눈을 감고 막대기로 항아리 깨기

축제 음식 나누어 먹기

금, 마약 및 무기 밀수 비난 등이 심판대에 오르기도 한다.

일반적으로 산후안 축제에는 다음과 같은 행사들을 볼 수 있다.

1. 모닥불 피우기와 숯 위를 맨발로 걷기
2. 눈을 감고 막대기로 항아리 깨기
3. 기름을 바른 미끄러운 긴 장대 끝에 달린 상품을 올라가서 가져가기
4. 각종 민속놀이 및 점치기
5. 전통 춤 추기
6. 축제음식 나누어 먹기 등

특히 축제 중 즐기는 놀이 중에는 '후다스 까이(Judas Kái)'라 불리는 헝겊 인형을 불

태우는 놀이가 있다. 예수님을 팔아넘긴 가롯 유다에 대한 화형식과 관련된 가톨릭 축제 전통이지만 지금은 산후안 축제의 흥을 돋우기 위해 헝겊인형 안에 폭죽 등을 넣어서 팔기도 한다.

파라과이의 문화는 가톨릭 종교와 깊이 관계되어 있다. 여기에 파라과이 과라니 원주민들의 정령숭배의 토속적인 신앙이 가미되어 형성된 독특한 문화가 있다. 이것을 "과라니아 문화(La cultura Guaranía)" 라고 부른다. "그 나라의 문화를 알면 그 나라에서 할 수 있는 선교가 보인다" 파라과이는 아직도 아름다움과 순수함을 유지하고 있는 몇 안 되는 나라중의 하나다.

2024년에는 유엔(UN) 산하 유네스코(UNESCO)에서는 이 독특한 언어인 과라니어와, 과라니 음악을 종합한 "과라니아 문화"를 세계문화 유산으로 지정했다.

남미의 심장(el corazón de Sudamérica)파라과이에 우리의 구원자 예수 그리스도의 심장(el corazón de nuestro Salvador Jesucristo)이 심겨지기를 기도한다.

추수감사절(Día de Acción de Gracias)

추수감사절을 영어로는 Thanksgiving Day라고 하지만 스페인어권에서는 "Día de Acción de Gracias"라고 부른다. 우리식으로 표현한다면 "감사를 행동으로 나타내는 날"이라고 할까? 우리는 말로는 "감사하다"는 표현을 쉽게 하지만 마음과 생각과 행동은 그렇지 않을 수 있다. 그러나 진정한 감사는 말로만이 아니라 그 감사가 행동으로 표현되어야 한다는 것을 나타낸다.

파라과이 개신교회의 추수감사절도 추수감사절의 원조인 미국교회의 전통을 따라 11월 3째 주일에 지키는데 내가 출석하며 섬기는 사랑과 진리교회(Iglesia Amor y Verdad) 등 한인 선교사들이 개척해 목회하는 현지인교회는 강단에 풍성한 과일과 채

추수감사주일 예배 후 사랑과 진리교회 교인들

경건한 예배 시간

추수감사주일 외부 장식

추수감사주일 강단 장식

소로 장식해 추수감사절 기분을 물씬 느끼게 해준다.

예배 후에 함께 나누는 '성도의 교제(La comunión de los santos)'를 통해 진정한 "코이노니아(Koinonia)"가 무엇인지 느끼게 한다.

나는 매년 추수감사주일에 감사의 제목들을 생각하며 하나님께 감사기도를 드린다. 매해 감사의 제목이 조금씩 다르긴 하지만, 거의 대동소이하다.

복음을 듣고 예수를 믿음으로 구원받아 하나님의 자녀가 되었고, 이 복음을 파라과이 사람들에게 전하는 선교사가 되어 지금도 이 사역을 계속할 수 있는 건강을 주신 것을 감사한다.

주신 사명을 끝까지 다할 수 있도록 주께서 은혜를 베풀어 주시기를 기도한다.

파라과이 장로교신학대학(Presentacón al Seminario Presbiteriano del Paraguay)

파라과이장로교신학대학 전경

본래 파라과이 장로교신학대학(Seminario Presbiteriano del Paraguay)은 1985년에 파라과이의 한인교포들을 섬길 사역자를 키우기 위해 수도 아순시온에 세워졌다. 그러나 얼마 가지 않아 한인교회와 한국에서 파송된 선교사들이 개척한 현지인 교회수가 늘어감에 따라 현지인 지도자 양성을 위한 신학교로 발돋움했다.

그러던 중, 설립 25년만인 2010년 10월 31일 파라과이복음대학교(UEP: Universidad Evangélica del Paraguay)의 한 단과대학으로 편입되어 정식으로 문교부로부터 학사 학위(BA)를 받을 수 있는 대학으로 발전했다.

2024년 현재 교수 10명에 1학년 6명, 2학년 11명, 3학년 5명, 4학년 6명, 기초과정 1학년 8명, 2학년 2명 등 모두 38명이 공부하고 있고 학위 없이 공부한 학생들은 졸업 후 2년 사역 후 목사고시 자격을 부여하는 시스템으로 가르치고 있다.

나는 오랫동안 이 신학교에서 조직신학 교수로, 이사장으로, 학장으로 섬겼다. 지금은 학장에 정금태 선교사(GP 선교회), 부학장에 박종준 선교사(고신 KPM), 이사장에 박중민 선교사(고신 KPM)가 섬기고 있으며 해마다 12월 7~10명의 졸업생을 배출해 내고 있다. 오랜 고국에서의 사역을 끝낸 뒤 파라과이로 돌아온 나는 현재 이 대학의 이사로 섬기고 있다.

이 신학교는 어느 교파에도 소속되어 있지 않으며, 처음부터 한국처럼 신학교 난립 현상을 보이지 말고 파라과이에는 단 하나의 장로교단만 세우자고 합의를 하고 공동으로 서명을 하고 시작한 신학교육 기관으로서 지금까지 이 원칙을 잘 지키고 있다.

2024년 졸업식이 있었는데 예배 설교는 UEP 총장인 Esteban Missena 박사가 예

2024년 파라과이장로교신학대학 졸업식

졸업생들을 위한 고별 축사 및 권면

파라과이장로교신학대학 교수들

레미아애가 3:21~24절을 본문으로 "하나님은 신실하시다(Dios es fiel)"라는 제목으로 말씀을 전하셨고, 나는 떠나는 졸업생들을 위한 고별 축사 및 권면을 했다.

졸업은 또 다른 섬김의 시작(La graduación es un nuevo comienzo para servir a los demás)이다. 파라과이 장로교 신학교의 무한한 발전을 기원한다.

3. 국가 기념일 및 행사

국가 떼레레의 날(Día Nacional del Tereré)

매년 2월 마지막 주 토요일은 '파라과이 여성의 날'이자 파라과이에만 있는 '국가 떼레레의 날(Día Nacional del Tereré)'이다. 여성의 날은 어느 나라나 있기 때문에 굳이 설명할 필요가 없지만, 국가 떼레레의 날은 전 세계에서 파라과이에서만 볼 수 있기 때문에 특별한 날이며 설명이 필요하다.

'떼레레(el Tereré)'는 파라과이 고유의 차 문화다.

떼레레는 보통 섭씨 40도가 넘는 여름철에 가공할만한 무더위와 싸우는 파라과이 사람들에겐 없어서는 안 될 음료다. 이것은 용감무쌍한 전사인 과라니 인디언(영화 미션에 나오는 인디언 종족)의 후예인 파라과이 사람들에게 있어서 공식 1호 음료라고 할 수 있다. 나도 이 음료를 즐겨 마시는데 파라과이 사람들은 이 음료를 가지고 함께 돌려가며 마시면서 가족과 공동체가 하나임을 확인하는 중요한 매개체로 사용한다.

떼레레는 물, 제르바 마떼(Yerba Mate)에 얼음 이 세 가지만 있어도 충분한데 거기에 여러 가지 몸에 좋은 약초를 가미하면 더할 나위 없이 시원하고 영양가 있는 음료가 된다.

이 날이 제정된 것은 겨우 14년 밖에 되지 않았는데 2011년 국회 하원의원인 디오니시오 오르떼가(Dionicio Ortega) 박사가 공식 의제로 의회에 제안해 표결을 거쳐 법령

약초에 물을 부어서 우려 내는 떼레레

약초를 찧는 도구

제르바, 괌빠 그리고 봄빌랴

각종 떼레레 도구들

각종 생 약초를 절구에 찧거나 말린 약초 가루를 차통에 넣은 후 찬물을 부어서 빨대로 빨아 마시는 떼레레 음료

4261/11으로 제정되어 매년 2월 마지막 주 토요일을 '국가 떼레레의 날'로 정했다. 월력에 의해 2025년은 2월 22일(토)이었다.

떼레레를 마시기 위해 필요한 기본 재료는 제르바 마떼(Yerba Mate)인데 이것은 제르바 나무 잎을 세척하고 증기로 쪄서 말려 가루로 만들어 분말 차 형태로 만든 것이다. 주로 아르헨티나, 브라질, 파라과이가 주 생산국이다. 이것을 차통인 괌빠(Guampa)와 빨대인 봄빌랴(Bombilla)를 사용해 차를 우려 마시는데 여기에 뜨거운 물을 부어서 우려 마시는 것을 '마떼(Mate)'라고 부르며 브라질 사람이나 아르헨티나 사람들도 즐겨 마신다. 그러나 여기에 얼음물을 부어서 우려 마시는 떼레레(Tereré)는 파라과이와 국경을 마주한 볼리비아 사람들 일부와 파라과이 사람들만 유일하게 애용한다.

파라과이 영웅들의 날(Día de los Héroes)

한국에서는 매년 3월 1일은 일제의 핍박에 항거하기 위해 분연히 일어난 삼일독립운동 기념일이다. 그러나 파라과이는 이날이 '영웅들의 날(Día de los Héroes)'이다.

한국에서는 3.1절 독립만세 운동에 참여한 유관순 열사 등 모든 분들이 영웅들인 셈이지만, 파라과이에서는 대표적으로 전쟁영웅인 프란시스코 솔라노 로페스 장군(General Francisco Solano López)을 꼽는다.

그는 파라과이가 브라질, 아르헨티나, 우루과이 3강대국과 6년에 걸친 삼국동맹전쟁(La Guerra Triple Alianza) 막바지인 1870년 3월 1일 지금의 국립공원 쎄로 꼬라(Cerro Corá)의 아끼다반 니기이(Aquidaban Nigui) 개울에서 순직한 것을 기념하는 날이다.

쎄로 꼬라 국립공원(Cerro Corá Parque Nacional)은 수도 아순시온에서 동남쪽으로 430Km 떨어진 아맘바이주(Departamento Amambay)에 있는데 자동차로 6시간 10분 정도 걸리는 거리에 있다.

이곳이 아순시온 중심가에 위치한 '국립 영웅전(Panteón de Héroes)'과 더불어 이 날 두 곳에서 조국을 위해 목숨을 바친 영웅들의 행적을 기리는 행사가 벌어진다. 국립공원의 입장료는 1인당 2만 과라니며 주차비는 1만 5,000 과라니로서, 모두 3만 5,000 과라니인데 미화로는 약 5달러다.

거리상 수도 아순시온에서 너무 멀기 때문에 접근성의 어려움이 있지만, 역사적으로 중요한 의미를 가진 곳이기 때문에 파라과이 역사를 공부하는 사람들은 반드시 들러야 하는 곳이다.

"역사를 잊은 국민은 미래가 없다(No hay futuro para un pueblo que olvida su historia)"는 말처럼 한국 민족이나 파라과이 민족 모두 역사를 알고 역사가 주는 준엄한 교훈을 되새기면 실패의 반복을 줄일 수 있다는 교훈을 얻으면 좋겠다.

파라과이 영웅들을 모신 쎄로 꼬라 국립공원   프란시스코 솔라노 로페스 장군의 묘

차코 승전 기념일(Aniversario de la Paz del Chaco)

매년 6월 12일은 파라과이가 볼리비아와의 전쟁에서 승리하고 평화적으로 전쟁을 종식한 승전 기념일이다. 1932년 10월 9일에 시작되어 거의 3년 만인 1935년 6월 12일에 끝난 볼리비아와의 전쟁에서 파라과이 군인 3만 6천 명, 볼리비아 군인 5만 명이 전사했다. 파라과이는 이 전쟁으로 동부 지역인 차코(Chaco) 지역의 많은 땅

파라과이 군인들

을 회복했고 파라과이 전쟁사에 유일한 승전일로 기념된다. 그래서 이 날은 공휴일(Feriado)이다.

그러나 전쟁은 언제나 참혹하며 인류 역사에서 그 어떤 명목의 전쟁도 용인해서는 안 된다.

전쟁은 너무나 많은 피로 대가를 치러야 하며 모든 것을 파괴하기 때문이다. 그러나 우리가 일부러 치러야 할 전쟁이 있다. '영적전쟁(La guerra espiritual)'이다. 이 싸움은 혈과 육에 대한 것이 아니라 하늘의 권세 잡은 마귀와의 싸움이요 죄와의 전쟁이다. 이 전쟁은 대가를 치러야 하지만 대장 되신 예수님과 함께 라면 언제나 승리는 내 것이다. 이 지구촌에 모든 종류의 전쟁이 완전히 종식되는 때는 주님께서 다시 오시는 그 날이다.

아버지날(Día del Padre)

6월 20일은 파라과이에서 아버지날(Día del Padre)이다. 아버지날이라 함은 어머니날(Día de la Madre)도 있다는 말인데 정말 그렇다. 아마 우리 한국 등 소수의 국가만 아버지날과 어머니날 구별 없이 '어버이날(Día de los padres)'로 합쳐서 기념하지만, 미국 등 지구상의 대부분의 나라는 아버지날, 어머니날이 따로 있다.

나는 출석하고 있는 현지인 교회인 사랑과 진리교회에서 협동 사역자로 동역하고 있는데 매년 아버지의 날을 맞이하면 토요일에 온 성도들이 예배당을 청소하고 아름답게 장식하고 주일에 아버지들을 초청해 아버지들만의 특별한 날로 축하한다.

나는 얼마 전에 전도한 현직 경찰관인 Fredy형제를 초청했으며, 이날 점심식사는 전 교인들이 파라과이 전통 소 갈비구이인 아사도(Asado)로 모두 흡족한 식사를 즐겼다.

초청주일에 전도한 Fredy 형제 부자와 함께

아버지의 날 초청주일 장식

사랑과 진리교회 아버지의 날 행사 이모저모

소갈비구이(Asado)로 풍성한 식사

파라과이 통계연구소(Instituto Nacional de Estadísticas)가 2023년에 실시했던 인구조사에 의하면 파라과이에는 959,188명의 아버지가 있는데, 그 가운데 61.9%가 도시에 살고 있고 38.1%는 농촌에 살고 있다.

아버지 중 10.2%는 30세 이하이고, 50.8%는 30~49세, 26.6%는 50~64세이며, 12.4%가 65세 이상이다. 정식 부부는 51%이고 40.7%는 동거인, 3.7%는 싱글, 2.7%는 사별, 1.9%는 별거 및 이혼으로 되어 있다.

전체 아버지 가운데 62%가 실제적인 가장 역할로 가족을 책임지고 있다. 교육정도는 평균 9.6년의 학업인데 그 중 도시인은 10.6년, 농촌인은 7.9년 정도 교육을 받았다고 한다.

이 땅 파라과이에 있는 모든 아버지들을 축복한다.

파라과이 여성의 날(Día de la Mujer Paraguaya)

2월 24일은 '파라과이 여성의 날'이다. 한국에서는 '한국 여성의 날'이 별도로 존재하지 않고 국제 여성의 날(International Women's Day)인 3월 8일을 매년 '여성의 날'로 기념할 뿐이다. 그런데 파라과이에는 파라과이 여성들만을 위한 날이 있고, 이 날을 기념하여 여성들을 위한 다양한 행사를 가진다.

파라과이는 과거 3국 동맹전쟁(la Guerra de la Triple Alianza)으로 인해 나라가 초토화되어 하마터면 지구상에서 사라질 뻔했다. 이 전쟁은 1864~1870년까지 브라질, 아르헨티나, 우루과이 연합군이 파라과이를 침공해서 일어난 전쟁이다. 그런데 전쟁이 한창이던 1867년 2월 24일 전체 파라과이 여성들이 모였다. 그리고 전쟁으로 어려움을 겪고 있는 조국을 위해 중대한 결정을 했다.

그것은 전쟁에 투입된 자금이 메말라 국가적으로 어려움을 겪자 전쟁 비용 마련을

파라과이 여성의 날 병원의 의사와 간호사들

파라과이 여성의 날 각종 행사들

전통공예 체험 및 실습   농작물 무료 나눠주기 행사

위해 자발적으로 여성들이 은밀하게 보관했던 각자의 보석을 한데 모으기 위해서였다. 그것은 한국이 IMF 위기 때 자발적으로 금 모으기를 했던 것과 같았다. 뿐만 아니라 농사를 짓던 농촌 여성들은 직접 경작한 농작물을 가지고 와서 가난한 사람들에게 나누어 주었다. 이 모임을 계기로 여성의 날이 제정이 되었다.

'국제 여성의 날'은 여성의 지위 향상을 위해 유엔에서 정한 기념일인데 1908년 3월 8일 미국의 여성 노동자들이 근로여건의 개선과 참정권 보장을 요구하며 시위를 벌인 것이 계기가 되었다.

1911년 유럽에서 첫 행사가 개최되었고 한국에서는 1985년부터 관련행사를 해왔으며, 2018년부터 법정기념일로 지정해 '여성의 날'로 기념하고 있다.

'세계 여성의 날'이 여성들의 권익과 권리 주장을 위해 시작됐다고 한다면 '파라과이 여성의 날'은 전쟁으로 풍전등화와 같은 조국을 위해 여성들이 용감하게 일어난 것이 계기가 됐다. 그 후 차츰 각 분야에서 여성들이 남성들에 의해 차별당하는 현실을 개선하기 위한 여러 논의와 주장이 제시되었으며, 아직도 '남성우월주의(Machismo)' 성격이 강한 파라과이에서 여성운동(Movimiento femenino)을 통해서 남녀평등(Igualdad)이 향상되고 있다.

이날 아순시온 영웅전(Panteón de los Héroes) 앞에서는 가난한 사람들을 위해 농작물을 무료로 나누어 주는 행사를 했으며, 올해는 '여성부(Ministerio de la Mujer)' 주최로 다양한 행사가 열렸다. 특히 24~25일 이틀간 여성포럼(la Expo Foro Mujeres)을 통해 각종 여성 권익 향상을 위한 제안토론, 여성폭력에 대한 법적인 보호 장치 강화, 여성들의 사회 각 계층의 활발한 진출을 위한 방안 모색과 지원 등을 주제로 다뤘다.

파라과이 국제 박람회(Expo internacional del Paraguay)

파라과이는 매년 7월쯤이면 마리아노 로께 알론소(Mariano Roque Alonso)시에서 국제박람회가 열린다. 2024년은 41회로 7월 6일~21일까지 이곳에서 열렸다. 파라과이 엑스포는 파라과이 산업, 축산업, 농업 분야의 대표적인 박람회다. 제조업 외에 농목축업 협회, 건설, 건축, 항공, IT업체, 군 관련 산업, 농기구, 전자전기제품 산업 등 다양한 기업체의 제품들이 전시된다. 이 박람회는 보통 보름동안 개최되는데 약 1,600여 개의 중소 업체가 참여하며 관람객은 연 80만 명 정도다.

이 엑스포의 공식 명칭은 '국제 목축업, 산업, 농업, 상업 및 서비스업 박람회(EXPO Feria Internacional de Ganadería, Industria, Agricultura, Comercio y Servicios)'다. 특히 이 박람회에서는 품질이 좋은 소와 말 그리고 양들을 전시하고 판매하는데 파라과이는 세계 7위의 쇠고기 수출국으로 전 국토의 53%가 목초지다. 파라과이 서부 지역인 그란차코(Gran chaco) 지역이 목축하기에 적합한 지역이라 이 지역에서 육류 생산

파라과이 국제 전시장 거리

대한민국 기아현대 전시장 부스

전시장 한국 부스

파라과이 국제 박람회 전시장

과 낙농제품의 생산이 활발하다.

박람회 입구에 들어서니 보안검사를 하고 입장료를 받는다. 입장료는 매표소가 따로 있지 않고 검은 티셔츠를 입고 안내하는 젊은이들이 그 일을 한다. 청년 도우미는 내 폰에다 앱을 깔아주고 앱을 통해 대신 신청하고 입장료 2만 5천 과라니(미화 3.3달러)까지 결제하도록 도와주었다. 12세 이하는 무료라고 한다.

2024년 국제박람회는 거의 대부분 참가 업체가 파라과이 기업체였고 외국 기업체의 참여가 미미했다. 입구로 들어가니 좋은 위치에 작지만 기아자동차와 파라과이에 진출한 한국 기업체들의 전시관이 있었다. 뿌듯했다. 그 안에는 젊은이들이 많았고 겨울 방학시즌이라서 그런지 관람객 대부분이 학생들이었다. 그래도 보름동안 이 엑스포에서 거래되는 금액은 미화로 7억불이 넘었다고 한다.

이 기간 동안 임시직으로 일할 사람들을 공개 채용을 하고 일을 맡기는데 일을 잘하면 정규직으로 전환시켜 주기 때문에 이 엑스포가 일자리 창출을 위한 좋은 기회로 활용되기도 한다. 우리 인생에도 많은 기회가 찾아온다. 이 기회를 놓치지 않고 성실하게 잘 감당하면 예기치 않은 행운이 찾아올 수 있다. 특히 어려울 때 찾아오는 위기는 곧 기회가 될 수 있기 때문이다.

으꽈 볼라뇨스 화재 기념행사(La conmemoración del incendio Ycuá Bolaños)

해마다 8월 1일이면 파라과이 수도 아순시온에서는 으꽈 볼라뇨스 화재 기념행사(La conmemoración del incendio Ycuá Bolaños)가 열린다.

2004년 8월 1일 일요일 오전 11시 20분 아순시온 아베니다 산티시마 트리니다드(Avenida Santísima Trinidad)에 위치한 대형 수퍼마켓인 '으꽈 볼라뇨스(Ycuá Bolaños)'에서 화재가 발생했다. 당시 나는 교회에서 예배를 인도하고 있었는데 예배가 끝난 후 TV를 켜보니 TV에서 뉴스 속보로 이 대형화재 사건을 다루고 있었다. 현장에 나가 있는 카메라맨과 리포터를 통해 화재 장면이 생생하게 보도되었고 시민들은 경악을 금치 못했다.

처음 화재는 2층 음식코너의 주방에서 일어났는데 누전이 되어 불이 삽시간에 퍼져 "지옥이 따로 없다"는 표현이 적합할 정도로 현장은 아비규환이었다. 긴급 출동한 소방차는 물을 뿌리며 화재를 진압했고 소방관들은 불 속에 뛰어 들어가서 사람들을 구출해내기 시작했는데 문제는 굳게 닫힌 문 때문에 문을 부수느라 시간이 많이 지체되었고 결국 골든타임을 놓쳐 엄청난 수의 사상자가 나왔다.

밖에 있는 대로변에는 새카맣게 탄 시체들이 끝이 안 보일 정도로 놓여있고 연신 구급차들은 화상으로 얼굴 형체를 알아보기 힘든 환자들을 병원으로 이송했다. 그리고

으꽈 블라뇨스 화재 기념탑

화재 소방 훈련

화재진압훈련 소방수들

으꽈 볼라뇨스 화재 사망자 명단

이 소식을 듣고 달려온 가족들로 교통이 마비되었고 방송 매체들은 이 소식을 생중계로 송출했다.

　화재는 이틀 후에 완전히 진압이 되었는데 통계에 의하면 사망자 396명(어린이 100명 포함), 행방불명 6명, 부상자 500명 이상, 수 백 명의 고아 발생, 5천명 이상의 피해 가족들이 발생했다. 화재가 난 시각이 거의 점심시간이 다 된 시간이라 근처에 있는 산티시마 트리니다드(Santísima Trinidad) 대성당에서 미사를 마치고 나온 사람들이 쇼핑하러 많이 왔고, 특히 음식코너(Patio de Comidas)에는 점심 식사하러 온 사람들로 꽉 차 있었다.

　화재에 얽힌 에피소드도 있었다. 화재가 난 수퍼마켓 근처에 파라과이 복음주의 교회 협의회(APEP) 회장인 싼티아고 말도나도(Santiago Maldonado) 목사가 목회하는 큰 규모의 교회가 있었는데 그 교회 교인들도 늘 예배 후에는 이 수퍼마켓에 들러서 필요한 물건을 구입도 하고 음식을 사 먹기도 했는데 그날따라 말도나도 목사의 설교가 길어서 예배를 늦게 마치는 바람에 이 교회의 교인들은 한 사람도 희생자가 없었다는 이야기도 들었다.

화재가 나기 전 대략 줄잡아서 당시 1,500 명의 고객들이 수퍼마켓 안에 있었는데 기가 막힌 사실은 화재가 발생하자 사람들이 빠져나가려고 허둥지둥 하는 사이에 수퍼마켓 주인인 후안 삐오 빠이바(Juan Pío Paiva)씨는 고객들의 안전보다는 사람들이 돈을 안내고 물건을 가지고 나갈까 봐 경비원에게 철문을 걸어 잠그라고 명령했고 그 때문에 피해가 더 커졌다는 것이다.

오랜 재판 끝에 주인 Juan Paiva씨는 12년 형, 아들 Victor Paiva씨는 10년 형, 수퍼마켓 매니저는 2년 6개월, 그 외 건물 설계사, 건축사 그리고 시청 공무원은 벌금을 무는 것으로 사건이 종결되었으나 생존자와 피해자 가족들은 아직도 소송 중이며 지금도 극심한 고통을 당하고 있다.

그래서 아순시온시는 이런 비극이 다시는 재발되지 않도록 매년 8월 1일 11시 20분에 이 장소에 모여 고인을 추모하는 행사를 갖는데 소방서(Cuerpo bombero de voluntarios)에서 나와 2분간 사이렌을 울리며 화재 진압을 상징하는 물 뿌리기를 한다.

이 화재는 파라과이 역사상 2번의 전쟁을 제외하고 평상시에 일어난 사고 중 가장 사상자가 많고 가장 슬픈 역사를 기록한 사건이다.

아순시온 설립 487주년 기념일(487 Aniversarios de la fundación de Asunción)

파라과이는 도시마다 설립기념일이 있다. 매년 8월 15일은 파라과이의 수도(La capital del Paraguay)이면서 파라과이 모든 도시들의 어머니(la madre de todas las ciudades)라고 불리는 아순시온(Asunción) 설립 기념일인데 올해는 487년이 되는 날이다.

아순시온은 1537년 8월 15일 후안 데 살라살 데 에스피놀라(el capitán Juan de Salazar de Espínola)에 의해 세워진 도시다. 2023년 8월 15일 파라과이의 산티아고 페냐 (Santiago Peña) 대통령이 취임 선서를 하고 임기 5년의 대통령직을 수행하기 시작한 날이기도 하다.

파라과이 국기

그런데 안타깝게도 국정 수행 1년을 평가받는 이 날, 페냐 대통령에겐 칭찬 대신에 비난이 폭주하고 있다. 이제 임기 겨우 1년 지났고 아직도 4년이나 남았지만 그가 공약했던 것 가운데 겨우 5퍼센트 정도만 이루어졌다고 야당을 비롯해 국민들로부터 욕을 먹고 있는 것이다. 그가 비난받는 이유는 전 전 대통령으로부터 도움을 받아서 대

파라과이의 수도 아순시온의 전경

제 2부 남미의 심장 속으로(Al corazón de America del sur)

아순시온 방문 기념 표지판(대통령궁을 배경으로)   아순시온 도시 사인물들

통령이 되었기에 여전히 그의 입김에 의해서 조종 받으며 꼭두각시 노릇을 하고 있다는 비판이다.

어느 나라나 대통령직을 수행하는 사람들이 국민들의 절대적인 지지를 얻으며 당당하게 정치하는 대통령이 과연 몇이나 될까? 결국 세상 나라는 영원하지 못하며 세상의 권력은 부패하게 되어있다. 통치자가 얼마나 중요한지 역사가 증명하며 우리나라의 형편도 별반 다르지 않다. 파라과이는 2025년 현재 국가 청렴도에서 전 세계 180개국을 조사한 가운데 파라과이가 149위에 위치해 있고 중남미에서는 베네수엘라에 이어서 부패공화국 2위를 차지하고 있다는 통계가 나왔다.

물론 대통령만의 책임은 아니지만 그만큼 최고 통치자의 역량 때문에 비난을 피해 갈 수는 없는 것이다. 그러므로 지도자나 제도가 사람을 변화시키는 것이 아니라 복음이 들어가면 사람이 바뀌는 역사가 나타난다. 나는 파라과이에서 그런 일이 일어나기를 기도한다.

파라과이 청년의 날(Día de la Juventud paraguaya)

한국에서 9월 21일은 무더운 여름이 끝나고 시원한 가을에 접어드는 것을 알리는 추분(秋分)이다. 그런데 파라과이에서는 반대로 추운 겨울이 끝나고 따뜻한 봄이 시작되는 것을 알리는 날로서 '봄의 날(Día de la Primavera)'이라고 부른다. 교향곡 안토니오 비발디의 사계 중 '봄' 음악이 들려오는 듯하다.

특별히 이 날은 청년의 날(Día de la Juventud)이라고 하여 젊은이들이 꿈과 희망을 가지고 잘 살도록 격려하고 축하하는 날로 지낸다. 파라과이에서는 아버지날, 어머니날, 어린이날도 있지만 한국에는 없는 "청년의 날"이 있다.

이 날은 수도 아순시온에서 젊은이들을 위해 대규모 콘서트를 열고 길거리마다 크고 작은 행사들이 열린다. 또 행사마다 빠지지 않는 길거리 음식들로 풍성하다. 마치 잔칫집 분위기 같다. 파라과이는 인구의 절반이 29세 이하라고 하니 가히 젊은 나라라고 할 수 있다.

오늘 교회에서도 특별한 프로그램을 만들어서 젊은이들을 축복하며 격려하는 시간을 가졌다. 예배와 식탁교제 그리고 배구대회로 친목을 다지는 모습이 너무나 아름다웠다. 우리는 차세대를 키워야 한다고 강조한다.

특히 교회에서 차세대 양육은 무엇보다 중요하다. 하나님의 말씀으로 무장된 젊은 세대들이 진출하는 사회 각계에는 분명히 희망이 있다. 파라과이와 파라과이 교회를 위해 기도한다.

사랑과 진리교회의 청년의 날 기념행사

망자의 날(Día de los Muertos)

멕시코 등 라틴 아메리카의 여러 나라들은 매년 10월 27일을 '죽은 자들을 위한 날(Día de los Muertos)'로 정해놓고 먼저 세상을 떠난 가족이나 지인들을 기리는 행사를 한다. 2018년 개봉한 미국 애니메이션 영화 코코(Coco)를 보면 그들의 문화를 생생하게 엿볼 수 있다. 파라과이도 예외가 아니다.

그런데 재미있는 것은 그들은 이날 주인의 곁을 떠난 애완용 동물(개, 고양이, 거북이, 토끼, 앵무새 등)들도 소환해 함께 추억하는 행사를 한다는 것이다.

가족과 같이 지내다가 죽은 애완동물을 위해 사진을 준비하고 그 앞에 촛불을 밝히고 꽃으로 장식하며 평소에 좋아하던 먹이와 장난감으로 꾸며 애정과 아쉬움을 달랜다.

아직까지는 우리 한국 사람들의 정서에는 이해가 되지 않지만 우리나라에도 애완동물에 대한 관심이 점점 많아지고 대우받는 추세라 이런 날이 생기지 않으리라는 법은 없다. 이미 애완동물을 위한 호텔, 장례식장도 생겼으니..

망자의 날에는 먼저 세상을 떠난 애완동물을 기리는 행사도 한다

4. 파라과이 사람들의 삶

파라과이의 경제상황(La situación económica en Paraguay)

"해외에서 거주하는 파라과이 사람들이 국내에 있는 가족에게 송금하는 돈이 얼마나 될까?"

2024년 2월 8일 파라과이 최대 발행 부수를 자랑하는 ABC Color 일간지에 실린 기사다. 파라과이 중앙은행이 발표한 자료에 따르면 2023년 한 해 동안 외국에서 파라과이 국내로 송금된 돈이 무려 6억2,140만 불(US$ 621,4 milliones)으로 2022년의 4억 9,350만 불(US$ 493,5 millions)보다 25.9% 증가한 액수다. 나라별로 보면 스페인 3억 8,840만 불로 최고를 기록했고 이어서 미국 8,330만 불, 아르헨티나 3,690만 불, 브라질 3,390 만 불, 프랑스 1,620만 불, 칠레 1,410만 불, 독일 640만 불, 일본 270만 불의 순이다. 이 숫자는 전 국민의 약 2%가 해외에서 일해 가족에게 송금한 돈으로 살아가고 있다는 말이다.

이는 파라과이의 경제 상황이 팬데믹 19 이후로 더 악화되어 너도 나도 해외로 일자리를 찾아서 떠나고 있고 그들이 송금한 돈이 파라과이 경제를 지탱하는데 큰 몫을 차지하고 있다는 의미이다. 그래서 가족들 중에 한 두 명 정도는 보통 해외에서 일하고 있다고 말하고 있고 교회 안에서도 잘 키워 놓은 일꾼들 중에도 너도 나도 일자리를 찾아서 해외로 나가기 때문에 교회 안에 리더를 키우기 어렵다는 이야기를 자주 듣는다.

파라과이는 전 국민의 2%가 해외에서 가족이 송금하는 돈으로 살아간다

파라과이도 한국처럼 인구 증가가 시급하다. 현재 파라과이는 인구가 610만 명인데 땅의 넓이는 우리나라 남한보다 4배나 넓다. 그래서 제조품을 만들어서 파는 것보다 수입해서 파는 것이 훨씬 더 싸기 때문에 산업의 발전이 더디다고 한다.

나는 파라과이에 인구가 늘어나고 그래서 산업이 발전하고 내수가 증가해 먹거리를 비롯해서 생필품 조달에 어려움이 없기를 바란다. 그리고 일자리가 많이 창출되어 굳이 해외에 나가지 않아도 국내에서 충분히 일자리를 구할 수 있어서 교회에서도 일꾼들을 키워서 적재적소에 배치해 파라과이 복음화를 위한 차세대 리더를 많이 키워내어 그들의 손으로 자국만의 복음화를 위해 힘쓰도록 하면 얼마나 좋을까?

2022년 파라과이 인구조사 결과(El resultado del Censo paraguayo 2022)

파라과이 통계청(El Instituto Nacional de Estadística-INE)에서 공식적으로 2022년 인구조사 결과를 발표했다.

발표된 자료에 따르면 2022년 현재 파라과이의 인구는 6,109,903명이다. 남녀별로는 남자가 3,057,674명이고, 여자가 3,052,229명이다. 남자가 여자보다 5,445명이 많다. 파라과이는 매 10년마다 인구조사를 실시하는데 도표에서 보듯이 내가 1989년 파라과이에 온 이후 총 4번의 인구조사(Censo Nacional de Población y Vivienda)가 있었다. 1992년, 2002년, 2012년 그리고 2022년이다.

파라과이 연도별 인구

파라과이 인구는 1992년 4,152,588명, 2002년 5,163,198명, 2012년 6,461,041명으로 조사됐다. 파라과이 정부는 이 숫자에 근거해 국가 예산을 짜고 모든 행정 처리를 해왔다. 이번에도 자연발생 숫자를 감안하고 예측해 통계결과가 나오기 전 파라과이 인구를 7,453,695명으로 예상하고 모든 행정을 집행했는데 2년 만에 나온 결과로는 의외로 2012년 인구보다 무려 1,343,792명이나 줄었다. 10년 만에 인구가 무려 5.4%나 준 것이다. 이상한 일이다.

왜 이런 일이 벌어졌을까? 그러면 그동안의 통계는 엉터리였단 말인가? 얼마 전 싼

파라과이 통계청에서 2022년 인구 조사 결과를 발표하고 있다

제 2부 남미의 심장 속으로(Al corazón de America del sur)

티아고 페냐(Santiago Peña) 대통령이 "굶는 아이들이 없도록 하겠다"는 취지로 야심차게 공약하고 시행하고 있는 '배고픔 제로(Hambre Cero)' 프로젝트로 유, 초, 중, 고 아이들에게 학교에서 하루 한 끼 식사를 제공하고 있다는 기사를 읽었는데 이게 여러 가지로 잡음이 있었다. 식자재 공급처에서 유효기간이 지나고 상한 재료들을 공급해 말썽이 되었고, 학교마다 더 많은 예산을 타내기 위해 학생들의 숫자를 부풀려 보고해 실제적인 숫자와는 큰 차이가 있다는 것이었다.

어쨌든 10년 전보다 오히려 130만 명 이상이 줄어든 그 이유를 밝히기 위해 정부에서 조사에 들어가겠다고 하지만 참으로 황당한 일이다.

그래도 늦었지만 문제점을 인식하고 정확한 통계를 내기 위해서 노력하겠다는 것은 매우 고무적이라 생각된다. 문제 해결의 첫 단계는 문제를 의식하는 것부터 출발하는 것이다. 그리고 그 문제를 해결하기 위한 구체적인 노력이 병행되어야 한다. 이런 점에서 파라과이의 미래는 밝다.

스페인어 습득 노하우, 신문읽기
(Métodos de aprender el idioma español, leer periódicos)

선교사 후보생들이 선배 선교사들에게 꼭 묻는 질문 가운데 하나는, "어떻게 하면 현지 언어를 효과적으로 마스터할 수 있을까?" 하는 것이다. 이것은 비단 선교사뿐만 아니라 외국에서 정착하려는 모든 이방인들이 공통적으로 알고 싶어 하는 방법이다.

물론 정답은 없다. 다만 어떤 방법이 더 효과적인가? 하는 점에서는 각자 다르다.

나의 경우에는 파라과이에 처음 도착했을 때 외국인이 이 나라 언어를 공부할 수 있는 기관이 전무하다시피 했기 때문에 먼저 정착해서 사는 한인 이민자들이 나름대로 자기들만의 노하우를 뒤에 오는 후배들에게 전수하는 것을 보았다.

언어 습득의 노하우- 매일 아침 일간지와 성경 읽기

필자는 독자적으로 신문을 매일 구독하는 방법을 사용했다. 파라과이 최대 발행 부수를 자랑하는 디아리오 ABC 꼴로르(Diario ABC Color)라는 신문을 매일 사서 읽었다. 이 나라는 신문 배달을 안 하므로 매일 길거리에 나가서 신문을 사는 것으로 하루 일과를 시작했다. 뉴스와 특히 신문의 사설 부분은 줄을 치며, 사전을 찾아가면서 읽었다.

신문을 보고 사설을 읽어야 할 이유는 신문이라는 매체는 그 나라의 중류층 이상의 사람들이 보편적으로 사용하는 언어와 단어를 사용하고 있고 그 속에 정치, 경제, 사회, 문화, 예술 그리고 스포츠 등 모든 분야의 소식을 심층 분석하면서 전달하기 때문에 그 나라에 대한 모든 최신 정보를 알 수 있고 상당한 식견을 넓힐 수 있는 좋은 점도 있다. 물론 매일 현지어로 된 성경을 몇 장씩 읽어야 하는 것은 물론이고 현지인들과 활발하게 접촉해 대화를 하면 언어가 빨리 늘고 그 나라 사람들만이 사용하는 독특한 어휘를 빨리 습득할 수가 있다.

나는 본부사역을 마치고 14년 만에 파라과이에 재입국했다.

14년 동안 이 나라 언어를 전혀 사용하지 않아서 많이 잊어버렸다. 그러나 처음 파송 될 때의 자세로 다시 시작하려고 처음 했던 것처럼 다시 신문을 읽기 시작했다.

다행히 그동안 인터넷 매체(SNS)의 발달로 이제는 매일 신문을 살 필요 없이 인터넷 신문을 접할 수 있어서 너무나 편리하다. 더구나 이제는 스페인어 앱이 있어서 두 터운 사전을 뒤지면서 단어를 찾지 않아도 될 정도로 언어공부를 하기에 너무나 편리한 세상이 되었다.

사역을 시작하기 전에 언어를 충분히 공부하라. 언어가 준비되지 않은 채 사역의 현장에 뛰어든 후 나중에 후회하는 선교사들을 많이 봤다. 여행객들은 파라과이를 방문하기 전에 미리 간단한 회화를 연습하라. 요즘은 번역기 기능이 모바일에 탑재되어 있어서 많은 도움이 되지만 그래도 일일이 번역기에 의존하기에 번거롭다. 역시 언어 습득에는 왕도가 없다. 열심히 땀 흘리며 노력하는 수밖에는 다른 도리가 없다.

파라과이의 겨울 날씨(El Clima inviernal de Paraguay)

아~ 춥다!(Qué frío!) 괴성이 저절로 나온다.

겨울인데 영상 3도. 한국에 있으면 이 정도 추위야 아무것도 아니지만 여기서는 너무 추운 날씨다. 겨우 영상 3도의 추위지만 아열대(la zona subtropical)지역인 파라과이에서는 거의 살인적인 추위다. 길에서 노숙하는 사람들이 얼어 죽기도 한다. 갑자기 추워지면 온도 조절이 제대로 안되어 심장마비를 일으키기 때문이다.

아순시온(Asunción)시에서는 강변도로 코스따네라(La costanera)에 자기 집이 없는 사람들(campesinos sin tierra)을 위해 임시로 천막으로 지은 긴급 대피시설(los albergues del refugio)을 마련해 놓고 잠자리와 세끼 식사를 제공하고 있는데 올 겨울에는 45명의 수용 시설에 60명 이상이 몰려들었다고 한다.

한국에서는 겨울에 불어오는 찬바람을 북풍이라고 하지만 파라과이에서는 찬바람을 남풍이라고 부른다. 파라과이는 남반부에 있고 남극에서 북쪽으로 불어오는 바람이 냉기를 동반하기 때문이다. 하늘을 올려다보니 파란하늘과 흰 구름이 조화를 이루

파라과이의 추운 겨울 하늘

고 있지만 이것마저 춥게 느껴진다. 이 추위가 며칠간 더 계속된다고 하니 노숙자들이 걱정된다.

우버 택시(Uber Txi)

한국에 카카오 택시가 있듯이 파라과이에는 우버(Uber)택시가 있다. 14년 만에 파라과이로 다시 돌아왔더니 이전에 없던 우버(Uber) 택시가 생겼다. 나는 개인적으로 우버 택시가 얼마나 편한 지 모른다. 우버 택시가 생긴 지는 약 3년쯤 되었다는데 이전에는 파라과이에서 택시(Taxi)를 타려면 타기 전에 요금부터 흥정해야 하고 바가지 요금 때문에 싸우기도 많이 했었다. 심지어 택시에 미터 요금 계산기가 있어도 별 소용이 없었다.

그런데 내가 없는 동안에 우버(Uber) 택시가 등장함으로써 이제는 정확한 요금과 신속한 운송 그리고 별점 제도와 기사의 친절 여부에 따라 원하면 팁을 3등분으로 구분

하여 추가 지불을 하기도 하니 서비스도 많이 좋아졌다. 그리고 택시 강도사건도 현격하게 줄었다. 안전이 많이 강화되어 다행이다.

우버는 미리 가입한 앱에 목적지를 입력하고 부르면 가장 근처에서 운행하는 우버 택시가 와서 승객을 실어 나른다. 모든 것을 앱에서 처리하고 택시비도 카드로 자동 결재된다. 다만 팁이 2,000 과라니, 3,000 과라니, 5,000 과라니(환율 1달러에 7,900 과라니) 중 본인이 선택해서 추가 지불하면 된다. 팁을 안 줘도 상관이 없다.

그러다 보니 이 나라 언어를 전혀 하지 못하는 사람도 아무 어려움 없이 이용할 수 있다. 말 한마디 할 필요도 없이 운전기사와 승객은 자신의 목적을 달성할 수 있다. 그러나 복음을 전하는 것을 주 임무로 하는 나와 같은 선교사들은 기어이 입을 열어야 하고 어떻게 하든지 대화를 시도해야 한다. 이른 바 우버 전도(Evangelización de Uber)법이다.

대화는 일상적인 대화부터 시도한다. "오늘 날씨가 어떠냐?"부터 시작해서 "파라과이 인구는 총 몇 명인지 아느냐?" "아순시온은 몇 명이 사느냐?" "요즘 벌이가 괜찮으냐?" 등의 질문으로 좀 더 깊이 들어간다. 대화하다 보면 누구든 영적인 목마름이 있기에 자연스럽게 복음을 전할 수 있게 된다. 설령 듣기 싫어도 노골적으로 거부하지 못하는 것은 우버 택시는 승객이 이용 후 별표로 평가 점수를 매길 수 있게 되어있고 팁도 걸려있으니 친절하게 응대할 수밖에 없다.

역시 마무리는 "예수님은 당신을 사랑하십니다(Jesús te ama)"이다. 나는 목적지에서 내릴 때 이 말을 꼭 한다. 그런데 이 말에 고마워하지 않는 사람은 아직 한 사람도 보지 못했다. 예수님의 사랑에 목마르지 않는 인생이 있을까? 우리는 복음의 씨를 부지런히 뿌릴 뿐이고 자라게 하고 열매 맺게 하시는 분은 성령님이시니 그분이 나를 이곳에 보내신 그 목적을 이루기 위해 순종할 뿐이다.

선교차량이 없을 때 나는 우버 택시를 자주 이용했는데 목적지까지 가면서 기사에게 짧게 복음을 전했다. 한번은 아순시온 시외버스 터미널에서 집까지 우버 택시를 타면

파라과이의 우버 택시

서 기사인 리카르도 루벤(Ricardo Ruben)씨에게 고속버스 안에서 산 따끈따끈한 찌빠(Chipa: 전 국민이 즐기는 전통빵) 하나를 건네면서 복음을 전했다. 그는 고맙다고 하면서 교회에 가도록 노력하겠다고 했다.

여기 운전기사들도 한국처럼 주일에도 영업을 해야 하기 때문에 운전기사에게 복음을 전해서 교회로 인도하는 일은 역시 어렵다.

비 오는 어느 주일 아침(Una mañana lluviosa del domingo)

오래 전, 내가 알또 빠라나(Departamento Alto Paraná) 주의 에르난다리아스(Hernandarias)라는 도시에서 실로암교회(Iglesia Presbiteriana Siloé)를 개척해 섬길 때 이야기다. 주일 지난 월요일이나 화요일이면 아내와 함께 늘 심방을 했다. 주로 주일예배에 참석하지 못한 성도들을 찾아보는 일이었다.

어느 주일 아침에 전날부터 엄청난 비가 내렸고 이 날도 비가 계속 왔다. 파라과이

비가 내리는 주일 아침

비 오는 주일 사랑과 진리교회 오전예배

사람들은 비 오는 날은 집에 들어앉아서 꼼짝도 하지 않는다. 심지어 아이들이 비 오는 날은 학교에도 가지 않는다. 왜냐하면 교사들이 안 오기 때문이다. 그러니 교회인들 올 턱이 없다. 그래서 비 오는 주일에는 예배 참석률이 매우 저조하다.

월요일에 아내와 함께 심방을 갔다. 어느 형제의 집에 들러 안부를 물었다.

"별 일 없나요?"

"별일 없어요."

"그런데 어제 주일예배에 왜 오지 않았나요? 무슨 일이 있었나 했어요"

그랬더니 그 형제가 당당하게 이렇게 말했다.

"아니, 목사님 어제 비가 왔잖아요"

그러면서 덧붙이기를, "목사님도 어제 교회 갔나요? 비 왔는데.."

어이가 없어서 웃음만 나왔다. 물론 오래 전의 이야기고 지금은 상황이 달라지긴 했어도 지금도 비 오는 날은 교회 예배 참석률이 적고 그걸 모두 당연하다고 생각한다.

비가 오는 주일 아침이었다. 내가 출석하는 사랑과 진리교회(Iglesia Presbiteriana Reformada Amor y Verdad) 오전 예배가 09:30분에 시작되는데 예배 시간이 다 되었는데 담임목사인 박종준 선교사 가족 외에 아무도 나타나지 않았다. 교회 문 앞을 왔다 갔다 하면서 초조하게 교인들을 기다리는 사모 김혜란 선교사, 그 마음을 충분히 이해했다. 이런 경우, 모든 담임 사역자들의 마음이 똑같지 않을까? 마치 내가 과거 담임 사역자였을 때처럼 말이다.

다행히 예배시간이 지나 예배가 시작된 후에 교인들이 하나씩, 둘씩 계속 들어와서 자리를 채운다.

물론 평소 주일 같지는 않지만 예배자들이 모여드는 모습을 보는 박선교사의 목소리에 힘이 실린다. 주님의 마음이 그런 마음이 아닐까 싶다.

불쌍한 차 메르세데스 벤츠(El pobrecito auto Mercedes Benz)

동네를 산책하다 보면 낡은 자동차들이 버려진 채로 놓여있는 것을 흔히 볼 수 있다. 연식이 수 십 년은 족히 되어 보이는 승용차들인데 주로 메르세데스 벤츠(Mercedes Benz)나 캐딜락(Cadillac) 같은 오래된 차들이다. 연식이 오래된 고물차 그것도 유명 자동차 회사의 제품.. 매력이 있지만 아무도 거들떠보지 않는다.

오늘 아침에도 산책길에 가까이 가서 보니 벤츠다. 누구나 가지고 싶어 하는 고급차가 벤츠 아닌가? 벤츠라고 하면 벌써 외모부터 대단하고 값 비싸서 보통 사람들은 갖

폐차로 버려진 고물 차 메르세데스 벤츠

기 어려운 차인데 이렇게 길가에 내 팽개치다시피 버려져 있다

누가 버렸을까? 차는 무슨 종류의 차인지, 얼마나 오래된 차인지가 중요하지 않다. 중요한 것은 얼마나 잘 관리가 되었느냐 하는 것이다.

군대를 다녀온 사람이 귀에 못 박히도록 들은 말은 "닦고, 조이고, 기름치자"란 말이다. 아무리 제조된 지 오래된 차라도 관리만 잘 하면 모양과 성능을 오래 유지할 수 있다.

우리의 몸도, 건강도 그렇지만 우리의 영성도 마찬가지다. 자동차의 왕 벤츠의 품위유지를 위해서는 끊임없는 차량관리가 필요한 것처럼 하나님의 자녀로서 품위 있는 삶을 위해서도 끊임없는 영성 관리가 필요하다. 내 영성관리는 제대로 되고 있는가? 혼자서 묻는다.

악마의 물고기 삐라냐(El pez diablo Piraña)

"악마의 물고기를 경계하라" 일간지 '엘 디아리오 울티마 오라(El diario Última Hora)'에 난 기사의 제목이다.

이 신문은 "지난 주말 삐라냐들이 삘라르(Pilar)주 강가에서 놀던 13명의 수영객들을 공격해 상처를 입혔다"고 보도했다. 삐라냐(Piraña)라고 하는 이 고기는 여름에 왕성하게 활동을 하기 때문에 휴가철에 삐라냐로 인한 사고가 잦다. 삐라냐는 과라니 인디언의 말로서 삐라(Pira)는 물고기를 말하고 냐(ña)는 악마를 말하는 단어의 합성어로서 "악마의 물고기"라고 불리는 무시무시한 고기인데 한국인들에게도 '식인 물고기'로 이미 잘 알려져 있다.

이 물고기는 파라과이의 강이나 호수에서 사는데 덩치는 그리 크진 않지만 수백 마리씩 떼를 지어서 다니며 닥치는 대로 먹이 사냥을 해 다른 물고기들과 특히 수영객들에게 공포의 대상이 되고 있다. 삐라냐는 이빨이 얼마나 사납고 튼튼한 지 망치로 두들겨도 잘 부서지지 않고 한 번 물리면 놔주지 않아 손가락을 물면 단번에 잘려 나갈 정도로 날카롭다. 이번에도 피해자 중 한 여자는 양쪽 손가락이 두 개씩이나 절단되었다고 한다.

그래서 낚시꾼들은 낚시를 하다가 삐라냐가 걸려서 올라오면 재수 없다고 그냥 다시 강에다 던져 넣는다. 그런데 우리 한국 사람들은 그걸 기어이 잡아 올려서 회를 쳐

악마의 물고기 삐라냐의 날카로운 이

서 먹는다니 삐라냐가 두려워하는 유일한 천적이 한국인이라는 우스개소리도 있다.

혹시 파라과이를 여행하다가 강에서 낚시를 할 계획이 있으신 분들은 이 삐라냐를 조심해야 한다. 삐라냐 고기를 낚으면 반드시 장갑을 끼고 펜치로 낚시 바늘을 조심스럽게 제거해야 한다.

물고기와 사람을 함께 낚으며(Pescando los peces y a los hombres juntos)

선교지에서의 마지막 텀(term)을 보내면서 차량을 가지고 전국을 다니며 개인전도 및 순회전도를 하고 있다. 이번에는 오랜 만에 2박3일간 전도를 겸한 낚시 여행을 다녀왔다.

아순시온(Asunción)에서 사역하시는 임성익 선교사(통합원로)와 홍사순 선교사(대신)와 나, 이렇게 3명이 아순시온에서 270킬로 떨어진 Pilar주의 Itá Cora(이따 꼬라) 지역으로 갔다. 자동차로 4시간 30분이 소요되는 곳이다.

파라과이에서 낚시를 해본 기억 가물가물하다. 거의 20년 만에 갔던 것 같다. 홍선교사는 본래 낚시에 일가견이 있는 사람이고 전문성을 가지고 있어서 함께 가자고 초대했고 감사하게도 그가 흔쾌히 따라 나섰다. 낚시도구 일체는 홍선교사가 준비했고 나는 이동수단인 자동차를 제공하고 운전을 했다.

이번에 우리는 낚시만 하는 것이 아니라 전도여행을 겸했기 때문에 낚시장비와 함께 전도지와 전도용 사탕도 많이 싣고 출발했다 임선교사님이 자동차 연료비와 소소하게 드는 비용을 부담하셨다. 우리는 오며 가며 차 안에서 나눈 유익한 대화를 통해 선교 정보와 사역을 공유했고 서로를 격려하고 섬겼던 아름다운 여행이었다.

우리는 낚시 여행 중 만났던 사람들에게 전도지와 사탕을 나누어 주었고 시간상 대화가 가능한 사람들에게는 짧게 복음도 전했다. 우리보다 훨씬 더 먼 Chaco 지역에서 온 독일계 이민자 후손인 메노니따 사람들 한 그룹을 낚시터에서 만나서 교제를 나누기도 했다. 그들은 신앙의 자유를 찾아서 파라과이까지 흘러왔는데 주로 목축과 낙농업에 종사하고 있는 사람들이다.

첫날은 파라나강(Río Paraná)가에서 낚시를 했는데 2시간 만에 대낚시와 릴낚시로 거의 40여 마리의 고기를 잡았는데 절반은 식인고기로 불리는 삐라냐(Piraña) 고기였다. 무시무시한 이빨에 손가락을 잘못대면 댕강 잘려 나갈 정도로 가공할 이빨을 가지고 있기에 조심해야만 했다.

다음날은 낚시 배(lancha) 한대를 대여해서 좀 더 멀리 큰 강으로 나갔다. Jorge(호르게)라는 이름을 가진 젊은이가 배도 운전하고 낚시하는 법과 낚시 포인트로 우리를

동료 선교사들과 함께 한 낚시전도 여행

통에 가득한 물고기

Pico de Pato(오리입 고기)

임성익, 홍사순 선교사와 함께 한 낚시 전도 여행

가이드해 Pico de Pato(오리입 고기) 등 많은 종류의 고기를 낚았다. 낚시하면서 알게 된 사실은 어종마다 모여서 사는 지역이 다르고 잡는 미끼도 다르다는 사실이다. 물론 낚시채비도 달라서 초보자에게는 어려움이 많다.

그런데 같은 지역에서 고기를 잡아도 어떤 사람들은 수시로 고기를 낚아 올리면서 짜릿한 손맛을 즐기는데 바로 옆에서 고기를 잡는데도 몇 시간동안 한 마리도 못 올리는 사람이 있다는 것이 신기했다. 왜 그럴까 하고 유심히 봤더니 우연이 아니라 고기를 잡는 방법이 달랐다. 그들은 고기의 종류마다 가진 특성을 연구하고 그에 맞는 미끼를 쓰고 집중하여 한시로 허투루 시간을 쓰는 일이 없었다.

나는 2박3일의 낚시 여행을 통해서 사람을 낚는 어부로 부름 받은 선교사로서 어떻게 전도해야 하는지 낚시를 통해 다시금 깨달았다. 천편일률적인 전도방법보다는 대상자 따라 다양한 전략을 구상해야 하고 다양한 방법으로 접근해 인내를 가지고 전도해야 결실을 얻을 수 있다는 교훈을 얻을 수 있었던 소중한 낚시 여행이었다.

오직 주께만 영광을.. Soli Deo Gloria!

뎅기열(El dengue)

파라과이에서 뎅게(dengue)라고 부르는 뎅기열은 열대 숲 모기를 매개로 한 바이러스성 질환으로, 모기에게 물려 뎅기 바이러스에 감염되어 생기는 병인데 심하면 죽기도 한다. 뎅기열에 대한 예방 접종이나 뚜렷한 치료제는 아직 없다. 뎅기열은 주로 열대 지방과 파라과이 같은 아열대 지방에 서식하는 뎅기 모기가 낮 동안에 바이러스를 가진 사람을 물었다가 다시 다른 사람을 물어 바이러스를 전파해 발생된다.

나는 감사하게도 아직 한 번도 뎅기열에 걸린 적이 없지만 뎅기열은 특별한 치료방

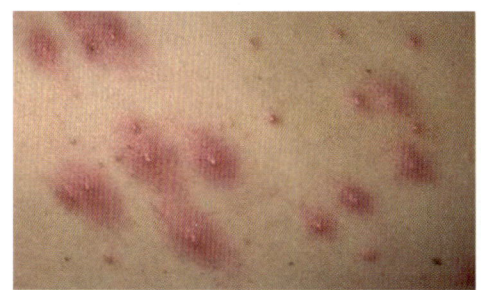
댕기모기에 물리면 피부에 반점이 돋는다

조심! 댕기 모기

법 없기 때문에 긴 소매 옷이나 모기장을 사용해 최대한 모기에 물리지 않도록 주의하는 수밖에 없다. 파라과이에는 한창 더운 여름철 뎅기열, 코로나19 바이러스, 치꿍구냐 이 3종 세트가 기승을 부리고 있으며, 그 중에 매년 뎅기열로 사망하는 사람들이 늘어나고 있어서 비상이다. 뎅기열 바이러스를 옮기는 모기에게 물리지 말아야 하듯이 우리의 영혼에 죄의 바이러스를 전파하는 마귀의 공격에 노출되지 말아야 되겠다는 생각이 들었다.

아오뽀이(Aho poi)

'아오뽀이'는 파라과이 전통의상을 일컫는 말이다. 물론 남성용, 여성용이 있는데 여성용이 더 비싸고 화려하다.

아오뽀이는 과라니어로 '섬세하고 얇다는'이라는 뜻을 담고 있다. 파라과이는 전 세계 주요 면화(Algodón) 생산국으로서 아오뽀이 천의 제작은 일종의 예술로 여겨진다. 아오뽀이는 수작업으로 직조공의 손길을 거치는 방식으로 만들어진 천 위에 토착 고대 전통과 자연에서 영감을 얻은 기하학적 패턴 및 그림을 수놓아 완성된다.

이 옷은 한국의 시원한 삼베 같은 섬유나 면화로 만드는데 옷에 넣는 무늬는 한 땀 한 땀 자수를 넣듯이 제작하는데 매우 아름답고 여름에 아주 시원하다.

파라과이 전통 의상 아오뽀이   아오뽀이 옷을 입고 커피 한잔

여름철 파라과이는 연일 섭씨 38도~42도를 오르내리는 무더위가 계속되기 때문에 아오뽀이의 덕을 단단히 본다. 나는 오늘도 이 옷을 입고 교회에서 설교했고, 이 옷을 입고 사람들을 만났고, 이 옷을 입고 시원한 커피숍에서 향기로운 커피를 마시니 무릉도원(武陵桃源)이 따로 없었다.

나는 다른 사람들에게 아오뽀이 같은 사람이 되고 싶다. 더운 날씨에 시원함을 가져주는 예쁜 옷처럼 나 때문에 나를 만나는 사람들이 행복하면 좋겠다.

파라과이의 생일잔치(La Fiesta de Cumpleaños en Paraguay)

아주 오래 전 파라과이에 처음 도착한 날로부터 며칠이 지난 토요일에 이웃으로부터 결혼식 초대를 받았다. 파라과이는 이스라엘처럼 밤에 결혼식을 한다. 신랑 신부가 카톨릭교 신자였기 때문에 성당에서 결혼식을 한 후 피로연을 신부 집에서 하게 되었다.

파라과이의 결혼 풍습을 잘 알지 못했던 나와 우리 가족은 당연히 그날 밤에 거나하게 잘 먹으리라 생각하고 점심식사는 간단하게, 저녁 식사는 당연히 하지 않고 갔다.

그런데 밤 9시부터 시작된 결혼잔치에 간단한 간식(bocaditos)과 음료수만 나오고 모두 삼삼오오 모여 이야기 꽃을 피우며 초청된 음악가들의 연주와 노래를 들으며 춤을 추면서 한없이 시간을 보내는 것이었다. 그 때는 언어도 제대로 안 되어 사람들과 대화도 어렵고 해서 그저 오매불망 저녁식사만 나오기를 기다렸다. 그리고 저녁식사를 한 후에 얼른 그 괴로운 자리를 빠져나오리라 생각했다.

밤 11시가 넘어도 저녁을 줄 생각을 안 했다. 점점 허기가 져서 배가 고파왔고 아이들은 졸린다고 짜증을 부렸다. 게다가 다음 날이 주일 아닌가? 그래서 할 수 없이 밤 11시가 좀 지나서 일어났다. 주위를 둘러보니 우리가 제일 먼저 자리를 뜨려고 일어나는 것 같았다. 혼주가 내게 오더니 무슨 일이 있느냐? 왜 벌써 일어나느냐고 물었다. 배가 고파서 도저히 못 참겠다고 할 수는 없어서 아이들이 졸려서 못 견디는 것 같아서 잠을 재워야 한다는 명분으로 양해를 구하고 잔치집을 떠났다. 그런데 알고 보니 보통 저녁식사는 거의 12시가 다 되어서야 나오는데 산해진미가 차려졌었다는 후문을 듣고 더 속이 쓰렸던 기억이 있다. 결혼식뿐만 아니라 생일잔치에 초대받아도 상황은 비슷하다는 것을 이후에 알게 되었다.

생일을 맞은 노르마 몬떼로 여의사와 함께

하객들과 함께한 즐거운 생일잔치

제 2부 남미의 심장 속으로(Al corazón de America del sur)

어제 밤 노르마 몬떼로(Norma Montero) 라는 여의사 생일잔치에 초대되어 다녀왔다. 그녀는 아르헨티나 출신으로 유태인 혈통의 의사인데 람바레시(Ciudad Lambaré)의 보건소 소장으로 일하다가 은퇴한 사람이다.

현재 파라과이 상원의원 고문으로 일하면서 환경보호 운동가로서 이름을 알리고 있는 사람인데 어제 생일이라고 나를 초대한 것이다.

우리네 문화는 생일이면 온 가족이 모여서 함께 교제를 나누고 밥을 함께 먹는데 의미를 두기 때문에 당일 시간이 맞지 않으면 모두가 잘 모이기 쉬운 날을 정해서 생일을 앞으로 당기기도 하고 뒤로 늦추기도 하지만 파라과이에서는 생일은 태어난 그날에 의미를 두기 때문에 생일잔치는 반드시 태어난 날에 한다. 이날은 금요일 밤인데도 노르마 의사의 생일을 축하하기 위해 동네 유지들을 비롯해 언론계, 정치계, 의료계 등 축하객들이 많았다.

그녀는 음악인들을 초대했고 음향 장치에서 흘러나오는 현란한 음악을 틀어놓고 분위기를 잡았다. 흥이 난 축하객들이 일어나서 춤을 추고 계속 공급되는 기본 음식과 음료수를 먹고 마시며 즐겼다.

나는 사람들과 이런 저런 주제로 대화했으며 Norma 의사는 내게 개별적으로 신경을 많이 써주고 사람들에게 나를 소개하면서 여러 사람들을 알고 교제할 수 있는 기회를 제공해 주었다.

함께 갔던 선교사님이 빨리 일어나야 할 상황이 되어서 그를 픽업해서 갔던 나는 할 수 없이 10시쯤 일찍 일어날 수밖에 없었다. 때마침 전문 요리사가 굽고 있던 맛있는 아사도(Asado, 숯불에 굽는 소갈비)를 맛보지 못하고 일어서야 한다는 아쉬움이 있었는데 눈치 빠른 Norma 여의사가 따로 아사도를 준비해서 내 차에 실어 주어 감사했다.

평화로운 시위(Una huelga pacífica en el Paraguay)

파라과이에서 살면서 느끼는 것 중에 하나는 이 민족은 참으로 순박하고 평화를 사랑하는 민족이라는 것이다.

우리가 가끔 길을 가다가 대규모 혹은 소규모로 시위하는 것을 보게 되는데 시위하는 모습만 보면 대략 그 국민성을 알 수 있다고 생각한다. 나는 파라과이에서 오래 살면서 경찰이 시위대를 향해 최류탄을 쏜다든지 물 포탄을 발사하는 것을 한 번도 보지 못했다.

파라과이의 평화로운 시위문화

시위대는 평화롭게 침묵으로 거리를 행진하든지 아니면 북이나 악기를 동원해서 자신의 뜻을 알리고 경찰은 교통질서를 위해 교통정리를 하는 정도인데 길을 지나가는 사람들도 자기 길을 갈 뿐 시위에 맹목적으로 동조해서 시위가 점점 커지는 그런 일은 잘 없다.

내가 사는 동네에 법원이 하나 있는데 그 앞에는 가끔 천막을 치고 단식 농성하는 사람들이 있고 오늘 아침에는 소수의 사람들이 모여서 북을 치면서 시위하는 모습을 보았다.

시위모습을 보면서. 한 번 모였다 하면 수만 명이 모여 극한의 대치를 이루는 우리 한국의 시위문화를 다시 한번 생각하게 되었다.

비가 와야 합니다(Debe llover en este tiempo riguroso)

파라과이는 분류하자면 농축산 국가에 해당한다. 1차 산업인 농업과 목축이 주 수입원이다.

제품을 생산하는 공장이 드물어서 대형 굴뚝에서 솟아오르는 연기를 보기 어려워 상대적으로 청정 지역이다. 한국처럼 매연 등 미세 먼지 때문에 마스크를 써야 할 일은 드물다.

그런데 지난 몇 주간은 탁하고 뿌연 연기로 인해 시야가 흐리고 이 공기로 인해 연일 메스컴에서 마스크를 쓰도록 권하고 있다. 화재로 인한 미세 먼지 때문이다. 한 호흡기내과 전문의는 이 공기에 30분간 노출되면 400 개비의 담배를 흡연하는 것과 동일하게 폐에 영향을 준다고 했다.

얼마 전 파라과이와 인접한 볼리비아 국경 지역에서 화재가 일어났다. 화재로 인한 불이 사막처럼 덥고 건조한 파라과이 차코(Chaco) 지역으로 넘어와서 계속 엄청난 밀림을 태웠다. 게다가 오랫동안 비가 오지 않아서 바짝 마른 숲을 태우는데 바람까지 거세게 불어서 속수무책으로 바라만 볼 수밖에 없는 실정이었다. 10만 헥타르 이상의 숲이 전소됐는데 문제는 지금도 계속 타고 있다는 것이다. 이 지역은 원주민

거대한 산불

계속된 가뭄으로 강수위가 낮아진 파라과이 강

볼리비아와의 국경지역에서 일어난 화재로 10만 헥타르의 숲이 전소됐으며 미세먼지로 시야가 흐리다

Ayoreo 인디언 부족이 사는 지역이고 천연 야생동물이 많이 서식하고 있는 지역이라 매우 걱정스럽다.

오늘 신문에 보니 이 나라의 젖줄이라고 할 수 있는 파라과이 강(Río Paraguay)이 오늘 날짜로 120년 만에 강 수위가 최저치를 기록했고 바다가 없는 나라인지라 강을 통해서 물자를 수송하는 파라과이의 운송에 비상이 걸렸다고 한다. 불을 끄기 위해 온갖 노력을 다 기울이고 있고 어떻게 하면 비가 오게 할 수 있을까 하면서 기우제라도 드려야 하지 않겠느냐고 하지만, 창조주 하나님이 비만 한번 쏟아 부어 주시면 모든 것이 단번에 해결될텐데… 주여, 비를 내려 주소서!

그저 바라만 보고 있지~(Solo estoy mirando)

남미 컵(Copa Sudamericana) 대항 축구대회는 남미 여러 나라들의 프로축구 구단들이 참가하는 대회다. 이 대회는 파라과이 아순시온 루께(Luque)에 본부를 둔 남미

축구연맹(CONMEBOL)에서 주관하는 대회다.

2024년 남미 컵 결승전이 아순시온 쎄로 뽀르떼뇨(Cerro Porteño) 프로 축구구단 경기장에서 있었다. 프로 축구구단 창단 이후 처음으로 결승에 오른 아르헨티나의 Racing과 브라질의 Cruzeiro가 결승에서 맞붙었는데 경기의 결과는 아르헨티나의 Racing이 3 : 1로 승리해 남미컵을 들어 올렸다.

통상 이 대회의 결승전은 제3국에서 열리는 법인데 올해는 파라과이 수도인 아순시온(Asunción)에서 열렸다. 이 경기를 관람하기 위해 양측 국가에서 열혈 팬 40,000명 이상이 국경을 통과해 경기장으로 몰려들었다. 그들의 열심에 혀를 내 두를 지경이다.

이 경기가 열린 구장은 내가 사는 집에서 자동차로 5분, 도보로 15분밖에 안 되는 가까운 거리에 있다. 나는 이 경기를 직접 보기 위해 여러 방면으로 입장권을 구하려고 애썼지만 비싼 가격임에도 벌써 매진되어서 구장으로 들어가지도 못하고 중계 채널을 통해 관람했다. 아쉬움을 달래며 내가 사는 아파트 옥상에 올라가서 경기장을 그저 바라만 보았다.

가수 나미가 부른 "그저 바라만 보고 있지~"라는 노랫말이 생각났다.

그러면서 문득 이런 생각이 들었다. 비록 세기적인 남미컵 축구 결승전이 열리는 Cerro Porteño 구장에는 입장권이 없어서 경기장에 들어갈 수 없었지만, 나는 이미 믿

남미 컵

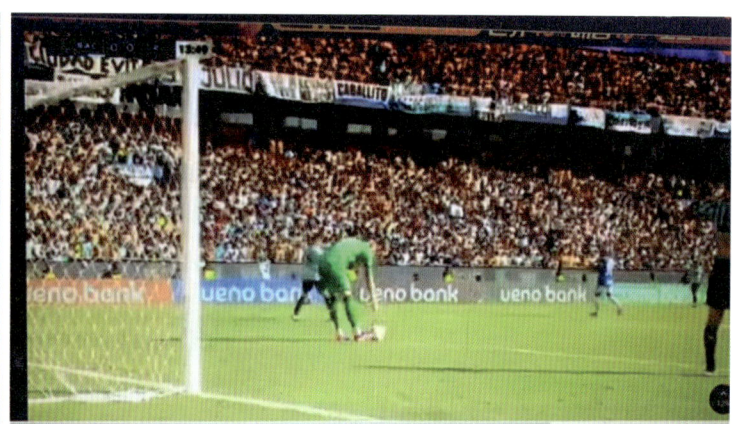
남미 컵 결승전은 TV 시청으로

아순시온 Cerro Porteño 프로 축구구단 경기장

음으로 구원받아 천국 시민권을 얻었으므로 언제든지 천국에 들어갈 수 있다는 생각에 기쁨과 감사가 넘쳤다.

세상에 이런 일이..(Ocurre algo maravilloso en este mundo..)

 SBS TV 방송국의 교양 프로그램인 '순간 포착 세상에 이런 일이'는 1998년 5월 21일부터 2024년 5월 25일까지 26년간 이어온 장수 프로그램이다. 이 프로그램은 우리 주변에서 일어나는 신기하고 놀랍고 재미있고 감동적인 이야기를 전해주는 프로그램으로 나도 즐겨보던 TV 프로그램이다.
 그런데 이 나라 신문을 읽다가 파라과이판 소위 '세상에 이런 일이' 이야기를 읽었다. 매년 연말 마다 정부에서 공무원으로 일하다가 은퇴한 사람들에게 소위 떡 값으로 지불하는 보너스 같은 것이 있는데 이번에 어떤 시에서 조사했더니 81명의 지불 명단 중에 생존하고 있는 사람은 단 2명뿐이었다는 것이다.

그것도 심지어 사망한지 20년이 넘은 사람의 명단도 버젓이 들어 있었다고 한다. 그러니까 그 가족이 20년간 매년 죽은 사람을 대신해서 받아왔다는 말이다. 그래서 관공서에서는 올해도 대상자가 지금도 살아 있는지 죽었는지 확인하기 위해서 본인이 주민등록증을 가지고 시청으로 직접 와서 얼굴을 대조하자고 한다고 나이 많아서 거동이 불편한 사람을 오라 가라 한다고 하면서 가족들이 불평한다는 기사를 읽었다.

파라과이 과라니 1,000원권 화폐

사람이 죽으면 사망신고를 하고 장례식을 치르며 그 이후에는 자동적으로 관청에서 사후 처리가 되는 우리나라 같은 행정 시스템에서는 일어날 수 없는 일들이다. 다행히 몇 년 전부터 이 나라의 공항이나 관공서에서도 전산 시스템이 도입되어 조금씩 현대화가 되고 있는데 대한민국 정부와 코이카(KOICA)가 공헌을 했다는 이야기도 전해 들었다. 어쨌든 돈 앞에서는 양심을 파는 사람들이 사람이 사는 곳에는 어디나 있는 모양이다.

연말에 만나는 파라과이 민간신앙 의식
(Los mitos y rituales que se celebran a fin de año en Paraguay)

파라과이에서 살다 보면 이 나라만이 가지고 있는 여러 주술적인 민간신앙을 볼 수 있는데 그 중에서 연말이면 만나게 되는 민간의식 하나를 소개한다.

파라과이는 약초국가로 불러도 좋을 만큼 수백 년 전부터 전 국민이 여러 종류의 약초를 가지고 민간 치료 요법에 사용하거나 음료수로 만들어서 마시기도 한다.

그런데 어떤 약초들은 말려서 집안이나 사무실 공간의 코너마다 접시 위에 놓고 불을 피워 향을 내 그 향으로 나쁜 액운을 쫓아낸다. 그리고 같은 종류의 싱싱한 약초를 삶아서 미지근하게 식혀 항아리에 담아 그 물을 몸에 바르면 새해에 부요함이 찾아온다고 믿는다.

이 의식은 주로 크리스마스 이브인 12월 24일과 12월 31일 자정(12:00)에 시행하는데 Ruda(루다), Romero(로메로), Menta(멘따), Yerba buena(제르바 부에나), Albahaca(알바아까), Canela(까넬라) 등으로 불리는 이 약초들은. 약초시장에서 보통 30,000~40,000과라니(4~5달러) 정도에 팔린다고 신문에 보도됐다.

이런 민간 신앙을 의지해서라도 복을 받고 화를 피하고자 하는 사람들이 많은데 우리는 참으로 행복한 사람들이다. 누가 복을 주며 누가 대적에게서 나를 구하시는지 알기 때문이다.

"이스라엘이여 너는 행복한 사람이로다 여호와의 구원을 너 같이 얻은 백성이 누구냐 그는 너를 돕는 방패시요 네 영광의 칼이시로다 네 대적이 네게 복종하리니 네가 그들의 높은 곳을 밟으리로다"(신 33:29)

Bienaventurado tú, oh Israel. ¿Quién como tú, Pueblo salvo por Jehová, Escudo de tu socorro, Y espada de tu triunfo? Así que tus enemigos serán humillados, Y tú hollarás sobre sus alturas.(Deuteronomio 33:29)

약초 연기로 나쁜 액운을 쫓아내는 파라과이의 민간 신앙 의식

제 2부 남미의 심장 속으로(Al corazón de America del sur)

송년과 관련되는 파라과이 두 가지 풍습
(Dos costumbres paraguayas acerca de la Nochevieja)

파라과이에서 오래 살다 보면 여러 가지 재미있는 전통이나 풍습을 저절로 알게 된다. 대부분이 미신이나 속설에 근거한 풍습이지만 참 재미있다. 이런 것들을 알고 그것을 함께 공유하면 이들과 더 갑고 친절한 관계가 이루어질 수 있다. 그 가운데 묵은해를 보내고 새해를 맞이하는 마지막 날에 행해지는 두 가지 미신에 대해 알아보자.

첫째는, 12알의 포도(Doce uvas)를 먹는 것이다. 1882년으로 거슬러 올라가면 스페인에서 부유한 계층의 사람들이 매해 마지막 날 저녁식사를 할 때 식탁에 샴페인과 포도를 올려놓는다. 그리고 새해를 맞으며 태양의 문(la Puerta del Sol)으로 들어가며 종소리를 울린다는 의미로 포도알 12개를 차례로 삼킨다. 포도 12알은 아마 1년 12달을 의미할 것이다. 이것은 건강, 사랑, 행운, 부귀, 힘을 갖다 줄 것으로 믿고 하는 미신적인 행위인데 지금은 정작 스페인에서는 사라졌으나 식민지였던 남미에서 더 성행하고 있다.

둘째는, 빨간 속옷(Ropa interior de color rojo)을 입고 새해를 맞이하는 것이다. 이것도 미신, 전통, 풍습으로 행하는데 본래 중세에서 빨강색은 마녀나 심령술사들과 관련된 색이라 하여 금했지만 나중에 이 금기를 깨고 오히려 빨강색은 건강, 부귀, 사랑, 성공을 가져주고 기쁨과 열정, 행운을 주는 것으로 믿고 성탄 때도 이 색으로 장

샴페인과 12알의 포도(Doce uvas)

행운을 가져다 준다고 믿는 빨간색 속옷

식한다. 우리가 아는 대로 중국인들도 빨강색은 돈과 행운을 가져주는 것으로 믿고 제일 좋아하는 색이다. 이날 빨강 란제리 등 속옷은 여성들이 주로 착용하지만 남성들도 빨간 속옷을 착용하는 사람들도 있다.

연말연시를 맞이하며 묵은해를 흘러 보내고 새해를 맞이하면서 바라고 소원하고 갖고 싶어 하는 것들이 파라과이인들 뿐일까? 모든 세상 사람들이 동일할 것이다. 그러나 세상에는 내가 노력한다고 얻을 수 있는 것은 거의 없다. 계획한다고 그 계획대로 되는 것이 과연 얼마나 될까? 결국 나를 창조하시고 나의 필요를 아시며 나를 지극히 사랑하시는 하나님의 허락이 없으면 아무것도 할 수 없다. 하나님께 순종하는 것이 복이다. 이것이 답이다.

"참새 두 마리가 한 앗사리온에 팔리지 않느냐 그러나 너희 아버지께서 허락하지 아니하시면 그 하나도 땅에 떨어지지 아니하리라. 너희에게는 머리털까지 다 세신 바 되었나니 두려워하지 말라 너희는 많은 참새보다 귀하니라"(마 10:29~31) ¿No se venden dos pajarillos por un cuarto? Con todo, ni uno de ellos cae a tierra sin vuestro Padre. Pues aun vuestros cabellos están todos contados. Así que, no temáis; más valéis vosotros que muchos pajarillos(Mt. 19:28-31)

죽은 자를 위한 작은 기도처(La Casita para los Muertos)

처음 파라과이에 와서 경험했던 새롭고 이질적인 문화 가운데 하나는 고속도로나 국도를 달리다 보면 길가에 아주 작은 집을 지어놓고 그 속에 성모 마리아상과 성상들을 모셔놓고 십자가에 흰 띠와 묵주를 걸어놓은 것을 심심찮게 보게 된다.

그것을 현지인들은 로사리오(Rosario)라고 부른다. 이것은 누가 죽으면 그 죽은 사람의 영혼이 천국에 가도록 기도하는 작은 기도처의 역할을 한다.

죽은 자를 위한 기도처 로사리오(rosario)　　안에는 성모 마리아상과 묵주 등이 들어있다

　로사리오란 말은 원래 '묵주'를 뜻하는 이탈리아어다.

　로사(Rosa)장미꽃에서 그 말의 기원을 가지고 있으며 본래의 정확한 발음은 로사리움(Rosarium) 즉 장미나무 또는 장미꽃 다발이란 뜻이다. 그러니까 '로사리오 기도'란 가톨릭에서 '우리가 성모께 장미꽃다발을 선물로 바친다'는 의미로 쓰인다.

　아주 작은 아이가 죽으면 집 뜰에 묻고 이 로사리오를 만들어 그 옆에 두고 누가 길을 가다가 교통사고로 사망하든지 차량 사고로 죽으면 그 사람의 혼을 달래기 위해 사고가 났던 그 도로변에 이 로사리오를 세운다.

　내가 처음으로 파라과이에 도착했던 삼십 수년 전에는 길가에서 로사리오를 흔하게 볼 수 있었는데 세월이 흐르고 도로도 확장되면서 많이 철거되었다. 그러나 아직도 로사리오를 더러 볼 수 있는데 이것을 볼 때마다 마음이 짠~해지면서 죽음을 생각하게 된다.

그 어떤 거짓말도 용서되는 날(El día en que se perdonan todo tipo de mentiras)

　4월 1일을 서양에서는 "April Fool's Day"라고 하고 한국에서는 "만우절"이라고 부른다. 무슨 거짓말이든지 용서가 되는 날이라고 믿는 날이다. 파라과이에도 이런 날이 있다. 4월 1일이 아니라 12월 28일이다. 이날을 파라과이에서는 "죄 없는 자들의 날(Día de los Inocentes)"이라고 부른다.

이 날의 기원은 묘하게도 성경에서 나왔는데 마태복음 2장에 나오는 이야기다. 소위 우리가 "죄 없는 자들(어린이들)의 살해 – Matanza de los Inocentes"라고 부르는 이야기에서 전래되었다. 우리가 아는 대로 유대왕 헤롯1세는 새로운 왕이 탄생하리라는 예언에 두려워서 예수님을 제거하기 위해 베들레헴에 있는 2살 아래의 모든 아이들을 모두 죽이라고 명령했다는 스토리다.

그래서 카톨릭 교회는 이 비극적인 사건을 기념하기 위해 12월 28일을 이날로 정했지만 세월이 흐르면서 이제는 유머러스한 이야기로, 기분 전환의 의미로 연말에 행하는 축제적인 성격으로 탈바꿈되었다. 그러나 아직도 그렇게 믿는 사람들도 있다. 그러나 농담이라도 거짓말을 하는 것은 금해야 한다. 거짓말이 정상처럼 치부되는 정치가들의 행태는 한국뿐만 아니라 세계적인 것 같다. 조국의 안정을 위해 땅 끝에서 기도한다.

나는 이런 생각을 해 봤다. 언젠가 내가 천국에 가면 땅에서 정치하던 사람 가운데 과연 몇 명이나 거기서 만나볼 수 있을까? 하는 것이다.

진짜로 그것이 궁금하다.

어떤 거짓말도 용서되는 "죄 없는 자들의 날"

피자의 날(El día internacional de la Pizza)

2월 9일은 무슨 날일까? 매년 2월 9일은 "국제 피자의 날(El día internacional de la Pizza)"이다.

오늘이 바로 그날이다.

파라과이에도 달력에 보면 빼곡히 365일 매일 무슨 날이라고 이름을 갖다

국제 피자의 날에 먹는 각종 피자들

붙여 놓고 그날을 기념하는데 대체적으로 성인의 날 등 종교적인 의미를 가지는 기념일이 많고 또 이런 저런 목적을 가지고 이름을 갖다 붙인 것이 많다. 그런데 남미의 다른 나라도 대체 그런 것 같고 그걸 연대해서 국제적인 날로 정해서 지키기도 하는 모양이다.

그런데 가만히 보면 그게 거의 상업적인 목적으로 무엇을 기념하는 날로 만들어서 이름을 갖다 붙이는 것을 본다.

오늘 피자를 많이 사 먹으라고 언론까지 부추기는데 피자는 이탈리아가 본산지로서 이미 세계적인 패스트 푸드로 자리 잡은 지 오래다. 배가 출출할 때 먹는 한 조각의 피자는 정말 꿀맛이다. 그런데 피자에 콜라까지 곁들이면 금상첨화지만 피자와 콜라~ 이 환상의 콤비가 나를 비만으로 인도하니 조심해야겠다는 생각이 든다.

우리는 모두 주님의 양이다. 나는 채식주의자는 아니지만 양은 푸른 초장으로 인도 받는 것이 좋다.

"여호와는 나의 목자시니 내게 부족함이 없으리로다 그가 나를 푸른 풀밭에 누이시며 쉴 만한 물 가로 인도하시는도다"(시 23:1~2)

"Jehová es mi pastor; nada me faltará. En lugares de delicados pastos me hará descansar; Junto a aguas de reposo me pastoreará"(Salmo 23:1-2)

파라과이의 전기 콘센트(Enchufe eléctricas de Paraguay)

살면서 이해가 안 되고 아쉬운 점 가운데 하나는 전기 제품을 전기선에 연결하는 콘센트 플러그가 나라마다 제 각기라는 것이다. 국내에서만 사는 사람이라면 아쉬울 것 없지만 해외 여행을 자주 하는 분들에게는 불편함이 많다.

파라과이 여행 전에 다용도 변환 플러그를 미리 준비하는 것이 좋다

이전에는 110볼트를 사용하는 나라나 220볼트를 사용하는 나라에서 사용하는 콘센트 플러그가 일(1)자나 둥근 모양의 꽂이로 사용해야만 했지만 지금은 대부분 110볼트와 220볼트 겸용으로 나오기 때문에 아무 문제가 없다.

그러나 전기선에 연결하는 콘센트 플러그의 모양이 달라서 혼란스럽다. 1자, 둥근 모양, 삼각 모양이 기본이고 굵기도 달라서 미리 알아보고 가지 않으면 가령 핸드폰 배터리를 충전할 때 어려움이 있다. 물론 멀티 콘센트 플러그가 있긴 하지만 이런 것도 일부러 챙겨야 해서 번거롭다.

파라과이의 전기 시스템은 기본적으로 220v, 50Hz로 운영된다. 한국과 전압(220v)은 동일하지만 주파수(Hz)가 한국(60Hz)과 다르므로 일부 전자기기가 정상적으로 작동하지 않을 수도 있다. 대부분의 최신 전자기는 50-60Hz를 모두 지원하지만 특정

한 전자제품(특히 모터가 포함된 제품)은 성능 저하나 오작동이 발생할 수 있으므로 주의해야 한다.

파라과이에서 사용되는 주요 플러그 타입은 C형과 I형이다. 한국에서 가져온 전자기기는 C형 플러그를 사용하는 경우 그대로 사용할 수 있지만 I형 콘센트가 있는 경우 어댑터가 필요하다. 따라서 파라과이 여행 전에 다용도 변환 플러그를 준비하는 것이 좋다.

은혼식(25° aniversario de bodas de plata)

아주 오래 전에 브라질의 배성학 선교사님 가족과 함께 크루즈배를 타고 한 주간 브라질 해변을 여행한 적이 있다. 그때 사회자가 배에 탄 많은 사람들을 모아놓고 그 가운데 몇 쌍의 신혼부부를 일으켜 세워서 축하하고 이어서 결혼 1년차, 2년차, 5년차, 10년차, 20년차 등 차례로 불러 세워서 박수를 쳐 주었는데 25년 넘어가니 아무도 없었다. 그때 유일하게 결혼 35년차인 한 한국인 부부가 있어서 축하를 받고 20년 묵은 비싼 포도주를 선물로 받는 것을 봤다.

서양풍속으로 결혼 25주년을 기념하는 날에 축하하며 다시금 결혼서약을 기억하는 예식을 "은혼식(25 Aniversarios de la boda, la Plata)"이라고 한다. 이 햇수의 곱인 50주년을 "금혼식(50 Aniversarios de la boda, El Oro)"이라고 한다. 은혼식에는 은으로 만든 반지를, 금혼식에는 금으로 만든 반지를 선물하는 풍습이 있다.

오늘 교회에서 주일예배 후에 이어서 부부인 쎄르히오(Sergio)형제와 크리스티나(Cristina) 자매의 은혼식을 온 교인들과 함께 베풀어 주며 축하했다. 이 부부는 2000년 3월 10일에 바로 이 장소에서 당시의 담임목사인 Pablo Choi(최승열) 선교사의 주례로 결혼식을 했는데 꼭 25년이 지난 오늘 담임목사인 David Park(박종준) 선교사의

쎄르히오, 크리스티나 부부의 은혼식

쎄르히오, 크리스티나 부부의 결혼식

박종준 선교사의 은혼식 주례

모임 후 기념사진을 찍었다

인도로 은혼식 감사예배를 드렸다.

  통계로 잡을 수는 없지만 파라과이는 결혼하지 않고 동거부부(Concubinos)로 사는 사람들이 너무 많다. 반면, 결혼하여 법적인 정식 부부로 사는 사람들이 너무 적은데 그나마 쉽게 이혼하고 갈라서는 경우가 흔하다. 그래서 부부로 25년 혹은 50년을 지냈다는 것은 특별한 일이고 아주 드문 일인데 오늘 이 부부를 통해 그것을 봤고 특별한 감사한 마음을 느꼈다.

  이들은 25년 전에 결혼했던 교회에서 신앙생활을 하며 세 자녀를 낳아서 훌륭하게 키웠고 그 자녀들이 지금 교회 찬양팀으로 찬양하며 섬기며 이 부부도 교회에서 맡은 사역과 섬김의 봉사직을 잘 감당하고 있음을 보고 있다. 바라기는 이 부부가 오늘부터 25년 후 금혼식을 바로 이 장소에서 할 수 있기를 바란다.

신문(新聞) 읽기 (Leyendo el periódico)

나는 매일의 일과 중 빼놓지 않는 것이 있다.

아침에 일어나서 1시간쯤 운동을 한 후 내가 사는 동네를 산책하며 신문을 한 장 사는 일이다. 신문은 "El diario ABC color"이라는 파라과이 최대 부수를 자랑하는 일간지다. 예전에는 이른 아침에 골목마다 신문을 팔았고, 또 신문을 들고 다니면서 파는 사람도 많았는데 13년 만에 돌아온 파라과이에서 변화된 것 가운데 하나는 활자로 된 신문을 사기 매우 어려워졌다는 것이다. 그 이유는 요즘은 전자신문이 대세이고 대부분의 뉴스는 모바일에서 확인 가능하기 때문에 점차 거리에서 사라지고 있다. 사용자가 없으면 도태되는 자연스러운 일이다.

내가 매일 신문을 사는 목적은 현재 선교지 파라과이에서 일어나고 있는 정치, 경제, 사회, 문화 그리고 종교의 상황이 어떻게 되는지 확인하고 싶고 그걸 알아야 선교 전략을 제대로 세울 수 있음을 믿기 때문이다.

물론 오랜 기간 동안 전혀 사용하지 않던 선교지의 언어를 되살리려는 목적이 크다는 것도 부인할 수 없다. 그런데 신문을 읽으면서 드는 생각은 여기 신문도 마찬가지로 진짜 신문(新聞, 새로운 소식, Noticia nueva)인가? 하는 것이다. 사실은 매일 같은 기사가 반복되고 있고 가만히 보면, 이런 사건들은 이전에도 늘 있었던 것인데 교묘한 또 다른 형태로 진화된 것뿐이다.

요즘 파라과이 신문에서 계속 보도하는 것은 유명 정치인들이 가족을 대거 자기 주변에 앉히는 소위 Nepotismo(친척 중용)를 하는데 대해 비난하는 내용이고 공교육을 위한 학교 건물은 낡아서 쓰러져 가고 아이들이 굶고 있는데 그 예산들은 줄줄이 다른 주머니로 새고 있다는 내용, 마약과 밀수무기 거래, 공공건물 건축의 수의 계약과 돈세탁, 형량을 선고했으나 집행하지 않고 지나가는 것 등 고발 사건으로 꽉 차 있다. 게다가 요즘 다시 창궐하기 시작하는 새로운 변종 코빗19, 뎅게 열병, 치쿤구냐 열병으로 사망자가 늘어나고 있다는 소식 등 암울한 소식뿐이다.

성경은 전도서 1장 9~11에서 우리에게 이미 말했다. "이미 있던 것이 후에 다시 있겠고 이미 한 일을 후에 다시 할지라 해 아래에는 새것이 없나니. 무엇을 가리켜 이르기를 보라 이것이 새 것이라 할 것이 있으랴. 우리가 있기 오래 전 세대들에도 이미 있었느니라. 이전 세대들이 기억됨이 없으니 장래 세대도 그 후 세대들과 함께 기억됨이 없으리라" 어쩌면 우리는 매일 신문(新聞, Noticia nueva)이 아니라 또 다른 형태의 구문(舊聞, Noticia vieja)을 읽고 있는지도 모른다.

파라과이 최대 부수를 자랑하는 일간지
"El diario ABC color"

우리가 아는 이 땅의 진정한 신문(新聞, Noticia buena)은 복음(Good News)이요 새하늘과 새 땅에 관한 뉴스이다. 이 새로운 뉴스를 전하기 위해 오늘도 전심을 다하는 선교사님들을 축복하며 격려한다.

특별한 만남(Un encuentro especial)

우리가 인생을 살아가다 보면 더러 특별한 만남을 갖기도 한다. 어떤 만남은 예견된 만남이지만 어떤 만남은 전혀 예기치 않은 만남이다. 경험해 보면 후자의 경우가 더 강력한 감동으로 가슴에 남는다.

어제 밤 내가 21년간 사역했고 선교 현장을 떠난 후 14년 만에 다시 찾은 선교지에서 특별한 만남이 있었다. 옛 아과비바장로교회 성도들과의 만남이었다. 아과비바장로교회(Iglesia Preabiteriana Agua Viva)는 내가 파라과이에서 4번째로 개척한 현지인 교회인데 델에스떼시 산호세 지역(Barrio San José)에서 1998년에 개척해 2016년 멤버케어 사역을 위해 현장을 완전히 떠나기까지 17년간 함께 했던 교회였다.

들으니 얼마 전 내가 파라과이로 다시 돌아왔다는 소식을 듣고 몇 자매들이 자기들끼리 수소문해 SNS로 그룹 채팅방을 만들고 어제 밤 행사를 위해 과거에 함께 했던 사람들을 찾아 서로 연락하며 준비를 했다고 한다.

이 채팅 방 이름은 "아과비바 장로교회(Iglesia Presbitriana Agua Viva)"인데 멤버가 벌써 40명이 넘고 계속 가입 숫자가 늘어나고 있다.

이들 대부분은 주일학교, 중고등부 때 아과비바 장로교회에 출석하면서 신앙생활을 하던 아이들인데 세월이 흘러 자라서 이제는 중년이 되어 결혼해서 아이들을 가진 부모들이 되었다. 물론 대부분은 파라과이에서 살지만 상당한 숫자는 브라질, 아르헨티

옛 아과바바교회 성도들이 선물해 준 기념패

모임 후 기념사진을 찍었다

옛 아과비바교회 성도들과 함께 한 1일 부흥회

성인이 된 옛 아과비바교회 주일학교 학생들

나 그리고 스페인에서 거주하고 있는데 이번 특별한 만남을 위해 그 먼 나라에서 일부러 온 형제 자매들도 있었다.

어제 밤의 깜짝 이벤트는 나를 감동시켰고 나는 속으로 뜨거운 눈물을 흘렸다. 내가 본부사역을 위해 선교현장을 떠날 때 파라과이 고신선교부의 결정으로 교회를 통폐합하게 됨으로써 더 이상 아과비바 교회라는 이름으로 교회는 존재하지 않게 되었고 일부 성도들은 통합된 교회로 갔지만 나머지는 뿔뿔이 흩어져 다른 지역교회의 지체가 되었고 일부는 신앙생활에서 떠나 있었으나 옛 아과비바 교회의 이름으로 소집이 되었을 때 너도 나도 이 모임을 위해 자녀들을 데리고 달려왔다.

모임을 위해 한 형제가 넓은 자기집 뜰을 모임 장소로 제공했고 모두 함께 음식을 장만하고 고기를 굽고 풍선과 테이프 그리고 조명으로 불을 밝히고 밤 늦도록 예배하며 교제를 나눴다. 감사하게도 이 모임을 위해 이 지역에서 사역하고 있는 후배 김상원 선교사님 부부가 정성스럽게 간식을 준비해 제공해 주셨고 늘 선교사역을 돕는 이병묵 집사님이 비싸고 귀한 모자를 대량으로 선물해 줘서 모두들 기뻐하며 풍성한 잔치가 되었다.

이 동네의 이름은 보께론(Barrio Boquerón)인데 본래 이 도시에서 가장 못사는 사람들이 모여 살았던 우범지역, 빈민촌이었다. 우리 부부는 매일 이 동네에 들어가서 전도했고 자주 술 취한 주민들에게 위협을 받기도 했지만 전도의 열매로 많은 사람들이 교회에 나왔고 동네 아이들 대부분이 주일학교에 다니며 아내 박은주 선교사를 통해 성경 이야기와 노래 율동 그리고 게임을 배우며 신앙으로 자랐다.

그 당시 이 동네 사람들은 동네

꼬마들이 자라 결혼하고 또 아이들을 낳고

제 2부 남미의 심장 속으로(Al corazón de America del sur)

가운데로 흐르는 오염되고 더러운 도랑물을 식수로, 빨래물로 그리고 청소물로 사용했다. 그래서 내가 국제기아대책기구의 지원으로 시청과 함께 이곳에 우물을 파고 물탱크를 설치해 주어서 무한정 솟아나는 깨끗한 물로 온 동네 사람들이 지금도 혜택을 받으며 살고 있다고 하면서 불신자들도 내게 고맙다고 이야기를 한다는 말을 들려주었다.

나는 세월이 지나면서 이 우물과 복음으로 인해 이 지역의 삶의 질이 개선되어 동네가 믿을 수 없을 만큼 발전한 모습을 보니 감격스러웠다.

특별히 이들이 나와 아내 박은주 선교사를 깊이 추억하면서 감사패를 만들어서 내게 전달하면서 오늘이 있기까지 수고한 두 분의 헌신을 진심으로 감사한다고 했을 때 먼저 간 아내 생각으로 속으로 많은 눈물을 흘렸다. 아내가 없이는 결코 혼자서 이룰 수 없는 열매였다. 한때 나는 본부사역을 위해 이곳을 떠나게 됨으로 인해 젊음과 열정 그리고 나의 모든 것을 쏟았던 사역의 결과가 하나도 남지 않았다고 생각하면서 괴로워했었는데 하나님은 아과비바 장로교회의 성도들을 다른 형태의 교회로 계속 존속시켜 나가는 모습을 보면서 하나님께 감사했다.

모든 영광을 주께 돌립니다. 그리고 내 아내를 그리워합니다.

묵은 것이 좋다(El añejo es mejor)

"묵은 포도주를 마시고 새 것을 원하는 자가 없나니 이는 묵은 것이 좋다 함이니라" (눅 5:3~9)

오래된 포도주일수록 맛이 좋고 가격도 비싸다. 왜냐하면 묵은 것이 좋기 때문이다. 친구도 오랫동안 지속되는 우정을 지닌 친구는 돈을 주고도 살수 없는 귀한 보물이다. 나는 파라과이에 이런 친구들을 여럿 가지고 있다. 그 가운데 한 친구가 나를 방문했다.

지난 주 토요일에 브라질 이과수(Ciudad de Foz de Iguazú)에서 살고 있는 거의 30년지기 친구 미겔(Miguel González)이 부인 도라(Dora Alderete)와 함께 나를 만나기 위해 아순시온을 방문했고 함께 만나서 좋은 시간을 보냈다. 미겔은 파라과이 사람(Paraguayo)이고 도라는 브라질 사람(Brasileña)인데 천성적으로 좋은 사람들이고 둘은 잉꼬부부다. 내가 본부 사역으로 인해 한국에서 체류한 십 수년의 공백이 무색하게 서로 그리워하다가 만났으니 너무 기뻤다.

이 부부는 아주 오래전에 우리 교회에 다니던 에두아르도(Eduardo Leiva)와 에르네스토(Ernesto Leiva) 두 형제를 통해서 소개를 받고 방문하여 친구가 되었다. 마침 근처에 모친 아우델리나(Audelina)가 살고 있었는데 그녀는 이미 신실한 크리스챤이 되어 있었다. 우리는 그 자매의 집도 가끔씩 방문해 예배도 드리고 그랬는데 뛰어난 요리가인 그녀가 맛있는 브라질 전통음식인 훼이정(Feijão)과 훼이조아다(Feijoada)를 잘 요리해서 우리 가족을 대접하곤 했는데 아직까지 그 맛을 잊을 수가 없다.

Audelina 자매에게는 많은 자녀들이 있었는데 우리와 친밀한 관계에 있는 가족이 4가족이었고 우리집 아이들까지도 참 잘 지냈다. 그런데 그동안 미겔(Miguel) 형제는 날 찾으려고 20년 이상을 수소문을 해서 겨우 날 찾아내어 연락해서 이렇게 만나게 되었다고 하면서 날 끌어안고 울었다.

우리는 그동안 있었던 수많은 이야기들을 나누었고 에두아르도(Eduardo) 형제는 목사가 되어 훌륭하게 목회를 잘 하고 있다는 소식도 들으니 감개무량 했다. 도라(Dora) 자매는 어머니를 닮은 솜씨를 발휘해 브라질 전통 음식인 훼이정(Feijão)과 쌀사꼰 아로스(Salsa con Arroz) 그리고 샐러드(Ensalada)를 내 놓았고 집에서 키운 닭이 낳은 알도 튀겨서 내왔다. 내가 간절하게 축복하며 기도를 하고 식사를 시작했는데 모두 배부르게 먹었다.

이어지는 대화에 시간이 얼마나 흘러갔는지 몰랐다. 다음 방문 계획이 있어서 아쉽

미겔, 도라 부부와 쎄로 람바레에서 함께

쎄로 람바레 까시께(추장) 동상 앞에서

미겔의 집에서 사랑스런 MK부부와 함께

미겔, 도라 부부

지만 일어섰다. 미겔(Miguel) 형제가 언제 다시 올거냐 하고 묻는다. 내일을 기약할 수 없는 인생이기 때문에 정원에 있는 과라니어로 Yba.puŕu, 포어로는 yabuticaba 라고 부르는 이 맛있는 열매가 다시 열릴때 오겠다고 약속하고 일어났다. 그런데 이번에 미겔 부부가 나를 찾아온 것이다.

나는 작년에 사역지로 다시 돌아와서 이번에 그들을 두번째 만났는데 첫번째는 작년 4월에 나를 방문했던 MK(선교사 자녀) 부부와 함께 이과수 폭포를 방문하면서 그의 집에 들러서 교제하고 점심식사를 대접받았다.

나는 이번에 나를 방문한 그들을 한국사람들이 "아순시온의 남산"이라고 부르는 "쎄로 람바레(Cerro Lambaré)"로 데리고 가서 아순시온의 아름다운 정경을 보여주었다.

점심시간이 되었다. 나는 파라과이에서 유명하고 오래된 독일식당 웨스트팔리아(Restaurante Westfalia)로 데리고 가서 독일식 돼지족발 요리인 슈바인스학세를 대접했다. 그리고 내가 사는 집으로 데리고 가서 커피와 녹차를 마시며 이런 저런 지나간 이야기를 많이 나누었다. 그리고 보고 싶었던 옛 친구들의 소식을 묻고 연락처를 알아서 그 자리에서 전화도 하고 방문 일정도 잡으면서 다음 전도여행 코스를 계획했다.

새친구도 좋지만 묵은 친구, 오래된 친구는 더 좋다.

우리는 살아가면서 많은 사람을 만난다. 그러나 그 모든 사람을 친구로 만들 수는 없다. 그렇지만 마음을 나눌 수 있는 소수의 진실한 친구가 필요하다. 살아보니 결국 남는 것은 가족과 친구뿐이다. 친구도 그리스도 안에서 맺은 믿음의 친구들은 더욱 더 소중한 보물들이다.

나는 가진 것이 별로 없지만 사랑하는 가족과 친구들이 있으니 내가 진정한 부자라는 생각이 들었다.

선교의 동역자(Los compañeros misioneros)

선교사에게는 많은 선교의 동역자들이 있다. 가까이는 같은 지역에서 사역하는 선교사들과 선교본부와 후원교회, 그리고 가족을 비롯해 개인적으로 기도와 물질로 함께하는 후원자들이 있다.

또한 특별한 인연으로 하나님께서 선교에 동역자들을 붙여 주시는데 파라과이 델 에스떼에서 살고 있는 이병묵, 김동옥 집사 부부가 그 경우다.

내가 신학대학원을 졸업하고 본격적으로 사역을 시작한 후 지금까지 세어보진 않았지만 결혼 주례를 꽤 많이 했다. 국내 한국인, 파라과이 교포, 파라과이 현지인 등을

신실한 선교의 동역자 이병묵, 김동옥 집사 부부

주례했다. 이병묵, 김동옥 집사 부부는 내가 주례한 부부 중 한 커플이다. 보통의 경우 결혼한 처음 몇 해 동안 주례자에게 감사를 표현하는 경우는 있지만 감사를 지속하긴 어렵다. 그런데 내가 주례한 커플 중 딱 한 커플만 매년 내게 감사한 마음을 직접 표현하고 있다. 바로 이병묵, 김동옥 집사 부부다. 이들은 부모를 따라서 파라과이로 이민 온 이민자들로서 1990년 결혼 주례를 했는데 35년이 지난 지금까지도 감사를 표해오고 있다.

이 부부는 매년 결혼 기념일인 4월 11일에는 반드시 우리 부부를 초청해서 근사한 식사를 대접하고 정성스런 선물을 준비해서 주었다. 물론 내가 본부 사역을 위해서 한국에서 십년 이상 체류하는 동안에는 직접 만날 수는 없었기 때문에 전화 혹은 문자로 주례해 주어서 감사하다고 감사의 표현을 했다.

이집사 부부는 나에게는 혼인자와 주례자 관계를 넘어 중요한 선교의 동역자다. 마치 바울에게 있어서 브리스가와 아굴라 부부처럼 나의 신실한 선교 동역자로서 꼭 필요한 순간마다 도움이 되어주고 있다.

이들 부부는 사업에 크게 성공해 많은 돈을 벌었지만 늘 검소하게 살면서 섬기는 교회와 특히 선교사들에게는 아낌없이 베푸는 스타일이다. 내가 전도여행이나 설교를 부탁받아 델 에스떼를 방문하기라도 하면 자원해서 숙소나 편의시설을 제공하기도 하고 바쁜 시간을 내어 선교여행에 동행하기도 한다.

그는 섬기는 교회에 충성할 뿐만 아니라 개인적으로도 오랜 기간을 인디오 선교에 헌신하는 등 현지 선교사들에게도 많은 귀감이 되고 있다.

내가 파라과이로 돌아온 다음 해부터 결혼기념일 행사(?)는 계속되고 있다. 올해 4월 11일에도 함께 시간을 보내려고 한다. 내 생일이 바로 다음날인 4월 12일이기 때문에 함께 할 충분한 이유가 된다.

나의 신실한 선교 동역자인 이병묵, 김동옥 집사 부부에게 하나님께서 복으로 갚아 주시리라 믿는다.

5. 음식 문화(Cultura de la comida tradicional)

고난주간과 찌빠(Semana Santa y Chipa)

파라과이에서는 부활절 전의 한 주간을 고난주간으로 지킨다. 그들은 고난주간을 세마나 산따(Semana Santa)라고 부르고 고난주간의 하이라이트는 역시 금요일이며 비에르네스 산또(Viernes Santo: 성 금요일)라고 부른다.

이날은 육식을 금하며 불을 피워서는 안 된다. 그래서 전날에 찌빠(Chipa)라고 부르는 전통빵(누룩 없는 떡을 상징)을 미리 만들어서 금요일에 먹는다. 이것은 파라과이 가톨릭 신앙의 오랜 전통이다.

찌빠(Chipa)는 소위 카사바(Cassava) 혹은 유카(Yuca)라고 부르는 만디오까(Mandioca) 가루와 옥수수 가루를 섞고 거기에 우유를 넣어 빚은 반죽에 돼지기름과 파라과이 치즈(Queso paraguay), 그리고 회향(Anís)이라는 향신료를 첨가해 반죽한 것을 따따과(Tatacuá)라고 부르는 화덕에 넣어서 구워 내는 파라과이 전통 빵인데 고소하고 맛있다.

이 빵은 보통 꼬시도(Cocido)라고 부르는 따뜻

고난을 상징하는 예수 그리스도의 십자가

고난주간에 만들어 먹는 찌빠   찌바는 꼬시도와 함께 먹으면 더 좋다

한 음료와 함께 먹는데 꼬시도는 약초인 제르바 마떼와 설탕을 섞어서 불에 그슬리고 거기에 물을 붓고 끓이고 걸러서 만드는데 이것 또한 찌빠와 함께 파라과이에 오지 않으면 맛볼 수 없는 것들이다.

 수도 아순시온에서 76Km 떨어진 에우세비오 아잘라(Eusebio Ayala)지역 근처에는 마리아 아나 찌빠 가게(Chipería María Ana)가 있다. 나는 이곳을 지날 때면 파라과이에서 가장 유명하고 맛있는 이 찌빠 가게를 그냥 지나칠 수가 없다. 그 외에도 찌빠 산토 도밍고(Chipa Santo Domingo), 찌빠 레티시아(Chipa Leticia), 찌빠 델 보가도(Chipa del Bogado) 등 지역별로 맛있는 찌빠가 있다.

 나는 이 찌빠로 새로운 음식을 만들어 보았다.

 베이글처럼 생긴 찌빠를 옆으로 해서 반으로 자르고 그 속에 치즈를 깔고 그 위에 내가 직접 만든 특제 소스를 얹어서 전자렌지에 1분간 구우니 멋진 새로운 찌빠가 만들어졌다.

 소스는 양파와 토마토, 피망 그리고 햄을 잘게 썰어서 버터와 올리브유 그리고 백포도주를 조금 섞고 소금, 흑후추, 붉은 후추를 뿌려가면서 볶으면 감칠맛 나는 소스가 된다. 독자들께서도 한번 시도해 보시길 권한다.

마떼와 떼레레(Mate y Tereré)

파라과이는 전통적인 약초국가다. 본래 이 땅에서 살던 원주민인 인디언들은 거의 모든 병을 약초로 다스렸다. 약초로 쓰던 여러 종류의 풀들은 약용으로 쓸 뿐만 아니라 음용으로도 사용했다. 즉, 매일 마시는 음료수를 차의 형태로 발전시킨 것이다.

파라과이는 아열대 기후에 속한 나라라 연중 덥다. 그래서 사람들은 파라과이의 날씨를 일컬어 더운 날씨, 더 더운 날씨, 아주 더운 날씨만 존재한다고 우스갯소리를 한다. 날씨가 더워 땀을 많이 흘리기 때문에 수분을 많이 섭취해야 한다.

마떼(Mate)는 제르바(Yerba)라는 약초의 잎을 건조시켜 분말 형태로 만든 것에 뜨거운 물을 부어서 우려낸 물을 마시는 것이고 주로 추운 날 아침과 저녁에 마신다. 떼레레(Tereré)는 거기에 반대로 시원한 물을 부어서 마시는 것을 말하는데 낮에 더울

제르바(약초 분말)와 떼르모(물통)

제르바(약초 말린 것)

괌빠에 물을 붓고 있다

떼레레용 약초를 만들고 있다

땐 갈증해소로 그만한 게 없다.

이것을 마시는 도구로는 떼르모(Termo)라는 물통과 괌빠(Guampa)라는 차통, 그리고 봄빌랴(Bombilla)라는 빨대를 사용하는데 마시는 방법은 제르바를 넣은 괌빠에 봄빌랴를 꽂아서 그 위에 더운 물 혹은 찬물을 조금씩 부어서 우려내 마신다.

이 전통차를 마시는 방법은 여럿이 함께 돌아가면서 한 빨대를 가지고 마시는데 보통 그 가운데 제일 나이 어린 사람이 서빙(serving)을 한다. 연장자부터 시작해 차례대로 시계방향으로 돌아가면서 물을 부어서 주면 마시고 다시 돌려주면 또 물을 부어 그 다음 사람에게 줘서 마시기를 반복한다. 이 비위생적으로 보이는 방법에 처음 보는 외국인은 기겁을 하지만 현지인들은 이 나눔을 통해서 하나가 됨을 느끼기 때문에 공감을 위해 매우 중요하다. 그래서 선교사들은 그들과 친구가 되기 위해서 기꺼이 이 고난(?)을 택한다.

그러나 꼭 이런저런 사람들과 함께 마셔야 하는 것은 아니다. 혼자서 즐길 수 있고 혹은 부부끼리 마셔도 좋고 가족끼리 마시면 참 좋다. 수백 년 동안 내려온 전통적인 건강 음료이기 때문에 누구든 파라과이를 대표하는 마떼(Mate)와 떼레레(Tereré)를 이곳에 오셔서 문화 체험으로 꼭 한 번 경험하실 수 있기를 바란다.

토요일은 구운 통닭(Pollo asado)과 파라과이 소빠(Sopa paraguaya) 먹는 날

파라과이는 요일마다 즐겨 해먹는 요리가 따로 있는데 토요일은 구운 통닭(pollo asado)과 파라과이 소빠(Sopa paraguaya)를 먹는 날이다.

오늘 뭘 사려고 숙소 근처를 다니다가 통닭을 구워서 파는 집을 발견했다. 얼마나 반가운지.. 당장 방금 화덕에서 장작으로 구운 맛있는 통닭과 파라과이 전통 음식인 파라과이 소빠(Sopa paraguaya)를 샀다.

토요일에 먹는 구운 통닭과 소빠, 그리고 과라나 음료

소빠(sopa)는 영어로 수프(soup)라는 뜻인데 국물에 건더기와 양념을 더한 음식으로 우리말로는 국이다. 그런데 파라과이 소빠는 액체로 된 수프가 아니라 고체로 된 빵이다. 세계적으로 유일한 고체 수프(la sopa sólida)인 셈이다. 이것은 옥수수(maíz)와 만디오까(mandioca)가루에 파라과이 치즈(el queso paraguay)를 버무려 장작불로 굽는다. 얼마나 맛이 좋은지 모른다.

맛을 찾아서 전 세계를 다니는 맛칼럼니스트들은 파라과이를 한번 다녀가야 한다. 숨겨진 맛있는 전통 음식들로 즐비한 이곳에서 새로운 맛을 느낄 것이다. 남미는 볼거리, 먹을거리가 풍성한 선교지다. 영육 간에 추수할 곳이 많은 곳이다. 최근에 남미에서 파라과이가 제일 치안이 좋고 경제가 안정되어 있는 나라로 급부상하면서 세계적인 기업들이 몰려오는 추세다. 최근에는 지인이 오픈한 베트남 쌀국수집이 대박을 치고 있다.

물 들어올 때가 고기잡이에 적격인 때라는 말처럼 남미의 심장, 땅끝 파라과이는 황금어장이다. 지금 더 많은 헌신자들이 필요하다. 하나님이 나를 이 나이에 왜 다시 파라과이로 보내셨는지 알 수 있을 것 같다.

주여, 이곳에 추수할 일꾼을 많이 보내 주옵소서!

파라과이 사람들의 아침식사(El desayuno Paraguayo)

스페인어에서 '아침식사'를 데사주노(Desayuno)라고 한다.

이 단어는 두 단어의 합성어인데 'des-부정의미의 접두사'와 'ayuno-금식이라는 명사'가 결합되어 만들어진 단어다. 영어로 말하자면 breakfast(아침

식사)가 break(깨다)와 fast(금식)의 합성어인 것처럼 말이다. 이렇듯 스페인어와 영어 공히 "건강한 삶을 위해서 아침식사는 절대로 굶지 말라"는 의미로 받아들여도 좋지 않을까 싶다.

파라과이 사람들은 아침식사로 흔히 찌빠(Chipa)와 꼬시도(Cocido)를 먹는다.

찌빠는 반죽을 둥근 고리 모양 혹은 다른 형태로 빚어서 장작 화롯불로 데운 화덕(Tatacuá)에 넣어서 구워 내는 파라과이 전통 빵인데 반죽은 옥수수(Maíz)가루, 만디오까(Mandioca) 가루, 치즈(Queso Paraguay), 우유(Leche)에 돼지기름을 조금 넣고 치대어 만든 반죽을 구워서 만든다.

찌빠에 들어가는 향신료는 아니스(Anís)인데 성경에는 회향이라고 표현하고 있다. 처음에는 우리 입맛에 안 맞고 독특한 향에 거부감을 느끼는 사람들이 있으나 나중에는 그 맛에 매료되어 다른 곳에 가서도 늘 생각나는 빵이다.

꼬시도(Cocido)는 제르바(Yerba)라는 약초(마떼와 떼레레의 원료) 분말을 숯불에 그

을린 것에 물을 부어 체에 걸러서 설탕을 넣고 우유를 넣어 만든 차다. 얼마나 고소하고 영양가가 풍부한지 모른다.

사람들은 보통 이 두 가지를 가지고 간단하게 아침 식사를 한다. 물론 요즘은 빵과 커피로 아침식사를 하는 사람들이 많이 늘었다. 그러나 여전히 파라과이 사람들에게 있어서 이 음식은 고향의 맛과 같은 것이고 해외에서 사는 파라과이 사람들은 누구든지 예외 없이 이 찌빠(Chipa)와 꼬시도(Cocido)를 그리워한다. 이 나라에서 자란 내 자녀들은 미국과 필리핀에서 살고 있지만 지금도 이 빵을 그리워한다.

파라과이 사람들에게 찌빠(Chipa)와 꼬시도(Cocido) 같은 존재, 나도, 모든 그리스도인들도 사람들이 누구든지 좋아하고 그리워할 수 있는 그런 사람이 되면 좋겠다.

파라과이 사람들은 보통 찌빠와 꼬시도 한잔으로 간단한 아침식사. 제르바를 볶거나 불에 그을려서 우려낸 물에 우유를 섞으면 훌륭한 꼬시도가 된다

엠빠나다와 또르띨랴(Empanada y Tortilla)

파라과이 음식 가운데 파라과이 사람들이 일상적으로 먹는 음식이 또 있는데 그것은 엠빠나다(empanada)와 또르띨랴(tortilla)다. 엠빠나다와 또르띨랴는 중남미의 다른 나라에도 있지만 재료나 맛 그리고 모양에서 차이가 많다.

엠빠나다(empanada)는 우리로 말하자면 튀김 만두, 혹은 구운 만두 같은 것인데 속에 넣은 내용물에 따라 소고기 엠빠나다 (empanada de carne), 햄과 치즈 엠빠나다

파라과이 군만두 엠빠나다와 부침개 또르띨랴

(empanada de jamón y queso), 닭고기 엠빠나다(empanada de pollo), 옥수수 엠빠나다(empanada de choclo) 등으로 불린다.

또르띨랴(tortilla)는 멕시칸 또르띠야와는 전혀 다르다. 파라과이 것은 우리로 말하자면 부침개 같은 것인데 밀가루, 기름, 치즈, 양파, 우유를 섞어서 묽게 반죽해 기름에 튀기는데 고소한 맛이 일품이다. 이것을 보통 만디오까(mandioca)와 같이 먹는데 커피와 함께 먹어도 좋지만 역시 전통적으로는 꼬시도(cocido)와 함께 먹어야 제대로 된 맛을 즐길 수 있다.

"문화를 알면 선교가 보인다"라는 말이 있다. 그만큼 문화가 선교에 미치는 영향은 크다. 그런데 어느 나라의 문화를 알려면 그 나라의 전통음식을 먹어봐야 한다. 음식 속에 모든 것이 녹아 있다. 모름지기 선교사는 그 나라 음식을 꼭 먹어봐야 선교가 제대로 된다고 강조하고 싶다.

가끔씩 선교지를 방문하시는 분들 가운데 반드시 된장과 고추장을 챙겨 다니시는 분들이 있다. 현지 음식이 입에 안 맞다고 한국 음식만 찾는다. 그러나 선교사는 그 나라의 방문객이 아니라 그 나라에서 살아야 하는 사람이기 때문에 현지 음식을 극복해야 하며 더 나아가서 현지 음식을 즐겨야 한다.

음식의 파라다이스 파라과이. 음식과 선교.. 두 마리의 토끼를 잡자!

밀라네사(Milanesa), 찌빠과수(Chipa Guazú), 만디오까(Madioca), 과라나(Guaraná)

오늘의 소개할 메뉴는 밀라네사(Milanesa), 찌빠과수(Chipa Guazú), 만디오까(Mandioca) 그리고 과라나(Guaraná) 음료다.

밀라네사(Milanesa)는 또르띠야(Tortilla)와는 달리 부침개 속에 고기가 들어있다. 이 밀라네사는 닭고기 편육이 들었지만 닭고기 대신에 쇠고기를 넣기도 하고 생선살 등 다른 고기 종류를 넣기도 한다.

찌빠과수(Chipa Guazú)는 빠라과이 소빠(Sopa paraguaya)와는 달리 옥수수(Maíz) 가루 대신에 옥수수를 입자를 굵게 갈아서 만든 쪼클로(Choclo)에 치즈(Queso)와 약간의 돼지 비계(Grasa de cerdo)를 넣고 반죽한 것을 화덕에서 구워 낸 것이다.

만디오까(Mandioca)는 파라과이에서만 재배되는 뿌리 식물은 아니지만 파라과이에서 생산되는 만디오까가 가장 건실하며 크고 맛이 좋다. 만디오까는 다른 지역에서는 카사바(Cassava), 혹은 유까(Yuca)라고 부르는데 100% 전분으로 되어있다. 맛은 고구마와 감자의 맛을 섞어놓은 듯한 맛인데 이걸 삶아서 고기를 넣어 만든 음식과 함께 먹으면 잘 어울린다.

과라나 음료(Bebida Guaraná)는 브라질 아마존(Amazona) 정글에서 나는 과라나(Guaraná) 나무의 열매에서 추출한 성분을 가지고 음료수로 개발한 것인데 옛날부터 정글의 인디언들이 밤새 행군할 때 만들어 마시던 강장제에서 비롯되었다고 한다. 한국에도 몇 년 전부터 수입해서 대형 수퍼마켓에서 팔고 있다.

이렇게 파라과이의 전통적인 음식을 소개하는 이유는 하나다.

성경에서 예수님의 제자인 빌립이 나다나엘에게 예수님을 소개할 때 길게 설명하지 않고 "와 보라"고 했던 것처럼 파라과이에 오셔서 이 환상적인 음식들을 직접 맛보시고 이런 음식도 좋지만 "사람이 떡으로만 살 것이 아니요 하나님의 입에서 나오

오늘의 점심 메뉴 밀라네사, 찌빠과수, 만디오까 그리고 과라나 음료

는 모든 말씀으로 살리라(마 4:4)"는 말씀이 진리임을 함께 선교를 통해서 증명해 보자는 것이다.

가을 전어와 아사도(Asado)

한국 사람들은 전어를 소개할 때 "집 나간 며느리도 돌아오게 하는 가공할 만한 맛"이라고 소개한다. 파라과이에서 아사도(Asado)가 그런 위치다. 전어는 가을 전어를 최고로 치지만 파라과이 아사도(Asado)는 연중 그 어느 때도 맛있다.

아사도(Asado)는 라틴아메리카 남부의 목동인 가우초(Gaucho)들이 해먹던 바비큐에서 유래했다. 아사도는 소고기, 돼지고기, 닭고기, 양고기, 조리소(소시지), 모르실랴(피 소시지) 등 다양한 부위의 고기를 참나무 또는 숯 불 위에서 천천히 익히는 것을 말한다. 고기에는 굵은 암염과 레몬즙만을 뿌리고, 너무 뜨겁지 않는 불에서 오랜 시간동안 부드럽고 촉촉하게 익을 때까지 굽는다.

아사도(Asado)와 함께 하는 아침식사

  오늘은 소 부위 중 갈비에 해당되는 꼬스띨랴(Costilla)와 뱃살에 해당되는 바시오(Vacío) 구이를 직접 만들어서 먹었다. 파라과이의 육류는 대부분 광활한 목초지에 방목해서 키운 소를 도축하기 때문에 좀 질기긴 하지만 들풀과 각종 약초를 뜯어먹고 자란 소들이라 영양이 풍부하다. 그리고 이 고기에 맛을 들이면 사료를 먹여 키운 소의 부드러운 고기는 별로 맛이 없게 느껴진다.

  여기에 만디오까(Mandioca)를 삶고 채소 샐러드(Ensalada de Verduras)를 양념해서 버무리고 콜라와 함께 먹는다. 주로 주말이나 공휴일에 집에서 가족과 친구들이 모여서 놀면서 아사도(Asado)를 구워서 함께 즐긴다. 가까운 지인인 어떤 목사님은 오래 전 남미 선교대회에 참석했다가 파라과이 아사도(Asado)를 맛보고는 그 환상적인 맛을 잊지 못해 십 수 년 동안 나만 보면 아사도(Asado) 타령을 한다. 그만큼 아사도는 파라과이를 대표하는 맛이다.

  이쯤에서 한번 생각해 보자. 사람들이 나 자신을 보면 가을 전어를 반기듯이 찾는가? 또, 누구든지 아사도(Asado)를 좋아하는 것처럼 사람들이 나를 좋아하는가? 가을 전어 같은 사람, 아사도(Asado)같은 사람이 되고 싶다.

무게로 달아서 파는 음식(La comida que se vende por Kilo)

파라과이에 음식을 무게로 달아서 파는 식당이 있다. 식당 한 코너에 여러 가지 음식을 만들어 놓고 각자 먹고 싶은 음식을 골라 용기에 담아서 카운트로 가지고 가면 무게를 달아서 그 무게에 해당하는 값을 계산해서 받는 방식으로 식당을 운영한다. 내가 기억하기로 한국에서는 김천 휴게소에서 그런 음식점을 이용해 본 적이 있다. 파라과이뿐만 아니라 이웃 브라질이나 아르헨티나에도 이런 방식으로 음식을 파는 식당들이 많다. 이 음식을 식당에서 먹기도 하고 포장해서 집으로 가져가서 먹기도 한다.

무게로 달아서 파는 음식

그런데 재미있는 것은 여기에 이벤트가 있다는 것이다. 누구든지 먹고 싶은 음식을 용기에 담아 계량기 위에 올려놓을 때 정확하게 1kg면 돈을 안 받는다. 하지만 음식 1kg은 결코 적은 양이 아니다. 공짜로 먹으려고 많이 담으면 넘친다. 조심스럽게 담다 보면 약간 모자란다. 그러면 돈을 내야 한다. 그러면 그 무게에 해당하는 음식값을 지불해야 한다. 나는 파라과이에서 살면서 이런 형식의 음식을 사 먹으면서 몇 번 이벤트에 도전했는데 딱 한 번 당첨되어 맛있는 음식을 공짜로 먹은 적이 있다. 그러나 이 이벤트를 즐기면서 얻는 교훈은 너무 욕심을 부리면 안 되고 뭐든 적당한 것이 좋다는 것이다.

많은 미국 사람들이 수퍼볼 복권에, 한국 사람들은 로또 복권에, 파라과이 사람들은 빙고 롯데리아에 미쳐 있다. 적은 돈으로 일확천금을 노리는 것이다. 우리는 수천억 상금의 복권에 당첨된 사람들의 결과가 어떻게 되었는지에 대한 그들의 불행한 결말

이야기를 듣지만 나만은 절대로 그렇지 않으리라고 생각한다.

그러나 우리는 우리만이 아는 비밀이 있다. 수퍼볼 복권이나 로또 복권이나 빙고 롯데리아와는 비교할 수 없는 천국에 들어갈 수 있는 영생의 복권에 이미 당첨이 되었다는 사실이다. 이것은 돈을 주고 복권을 사서 당첨이 된 것이 아니라 나의 죄를 대신하여 죽으신 예수 그리스도의 보혈을 믿기만 했는데 주신 복이다. 선교는 이 엄청난 비밀이 성경에 기록되어 있고 그 사실을 알지 못하는 사람에게 전하는 것이다. 그것이 내가 여기에 있어야 할 이유다.

츄라스카리아(Churrasquería)

브라질식 뷔페식당인 츄라스카리아는 선교사들이 이용하기에는 우선 가격에 대한 부담이 크기 때문에 좀처럼 이용하기가 쉽지 않다.

델 에스떼 사역지를 떠나기 전 사랑하는 KPM 후배 선교사들과 이 식당에서 함께 식사를 즐기며 좋은 시간을 가졌다.

츄라스카리아(Churrasquería)는 소, 돼지, 닭, 양, 생선 등의 고기를 다양하게 부위별로 불에 구워서 고객들에게 무한 리필 하는 식당을 말하는데 말하자면 파라과이식의 아사도(Asado) 식당에 해당한다.

한국에서는 고기뷔페 식당쯤 되는데 한국과는 많이 다르다. 불에 구운 고기를 종업원이 들고 와서 원하는 부위를 원하는 만큼 잘라서 접시위에 올려준다. 그 밖에 여러 종류의 셀러드나 각종 다양한 음식들이 풍성하게 차려져 있어서 마음껏 골라서 즐길 수 있다.

주문하는 방법도 좀 특이하다. 식탁위에 나무로 만든 작은 패가 있는데 양쪽에 녹색과 적색 두 가지 색이 칠해져 있다. 녹색 쪽으로 뒤집어 놓으면 고기를 가지고 오라는

종업원이 테이블마다 다니며 원하는 만큼 고기를 잘라 준다

다양한 종류의 고기가 무한 제공되는 브라질식 고기 뷔페식당 츄라스카리아(Churrasqueria)

표시로 알고 저쪽에서 구운 각종 부위의 고기를 가지고 대기하며 고객을 바라보고 있던 종업원이 즉시로 가지고 온다. 먹는 동안에 잠시 고기를 가져오는 것을 중단하려면 패를 뒤집어서 적색 쪽으로 놓으면 바로 고기를 가져오기를 멈춘다. 이렇게 음식 배달을 조정한다. 이게 참 재미있다. 어느 정도 적당하게 식사를 마칠 때면 계피가루와 설탕을 바른 파인애플(Piña)을 구워서 가져와 잘라준다. 이것을 먹으면 식사가 끝난다.

한국에도 브라질식 고기뷔페 식당이 대도시에 있고 주로 현지에서 현지인들을 데리고 와서 운영하고 있지만 우선 재료들이 다르고 한국인의 입맛에 맞도록 변형시켜서 본연의 맛을 느낄 수 없다.

그리고 현지에서보다 물론 가격이 너무 비싸다. 남미나 파라과이를 여행하는 분들은 저렴한 가격으로 오리지널 음식을 맛볼 수 있다.

파라과이 망고와 브라질 망고(Mango Paraguayo y Mango Brasileño)

망고(Mango) 과일은 알러지가 있는 사람을 제외하고는 국적을 불문하고 누구나 좋아한다. 망고는 본래 원산지가 말레이반도, 미얀마, 인도 북부 등 주로 동남아시아 지역인데 지금은 열대지역 세계 곳곳으로 퍼져 가장 많이 재배되고 있는 열대 과일 중 하나다. 망고는 씨가 중앙에 위치한 핵 과류 과일의 하나로 씨의 크기가 다소 큰 편이다. 주로 5~10월에 성숙하며, 비타민 A와 엽산 함유량이 높다. 망고는 주로 과육을 생으로 많이 섭취하며, 갈아서 주스, 드레싱, 수프 등 다양하게 활용된다. 또 오래 보관하기 위해서 말린 망고(dried mango)로 만들어 팔기도 한다.

내가 파라과이에 와서 가장 많이 먹은 과일이 망고다. 망고의 종류가 수 십 가지가 넘는다고 들었는데 일반적으로 한국에서는 주로 필리핀이나 태국에서 망고를 들여와서 팔기 때문에 그 맛이 모든 망고의 맛으로 알지만 아니다! 남미의 망고, 특히 파라과이의 망고를 맛보면 얼마나 달고 맛있는지 먹어본 사람만이 안다. 파라과이에서 흔히 마트나 수퍼마켓에서 사 먹는 망고는 대부분 브라질 망고다. 크기도 하고 맛도 좋지만 가격이 만만치 않다. 주로 과육을 먹거나 샐러드로 먹는다.

반면에 파라과이 망고는 브라질 망고에 비해 크기가 아주 작다. 비유하자면 브라질 망고는 덩치가 크고 잘 생긴 도시 남자라면 파라과이 망고는 작고 보잘 것 없이 보이는 시골 남자다. 파라과이에서는 어느 집이나 망고 한 두 그루쯤은 키우기 마련인데 규모 있는 마트에는 잘 팔지 않고 재래시장에서 박스채로 파는데 4~5 달러만 주면 한 박스씩 살 수 있다.

브라질 망고는 껍질 채로 중앙에 있는 씨를 비켜가며 세로로 잘라서 칼집을 내어 고급지게 네모형으로 잘라서 먹거나 또는 수저로 파먹는다. 소위 애플망고라고 부르며 알도 굵고 과육도 많이 추출할 수 있으며 모양도 예쁘다. 반면에 파라과이 망고는 흔하고 모양도 작고 과육에 섬유질이 너무 많아서 과육을 그대로 섭취하기에는 어렵다.

파라과이 망고와 브라질 망고

망고 껍질 속 섬유질 비교

파라과이에는 망고 나무가 도처에 널려 있다

하지만 파라과이 망고는 어느 망고도 따라갈 수 없는 당도를 가지고 있어서 잼을 만들기 위해서는 이만한 게 없다.

파라과이 망고는 실타래처럼 얽힌 섬유질 때문에 과육으로 섭취하긴 적합하지 않지만 이것을 깨끗이 씻어서 손으로 살살 돌려가며 부드럽게 만지면 금방 홍시처럼 말랑말랑 해진다. 이것을 냉장고에 넣어서 시원하게 식힌 후 꺼내어 꼭지에 칼로 흠집을 내고 입을 대어서 쪽쪽 과즙을 빨아먹으면 그야말로 기가 막히다 그래서 나는 개인적으로 파라과이 망고를 더 좋아한다.

우리도 인생을 살면서 겉으로만 보고 사람을 판단하기가 얼마나 쉬운가? 용모, 스펙, 사회적인 지위, 재산여부 등으로 사람의 등급을 매기는 실수를 종종 범한다. 그러나 하나님은 겉으로 드러난 모습보다는 내면의 아름다움을 더 귀하게 보신다. "하나님의 시선(La vista de Dios)" 바로 이것이 내게 필요하다. 주여, 내게 하나님의 시선을 주옵소서. 하나님의 시선이 지금 머무는 곳은 어딘지, 하나님이 지금 들여다보고 계시는 그곳에 무엇이 있는지 나도 깨닫게 하옵소서. 그래서 하나님의 관심이 내 관심이 되고 하나님 하시고자 원하시는 그 일에 수종 들게 하옵소서.

파라과이 비아그라는 망고 껍질에(El Viagra paraguayo en la cáscara de mango)

망고 이야기가 나온 김에 망고 이야기를 하나 더 하자면, "망고 껍질이 파라과이 사람들에게는 비아그라와 같다"고 하면서 많이 섭취하라는 기사가 파라과이 최대 일간지인 "el diario ABC color"에 실렸다. 그 이유가 무엇인지 원예학자(horticultor)인 Armando Barreto(아르만도 바레또)씨는 그의 연구조사 결과를 이렇게 발표했다.

"우리가 망고를 섭취할 때 쉽게 간과하는 것은 많은 과일들이 그렇듯이 비타민과 기초 영양소들이 듬뿍 든 껍질을 버리고 과육만 먹는다는 사실이다. 특히 망고 껍질에는 건강한 성생활을 위한 성호르몬을 생산하고 분비를 촉진시키는 기능 성분이 들어 있으니 이제는 껍질을 버리지 말고 많이 먹으라."

우리가 아는 대로 아연과 마그네슘은 성호르몬을 생산하고 촉진시키는데 필요한 요소인데 망고 껍질에는 이 요소들이 많이 포함되어 있다. 그런데 망고 껍질은 맛과 향이 뛰어나지만 섭취 하기엔 좀 번거로울 수 있으니 이렇게 하라고 그는 조언했다.

망고를 깨끗이 씻어서 껍질을 벗겨서 말린다. 마치 감이나 사과 혹은 귤껍질을 벗겨 말리는 것처럼 충분히 말린 뒤에 빻아서 가루로 만들어 음식에 넣어서 먹거나 파라과이인들이 전통 음료인 마떼나 떼레레를 마실 때 제르바와 섞어서 마신다. 아니면 말린

건강한 성생활에 도움을 준다는 말린 망고껍질

망고 껍질을 조각 내어 끓는 물에 10분쯤 담궈 놓은 후 우려낸 차를 마신다.

파라과이의 1,2월은 망고철이다. 먹음직하고 보암직한 망고들이 주렁주렁 달려있고 값도 싸다.

달콤한 과육과 함께 껍질까지도 차로 만들어 먹을 수 있고 망고 껍질에 성호르몬을 생성, 분비, 촉진시켜 건강한 성생활에 도움을 주는 성분이 들어있다는 연구 결과가 언론 매체를 통해 알려졌으니 올해 파라과이 망고시장은 대박을 치리라는 생각이 든다.

뺑지께이조(Pão de queijo)

오늘은 뺑지께이조(Pão de queijo)로 맛있는 점심식사를 했다.

뺑지께이조(Pão de queijo)는 빵의 한 종류인데 이 빵의 원조국은 파라과이가 아니라 브라질이다. 따라서 브라질에서는 뺑징요(Pão zinho: 작은 빵이라는 뜻)와 함께 국민 빵으로 잘 알려져 있다.

뺑지께이조는 카사바라고도 불리는 만디오까 가루인 타피오카(tapioca)로 만든다. 뺑징요와는 달리 밀가루를 넣지 않고 만든다. 이 빵은 본래 포르투갈이 브라질을 식민 통치하던 시절에 미나스 제라이스(Minas Gerais)주에서 노예들이 귀족 농장주에게 구워서 드렸던 빵이다. 처음에는 전통적인 방법으로 빵(Pão)속에다가 따로 치즈(Queijo)를 넣어서 먹었는데 어느 날 농장주가 노예에게 "빵을 반죽할 때 아예 치즈를 같이 섞어서 빵을 구워보라"고 시켰더니 과연 고소하고 감칠맛이 나는 치즈빵인 뻥지께이죠(Pão de queijo)가 이 세상에 그 모습을 드러냈다고 한다.

섞어야 한다. 섞여야 한다. 선교사들도 현지인에게 섞여야 한다. 그러면 누가 내게 "아니, 현지인에게 섞이지 않는 선교사도 있다는 말입니까?"라고 물을 것이다. "있습니다"라고 대답하고 싶다. 한국 초창기에도 외국인 선교사가 조선교회와 조선인들에게 섞인 선교사들과 그들끼리만 따로 노는 선교사들이 있었다. 그것이 구체적으로 무엇을 의미하는지에 대해서는 설명이 길어지겠지만 결론은 현지인에게 섞이고 동화된 선교사들이 훗날 선교지의 사람들에게 고마움과 존경을 받는 선교사로 역사에 기록이 되었다.

이 원리는 지금도 변함이 없다. 세계의 각 선교지에도 동일하게 적용이 된다. 우리는 한국인 선교사이기 때문에 한국인으로서의 분명한 정체성을 가지는 것은 맞지만 선교사로서 사역지에 와서는 우리 예수님처럼 현지에 동화된 성육신의 선교를 해야 한다.

예수님은 하나님의 아들(el Hijo de Dios)로서의 분명한 정체성을 가지고 계셨고 하늘의 문화(la Cultura celestial)에 익숙하신 하나님이셨지만 성육신(Encarnación)하셔서 이 땅에 오신후에는 자신을 "인자(el Hijo del Hombre)"로 칭하셨다. "하나님의 아들"이 "사람의 아들"이 되신 것이다.

선교사는 모름지기 선교지에서 "작은 예수(el pequeño Jesús)"로서 예수님의 성육신을 자신의 몸으로 살아내고 현지인들에게 보여주어야 한다. 선교사는 현지인에게 가르칠 것도 있지만 배울 것은 훨씬 더 많다. 우리는 선교지에 한국교회를 세우러 온 사람이 아니다. 선교지에서 현지인과 함께 살면서 그 문화 속에 현지에 맞는 그 하나님의 말씀을 현지에 심어주어야 한다.

파라과이 전통 치즈빵 뻥지께이조

　복음을 드러내어 전할 수 없는 강력한 이슬람이나 공산권 등 창의적 접근지역의 선교지가 아니라면 대부분 현지인 사역자들의 연합모임 같은 것이 있다. 선교 현지에서 선교사는 외롭다. 그래서 가끔 지역마다 한인선교사들의 모임이 있어서 위로가 되기도 한다. 여기에 참석하여 연합하고 교제하는 즐거움도 누릴 뿐 아니라 특히 강조하고 싶은 것은 현지인 사역자들과 어울리며 현지인교단 교회와 연합하여 모이는 모임에 적극적으로 참여해 외국인 선교사가 현지인 사역자의 영역을 침범하는 자가 아니라 함께 협력해 하나님의 뜻을 이 땅에 이루는 조력자로 환영받는 자가 되어야 할 것이다.

소박한 파라과이 전통음식점 소개

(Introducción a un sencillo restaurante tradicional paraguayo)

글로벌 시대인 현대에 먹거리에 있어서 오리지널을 보기 어려운 시대가 되었다.

그리고 굳이 현지에 가지 않아도 현지보다 더 맛있게 요리해서 파는 음식점들이 많다. 그래서 어떤 분이 "세계에서 가장 맛있는 한식을 먹고 싶으면 로스앤젤레스(Los Angeles)로 가라. 거기에 다 있어"라고 하는 말을 들은 적이 있다. 또 퓨전요리가 개발되어 국적을 알 수 없는 음식들이 쏟아져 나온다.

그런데 이 퓨전요리의 한계는 이것이다. 우선 수명이 짧다. 감칠맛으로 미식가들의 입맛을 사로잡아서 소위 대박을 쳐도 새로운 퓨전요리가 등장하면 기세가 꺾이고 사라진다. 그리고 너무 자극적인 재료와 양념으로 무장된 그 맛에 금방 질린다. 우리의 미각도 다른 기관에서 자극을 받는 것처럼 더 강한 자극을 원한다. 그러다가 건강을 해칠 수도 있다.

그러나 오리지널은 영원하다. 비록 화려와는 거리가 멀고 별로 세련되지 못하고 소박하게 보이지만 자극적이지 않은 그 은은한 본연의 맛은 늘 살아있다. 그리고 언제나 그 자리에서 고객을 기다리며 전통음식으로 역사를 이어간다는 자부심으로 버틴다.

파라과이 대통령궁에서 중앙대성당 쪽으로 가다가 오른편에 보면 1953년에 문을 열어 올해로 70년째 영업을 하는 리도바르(Lido Bar)가 있다. 마치 한 우물을 파듯이 같은 장소에서 오랜 세월동안 파라과이의 전통음식들만 만들어서 파는 식당으로 유명해서 가 봤다. 1층은 바(Bar) 형식으로 되어 있어서 주류나 음료수도 팔고 간단한 식사도 즐길 수 있으며 2층은 좌석 배치가 일반 레스토랑 같이 되어 있어서 1층에서 주문한 음식을 2층으로 가져가서 먹을 수 있다.

오늘 일행들과 함께 주문한 음식의 이름은 모두 세 가지인데, 닭고기 수프(Caldo de pollo), 소고기 치즈 죽(Bori bori) 그리고 찌빠과수(Chipa guazu)다. 이 세 가지 음식의 공통점은 모두 옥수수 가루가 들어간다는 점이다. 조미료를 강하게 쓰지 않기 때문에 그 맛이 감칠맛은 아니지만 오히려 담백하고 영양가가 풍부하며 위에 부담을 전혀 주지 않는 맛있는 음식이었다.

나를 포함해서 말씀을 전하는 자들이 말씀을 준비할 때 받을 수 있는 유혹은, 이전

72년 전통 음식점 리도바르(Lido Bar)

닭고기 수프(Caldo de pollo)

소고기 치즈 죽(Bori bori)

그리고 찌빠과수

에 청중들이 한 번도 들어보지 못했던 설교를 해보고 싶은 유혹이다. 자주 듣던 말씀은 이미 청중의 귀에 식상하게 들려지리라 혼자 단정한다. 그래서 온갖 주석을 뒤지고 용케도 귀퉁이에 있는 것들을 끄집어낸다. 그리고 그 본문에 대해 새롭게 해석한 자료들을 모은다. 그리고 화려하고 감동적인 예화들을 찾아서 삽입하고 더 강한 자극을 위해 온갖 양념을 부어서 비비고 볶아서 그야말로 퓨전설교를 만든다. 퓨전 음식을 만들어서 배고픈 청중들에게 어서 이걸 먹이고 싶어 주일을 기다린다. 과연 이래도 될까? 배탈이 안날까? 청중이 자꾸만 또 다른 새로운 말씀, 자극적인 설교를 기대하면 어떻게 될까?

순수한 복음과 성경에 기록된 하나님의 말씀은 마치 전통음식과 같고 매일 먹는 평소의 일용할 양식과 같다. 평범한 것이 좋다. 늘 먹던 음식이 우리의 건강을 유지시킨다. 너무 감칠맛이 안 난다고 아쉬워하지 말라. 성경의 원재료에서 기도와 묵상을 통해 전통요리 같은 소박하고 담백하게 준비한 설교자의 설교가 영혼을 살린다. 나도 그런 전통요리 설교가가 되고 싶다.

파라과이 슈바인스학세(Schweinshaxe) 요리

파라과이의 오래된 맛집과 대표적인 음식 하나를 소개한다.

나는 오래전에 이 음식을 한번 먹어보고 그 맛에 반해서 오랜 세월이 지나도 잊혀지지 않았다. 지난번에 미국을 방문했을 때 독일인촌을 방문했는데 독일 정통요리를 잘하기로 유명한 그 식당이 그날 마침 아쉽게도 문을 닫아서 맛보지 못했던 그 요리를 오늘 드디어 아순시온에 있는 독일식당 웨스트팔리아(Restaurante Westfalia)에서 맛보게 되었다. 이 음식의 이름은 바로 슈바인스학세(Schweinshaxe)다.

슈바인스학세(Schweinshaxe)의 이름은 독일어에서 왔는데, 독일어에서 '슈바인'(schwein)은 돼지를, '학세'(haxe)는 소나 돼지의 발목 윗부분을 뜻한다. 즉, '슈바인스학세'라는 이름은 주된 재료 이름에서 유래된 이름인데 돼지 족발을 맥주에 재워 오븐에 구워 만드는 요리다. 겉은 바삭하고 속은 촉촉한 소위 '겉바속촉'인 이 요리는 정통 독일식 요리인데 잘 익힌 감자와 자우어크라우트(Sauerkraut)가 곁들여서 나온다.

독일어 자우어크라우트는 "시다"라는 뜻의 형용사 "자우(sauer)"와 독일 남부 지역에서 "배추, 양배추"를 뜻하는 명사 "크라우트(Kraut)"가 합쳐진 말이다. 우리 식으로 말하자면 "절임 양배추"를 말하는데 어쩌면 이 신 양배추 절임이 더 매력적일 수 있다. 나는 20여 년 전에 이 음식을 먹어본 적이 있는데 그동안 이 맛을 잊지 못하고 있다가 드디어 이 식당에서 만났다.

웨스트팔리아(Westfalia) 식당은 아순시온의 후안 도밍고 페론 가(Calle Juan Domingo Perón)에 위치하고 있고 독일계 이민자가 문을 연 오래된 식당이다. 내가 36년 전에 여기 왔을 때도 이미 오래된 역사를 지닌 식당이라는 말을 들었으니 얼마나 오래된 식당인지 모른다. 메뉴판을 훑어보니 독일식 음식은 말할 것도 없고 파라과이 전통 음식과 각종 요리 그리고 주류와 음료수까지 수백 가지가 넘는다. 일부러 짓궂게 종업

독일 정통 돼지 족발 요리 슈바인스 학세

파라과이의 유명 돼지 족발 요리 슈바인스학세 전문점 웨스트팔리아 내부

원에게 물었다. 이 메뉴판에 있는 수백 종의 메뉴 모두가 제공되느냐?고 했더니 '그렇다'고 대답했다. 그의 대답이 신빙성이 있어 보였다.

나는 가격도 저렴하고 맛있고 양도 많은 이 슈바인스학세를 단 11불에 먹을 수 있었다. 누구든지 파라과이를 방문하시는 분들에게 적극 권하고 싶은 곳이다. 파라과이에서 독일의 정통요리를? 생각만 해도 군침이 돌지 않는가?

파라과이 강변에서 환상적인 점심 식사를..
El almuerzo fantástico en la Costanera del río Paraguay

파라과이는 남미에서 유일하게 바다를 끼고 있지 않은 나라다. 그래서 바다 해산물은 수입해서 판매하며 민물 생선에 비해 비교적 가격이 비싸다. 그러나 대신에 풍부한 수산물 자원이 강을 통해서 제공된다.. 오늘 파라과이 장로교 신학교 이사회가 이사장인 박중민 선교사가 사역하는 그라시아 교회(Iglesia Presbiteriana Gracia)에서 모

파라과이의 전통 생선 요리집 엘 도라도(El Dorado)

| 엘 도라도 식당의 악사 | 엘 도라도에서 제공되는 각종 음식들 |

였고 이사회를 마친 후 점심식사를 위해 함께 이동하여 도착한 곳이 바로 이 "엘 도라도 식당(Restaurante el Dorado)"이다.

엘도라도(el Dorado)는 두 가지 뜻을 가진 스페인어다. 하나는 "황금빛 색깔"을 나타내는 단어이고, 다른 하나는 "황금빛 색깔을 띤 물고기" 이름이다. 이 식당은 아순시온 사람들이 맛 집으로 엄지 척! 세우는 유명한 레스토랑으로 파라과이강(Río Paraguay) 변에 있는데 저 멀리 그란차코(Gran Chaco) 지역으로 넘어가는 아름다운 레만소 다리(El Puente Remanso)가 보이는 곳에 위치해 있다. 점심시간이 좀 지나도 꽤 많은 사람들로 붐빈다.

이 집에서 요리하는 모든 음식이 맛있지만 그 중에 도라도 생선살만 포를 떠서 밀가루 반죽에 묻히고 빵가루를 발라서 기름에 튀기는 "밀라네사(Milanesa)"와 생선살을 발라서 토기 그릇에 담아서 각종 야채와 우유 그리고 향신료와 치즈를 넣어서 푹 끓인 까수엘라(Cazuela)는 맛이 일품이다. 뜨거운 까수엘라는 스프형의 요리로 여기에다가 레몬즙과 매운소스, 마늘 소스를 넣어 먹으면 또 다른 색다른 맛이 난다. 이것을 만디오까(Mandioca), 엔살라다(Ensalada), 빵(Pan) 등과 함께 먹으면 더 맛있다.

이 식당에는 고객들을 위해 전통악기인 "파라과이 하프(Arpa paraguaya)"를 연주하는 악사가 있는데 우리가 잘 아는 "El cóndor pasa(철새는 날아가고)" 등 몇 가지 음악을 연주했다. 벌써 흥이 돋은 손님들 몇 명은 일어나서 엉덩이를 흔들며 장단을 맞춘다. 감미로운 음악을 선사한 악사에게 팁을 주고 식탁마다 다니며 전통공예품을 파는 "인디언 마까 부족(Tribu indígena Maká)" 여인에게서 목걸이를 하나를 기념으로 샀다.

삼십 년 전에 이 강가에서 동료 선교사 몇 명과 도라도 낚시를 하던 기억이 난다. 파라과이는 육고기만 맛있는 나라가 아니라 생선도 맛있는 나라다. 이 나라를 방문하시는 분들은 꼭 한번 맛보시길 권한다.

파라과이 전통 수루비 수프(Caldo de Surubí típico tradicional paraguayo)

파라과이는 바다가 없기 때문에 생선 요리는 주로 강에서 잡은 민물고기로 한다. 모두들 민물고기 가운데 생선 수프는 수루비(Surubí) 고기로 만든 수프가 단연 최고라고 말한다. 민물고기에서 나는 특유의 흙냄새도 나지 않고 담백하고 단백질이 풍부하기 때문이다. 다만 수루비는 고급 어종이기 때문에 값이 좀 비싼 게 흠이지만 맛과 영양을 생각하면 결코 아깝지 않다.

수루비 수프(Caldo de Surubí)는 전문식당에서 사먹는 것도 좋겠지만 주말에는 집에서 직접 만들어 먹어도 좋다. 오늘은 토요일, 주말이라 좀 여유를 부려 집에서 직접 요리를 하기로 하고 팔을 걷어붙였다.

우선 프라이팬에 버터와 올리브유를 반쯤 섞어서 넣고 그 위에 수루비 한 토막을 올려서 튀겼다. 그리고 그 튀긴 생선을 접시에 따로 담아 두고 그 기름에 각종 야채를 넣고 볶았다. 야채는 피망, 양파, 당근, 감자, 붉은 고추, 마늘을 잘게 썰어서 그 속에 양념(소금, 간장, 흑후추, 적후추, 오레가노, 월계수잎, 굴소스)을 넣고 적당히 볶으면서 거기에 백포도주를 가미했다. 그리고 어느 정도 볶고 난 후에 생선을 넣고 육수를 부어서 푹 끓였다.

파라과이 전통 수루비 수프

수루비 수프 만들기

1시간 정도 끓인 후 불을 약하게 하고 그 속에 우유를 붓고 치즈 가루를 뿌려서 한 번 더 끓여주었더니 완성됐다. 예쁜 그릇에 담았으면 더 좋겠지만 살림도구가 없어서 그냥 흰 접시에 담아서 빵을 곁들여서 먹었더니 너무 맛있어서 깜짝 놀랬다. 이걸 "둘이서 먹다가 셋이 죽어도 모르는 맛"이라고 해야 하나? 하여간 혼자서 먹기에는 너무 아까웠고 양도 많아서 푸짐했다.

이렇게 혼자서 요리를 하고 식탁위에 올려놓고 먹으니 요즘 유튜브에서 유행하는 먹방(Mukbang)이 따로 없다 싶었다. 후식으로 과일을 먹는 것도 잊지 않았다.

통닭 구이의 유혹(Una tentación del pollo asado)

세계적으로 가장 많이 소비되는 육류는 무엇일까? 그렇다. 닭고기(pollo)다. 최근 몇 년 사이에 소비가 급증해 2022년 기준으로 전 세계 닭고기 소비량은 1억 톤 이상이 된다고 한다.

쇠고기(carne bovina)나 돼지고기(carne de cerdo)도 많이 소비되고 있지만 종교적인 이유로 한계가 있다. 쇠고기는 힌두교에서 금하고 돼지고기는 이슬람에서 금하는 육류다. 워낙 이슬람이나 힌두교 신자의 수가 많다 보니 특정 종교와 무관한 닭고기의 소비량이 가장 많을 수밖에 없다. 닭들에게는 슬픈 사실이지만 파라과이도 예외가 아니다. 음식가운데 요리할 때 닭고기가 들어가는 음식이 가장 많은 것 같다.

닭고기를 주재료로 해서 만드는 음식은 다양한데 그래도 기본이 되는 것이 통닭구이(pollo asado)다. 통닭구이는 누구나, 어느 나라 사람이라도 좋아하는 음식이다.

어느 주일, 오전 예배를 드리고 집으로 돌아오면서 통닭구이집 앞을 지나게 되었다. 코를 자극하는 맛있는 장작불 통닭의 유혹을 뿌리치지 못하고 결국 한 마리를 샀다. 노릇노릇하게 잘 구운 통닭구이 한 마리에 5만 과라니를 지불했다. 통닭구이 한 마리는 미화로 6.7달러, 한국 돈으로 환산하면 9,000원 정도 된다. 비교적 저렴한 편이다.

통닭구이를 사면 당연히 삶은 만디오까(mandioca)가 함께 제공되는데 만디오까는 고구마와 감자의 중간처럼 생긴 맛이다. 거기에다 잘 익은 파라과이 소빠(sopa paraguaya)까지 추가했다. 소빠 한 덩이는 1만 5천 과라니(미화 2달러)인데 소빠(sopa)는 영어로 수프(soup)를 말한다. 이 소빠는 국(cazuela)과 같은 액체가 아니라 빵과 같은 고체 수프(sopa sólida)다. 세계에서 유일하게 액체가 아닌 빵 형태의 수프로 유명하다. 이것을 통닭구이와 함께 먹으면 그 맛이 일품이다.

집에 와서 통닭구이와 함께 먹기 위해 야채샐러드(ensalada de verduras)를 한 접시 만들었다. 냉장고에 넣어둔 토마토(tomate), 당근(zanahoria), 오이(pepino), 양파

오늘 점심은 맛있는 통닭구이로

맛있는 냄새로 고객을 유혹하는 통닭가게

(cebolla), 미나리 종류의 뻬레힐(perejil), 고수(cilantro)등을 꺼내 잘게 썰고 거기에 식초(vinagre)와 소금(sal) 그리고 올리브유(aceite de oliva)를 뿌려서 잘 섞어 주었더니 맛이 좋고 향기로운 샐러드가 되었다.

요즘 유투브에서 먹방(mukbang) 프로그램을 많이 방영하고 있는데 나도 오늘 처음으로 혼자서 아무도 보지 않는 먹방을 해 보았다. 잘 구워진 닭고기 껍질은 별미라지만 건강을 위해서 과감하게 벗겨서 쓰레기통에 넣었다. 하지만 콜라의 유혹은 참을 수가 없어 마지막 입가심은 콜라 한잔으로 마무리했다.

자몽을 효과적으로 먹으려면(La manera de comer eficientemente el pomelo)

오래 전 은사이신 고 이근삼 박사님이 파라과이를 방문하셨고 내 집에서 며칠간 주무신 일이 있다. 그런데 그 어르신이 매일 아침 식사 시간에 꼭 찾으시는 과일이 있었는데 그것은. 자몽이다. 자몽은 영어로는 grapefruit라고 하고 파라과이에서는 뽀

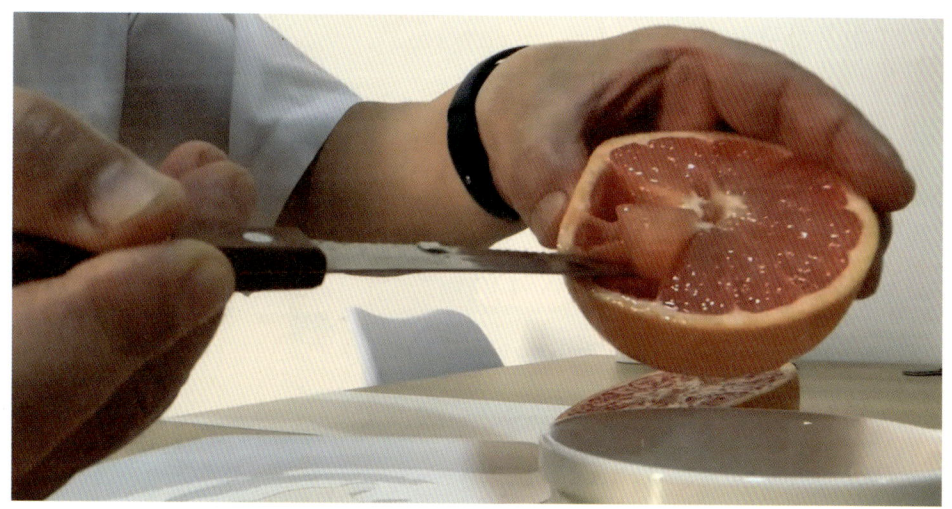

자몽을 반으로 잘라 과육을 파낸 다음 반으로 접어 꽉 짜주면 남김없이 추출할 수 있다

멜로(Pomelo)라고 한다. 이 박사님은 미국에서 사시면서 늘 아침식사 때마다 자몽을 한 개씩 드신다고 하면서 자몽이 과일 중에 가장 비타민C의 함유량이 높다고 하셨다.

그런데 이 박사님께서 자몽을 드시는 방법이 좀 특이했다. 우선 자몽 한 개를 옆으로 뉘어 반으로 자른 다음 칼로 단면의 선을 따라 과육을 삼각형으로 파내서 컵에 담는다. 그리고 난 다음 남은 과피를 반으로 접어서 컵에 대고 힘을 주어서 짜내면 과일 속에 남아있는 과즙까지 모두 추출해 내는 것이다. 나는 이 방법을 배워서 그 이후로 자몽을 먹을 때마다 이 방법으로 먹고 있다. 그리고 이곳을 방문하는 사람들에게 이 방법을 소개하기도 한다.

파라과이에서 제일 가격이 저렴한 과일은 바나나고 그 다음이 자몽이다. 자몽도 두 종류가 있는데 속이 흰 것과 붉은 것 두 가지다. 속이 흰 자몽보다는 속이 붉은 자몽이 맛이 더 좋지만 값이 더 비싸다. 그래도 한국에서 사 먹는 가격에 비하면 훨씬 싼 편이다. 파라과이에 오셔서 비타민이 풍부하고 가격도 저렴한 파라과이산 자몽을 실컷 드시기 바란다.

누구에게나 참 좋은데(Sería muy bueno pero)

한 때 광고 문구로 유명했던 말이 있다. "남자한테 참 좋은데 어떻게 표현할 방법이 없네…" 사람들에게 매우 궁금증을 불러일으킨 광고였다. 이 말이 판매에 얼마나 영향을 미쳤는지는 모르지만 이 표현에 적절한 파라과이 전통 음료 하나를 소개한다.

파라과이 사람들이 성탄절과 연말연시에 만들어서 먹는 전통음료가 있다. 이 소비량은 실로 엄청나다. 파라과이에서는 이것을 끌레리꼬(clericó)라고 부르는데 다음과 같은 방법으로 만든다.

우선 다양한 과일을 준비한다. 주로 열대과일로서 이 계절에 손쉽게 구할 수 있는

맛있는 전통 음료 끌레리꼬(clerico)

과일이다. 포도, 멜론, 사과, 파인애플, 오렌지, 복숭아, 바나나 등인데 이것을 깨끗이 씻고 손질하여 먹기 좋을 만큼 썰어서 그릇에 담는다. 그리고 거기에 포도주와 콜라를 섞고 레몬즙도 뿌려준다. 그리고 이것을 항아리에 며칠 보관하여 잘 발효시켜서 꺼내 유리컵이나 기타 용기에 담고 얼음을 띄워 숟가락으로 떠먹는다. 맛이 기가 막히다.

파라과이에서 살아본 경험이 있는 사람은 누구나 연말연시가 되면 기억나게 하는 맛있는 전통음료다. 그런데 이렇게 다양하고 풍부한 맛과 영양가를 지닌 과일들이지만 여기에 포도주를 얼마나 많이 붓느냐에 따라 맛과 알콜 도수가 달라진다. 설탕 대신에 넣는 콜라는 그렇다 치더라도 포도주는 과일을 발효시킬 때 알콜 도수를 높여주기 때문에 너무 많이 먹으면 취한다.

특히 이것은 어린 아이들도 즐겨 먹기 때문에 주의를 기울여야 한다. 그래서 연말에 길거리에서 경찰 단속 차량이 음주 측정을 할 때 이 끌레리꼬 때문에 적발되는 경우도 흔하니 조심해야 한다.

그래서 연말만 되면 메스컴에서는 항상 주의를 요하는 조언을 하기도 한다. 많이 마셔서 건강을 해치거나 교통사고를 유발할 수 있기 때문이다. 그래서 포도주 대신에 포도주스를 넣으라고 하지만 포도주를 넣는 것과는 맛에서 차이가 많이 난다. 그래서 포도주를 넣되 조금만 넣으라고 권고하고 있다. "과유불급(過猶不及)"이라는 말이 있다. 지나치면 모자란 것과 같다"는 뜻인데 무엇이든 적절함을 유지하는 것이 중요하다'

6. 대표적인 관광지

이과수 폭포(Las Cataratas del Iguazú)

파라과이에 오면 누구나 들리게 되는 남미의 대표적인 관광지 이과수 폭포(Las Cataratas del Iguazú)를 소개한다. 나는 선교지에 있으면서 일부러 가진 않았어도 한국에서 선교지를 방문한 분들이 사역을 마친 후 필수적으로 들리는 곳이 이과수 폭포라 손님들을 모시고 꽤 여러 차례 방문을 했었다.

이과수 폭포는 아르헨티나와 브라질의 경계에 있는 세계에서 가장 규모가 크고 아름다운 폭포다. 이 폭포는 나이아가라 폭포와 빅토리아 폭포와 함께 세계 3대 폭포 중 하나다. 이과수 강이 지류이며 반원형 모양으로 그 길이가 2,700 m에 달한다. 폭포는 총 275개인데 수량에 따라 폭포의 개수가 달라진다. 그 중 '악마의 목구멍(La Garganta

세계에서 가장 큰 세계 3대 폭포 중의 하나인 이과수 폭포 전경

이과수 폭포 앞에서

이과수 폭포

이과수 폭포 주변에 서식하는 대형 도마뱀 떼쥬(Tejú)

del Diablo)'이라 불리는 폭포가 높이 80 m로 가장 높고 유명하다. 12개 폭포가 동시에 떨어져 매우 큰 굉음을 낸다 하여 '악마의 목구멍'이라 부르기도 한다.

이과수라는 말은 과라니어로 큰(guasú) 물(y)이라는 뜻이다. 이과수는 두개의 국립공원으로 나뉘어 있으며, 아르헨티나 쪽의 국립공원 이름은 '빠르께 나시오날 데 이과수(Parque Nacional de Iguazú)', 브라질 쪽은 '빠르께 나시오날 도 이구아수(Parque Nacional do Iguaçu)'이다. 둘 다 UNESCO 세계유산에 등재되어 있다.

폭포는 아르헨티나의 미시오네스(Misiones) 주와 브라질의 파라나(Paraná) 주 사이에 있으며 면적은 아르헨티나가 550 km2, 브라질은 약 1,700 km2로 브라질 쪽이 아르헨티나 쪽보다 3배 이상 넓다. 그러나 이과수 폭포의 역사와 배경을 알면 파라과이 편에서는 매우 아쉬운 마음이 든다.

이과수 폭포는 파라과이 땅이 아니다. 영화 〈미션(The Mission)〉의 배경으로 유명

긴코 너구리 코아티(Coatí)

브라질쪽에서 본 이과수 폭포

한 이과수 폭포는 본래는 파라과이의 영토였다. 그러나 파라과이가 아르헨티나, 브라질, 우루과이와 벌인 3국 동맹 전쟁에서 패배하면서 대부분의 영토를 빼앗겼고, 이 때 이과수 폭포도 절반씩 브라질과 아르헨티나에 넘겨주게 되었다. 그래서 아쉽게도 파라과이에 가서 이과수 목포를 보려면 브라질이나 아르헨티나로 넘어가서 보아야 한다. 파라과이는 3국 동맹전쟁의 패배로 엄청난 관광수입을 빼앗긴 셈이다.

삼 국경과 세 국적(Tres fronteras y tres ciudadanos)

파라과이는 지리적으로 브라질, 아르헨티나 그리고 볼리비아 등 세 나라와 인접해 있다. 그 중에 한 지점에서 세 나라가 만나는 지역이 있다. 삼 국경(Tres fronteras)이라는 곳이다.

브라질 쪽에서 바라볼 때 파라나 강과 이과수 지류가 만나는 지점이다.

이곳을 파라과이에서는 Ciudad del Este(씨우닷 엘 에스떼)라 부르고, 브라질에서는 Foz de Iguazú(포스 데 이과수)로, 아르헨티나에서는 Puerto Iguazú(뿌에르또 이과수) 로 부른다. 이과수폭포 때문에 이 도시들은 세계적인 관광 도시가 되었다.

나라는 다르지만 서로 국경을 마주하고 있기에 세 나라가 이곳을 소중하게 여기며 모든 면에서 공조하고 있다.

한인 선교사는 기본적으로 세 나라에 소속된 사람들이다. 우리의 조국인 대한민국,

삼국경 표지판

파라나강과 이과수 지류가 이곳에서 만난다

브라질, 파라과이, 아르헨티나 3국이 만나는 지점인 삼국경지역(Tres Fronteras)

선교지 국가 그리고 우리의 본향인 천국이다. 모름지기 선교사는 이 세 나라에 대한 정체성을 분명히 가지고 유기적인 관계를 유지하는 것이 중요하다. 어느 한 곳도 소홀히 할 수 없다. 삼국경(Tres Fronteras)은 선교사들이 어떻게 선교지에서 살며 사역해야 하는지, 그리스도인들이 세상 속에서 어떻게 살아야 하는지 말없이 보여주고 있다.

대통령궁과 사라진 사람들의 광장
(Palacio de Gobierno y Plaza de los Desaparecidos)

파라과이 수도 아순시온 파라과이 강변에는 분홍빛의 아름다운 집이 하나 서 있는데 파라과이 대통령의 집무실인 대통령궁(Palacio de Gobierno)이다. 그런데 이 집은 아이러니하게도 '사라진 사람들의 광장(Plaza de los Desaparecidos)' 옆에 있다. 이 광장은 1954년에 군부 쿠테타를 일으켜 1989년까지 쿠테타에 의해 실각될 때까지 35년간 무자비한 군사독재 정치를 했던 파라과이 제42대 대통령 알프레도 스트로에스네르(Alfredo Stroessner) 장군에 의해 희생되어 사라진 수많은 사람들을 기념하는 공원이다.

스트로에스네르 대통령은 그가 철권 통치자로 집권하는 동안 약 100만 명이 해외로 도피하고 40만 명이 투옥되었으며 4천~5천 명이 사망했다는 말이 돌았으나 2008년에 파라과이 진실과 정의 위원회가 보고한 바에 따르면 실제로는 19,862명이 투옥되어 18,722명이 고문을 당하고 3,470명이 추방당했으며 377명이 '실종'되고 59명이 초법적으로 처형됐다고 한다. 그가 비록 최장기 독재자로서 권력을 누리면서 살았지만 그도 역시 그의 오른 팔 격이었던 안드레스 로드리게스(Andrés Rodríguez) 장군에 의해 권좌에서 쫓겨나 망명길에 올랐고 그리던 조국으로 돌아오지 못하고 브라질리아(Brasilia)에서 2006년에 쓸쓸하게 생을 마감했다. 미국의 3대 대통령 토마스 제퍼슨은, "자유란 나무는 피를 먹고 자란다"고 했던 것처럼 자유를 되찾기 위해 너무나 많은 피의 대가를 지불해야만 했다.

드디어 목매어 그리던 자유를 되찾은 파라과이 국민들은 대통령궁 주변을 공원으로 조성하고 그 이름을 "사라진 사람들의 광장"이라고 이름을 붙이고 더 이상 권력에 의해 희생당하는 사람이 없는 나라, 더 이상 국민을 탄압하여 자신의 야망을 성취하려고 하지 않는 진정한 대통령을 원한다고 했다. 그러나 그런다고 이 세상 나라나 이 땅의 세속정권에 무슨 기대를 걸어볼 수 있을까? 역시나 또 다른 부류의 대통령들이 등장했고 국민은 여전히 힘들고 "사라진 사람들의 광장"을 표시하는 간판이 무색하게 보인다. 이것이 비단 파라과이에서 만일까? 다른 나라도 별반 다르지 않다고 생각한다.

요한계시록 19장은 이 땅에 심판주로 다시 오실 하나님의 아들 예수그리스도"에 관

파라과이 대통령 궁   사라진 사람들의 광장(Plaza de los Desaparecidos)

해 묘사하고 있다. "그 옷과 그 다리에 이름을 쓴 것이 있으니 만왕의 왕이요 만주의 주라 하였더라"(계 19:16절) 이 왕은 세상의 권력자가 아니다. 평강의 왕이시다. "이는 한 아기가 우리에게 났고 한 아들을 우리에게 주신 바 되었는데 그의 어깨에는 정사를 메었고 그의 이름은 기묘자라, 모사라, 전능하신 하나님이라, 영존하시는 아버지라, 평강의 왕이라 할 것임이라"(사 9:6) 선교는 이 세상의 유일한 소망되신 예수그리스도는 "만왕의 왕이시요 만주의 주가 되심(Rey de los reyes y Señor de señores)"을 믿고, 고백하며 전하는 것이다.

진정한 왕 예수여 어서 오시옵소서. 마라나타~!!

영웅들의 광장(Plaza de los Héroes)

파라과이 수도 아순시온(Asunción) 시내 중심가의 빨마 길(Calle de Palma)을 따라

영웅전(Panteón Nacional de los Héroes)

까를로스 안토니오 로뻬스(Carlos Antonio López) 대통령 묘소

파라과이강(Río Paraguay) 쪽으로 내려가다 보면 '영웅들의 광장(Plaza de los Héroes)'이 있고 길가에는 '영웅전(Panteón Nacional de los Héroes)'이 있다. 이곳은 파라과이 독립에 기여한 영웅들을 모셔 놓은 곳으로 국부인 까를로스 안토니오 로뻬스(Carlos Antonio López) 대통령을 비롯해 8명의 독립영웅의 유해를 안치해 놓은 곳이다. 그래서 파라과이 사람들은 이곳을 성지나 다름없이 성스럽게 여긴다.

이 빨마 길은 아순시온의 가장 중심가에 위치해 있는 서울로 말하면 명동과 같은 곳이다. 이곳에 백화점과 가게가 밀집해 있고 은행가와 관공서가 모여 있다. 걸어서도 이곳저곳을 둘러볼 수 있으며 중앙에 위치한 이 영웅전을 통해 파라과이의 역사를 들여다볼 수 있다.

우리가 '영웅(英雄)'이라 할 때 머리 속에 떠오르는 이미지는 '다른 사람들을 위해 자신을 희생시킨 위대한 사람'이다. 최근에 이스라엘과 팔레스타인 무장정파 하마스의 전쟁이 이어지고 있는 가운데 위기에 처한 자국 노동자 수십 명을 구한 태국 여성의 사연이 매스컴을 탔다.

이스라엘에서 법률사무소를 운영하던 위빠와디 반나차이(40)라는 여인은 태국인 친구와 함께 하마스의 공격으로 곤경에 빠진 태국 노동자들을 위험 지역에서 구해냈고 그녀가 대피를 도운 태국 노동자는 부상자를 포함해 무려 90여 명으로 알려졌다. 심지어 그녀는 모친의 임종을 보러 가야 하는 안타까운 상황에서도 위기에 처한 자국민을 구하는 일을 위해 이것마저 포기했다. 이 소식을 들은 태국 사람들은 그녀를 "영웅"이라고 불렀다.

그런데 여기에 90여명이 아니라 온 인류를 죄와 사망에서 구하신 진정한 영웅이 계신다. 하나님의 아들 예수 그리스도시다.

"그는 근본 하나님의 본체시나 하나님과 동등 됨을 취할 것으로 여기지 아니하시고 오히려 자기를 비워 종의 형체를 가지사 사람들과 같이 되셨고 사람의 모양으로 나타나사 자기를 낮추시고 죽기까지 복종하셨으니 곧 십자가에 죽으심이라 이러므로 하나님이 그를 지극히 높여 모든 이름 위에 뛰어난 이름을 주사 하늘에 있는 자들과 땅에 있는 자들과 땅 아래에 있는 자들로 모든 무릎을 예수의 이름에 꿇게 하시고 모든 입으로 예수 그리스도를 주라 시인하여 하나님 아버지께 영광을 돌리게 하셨느니라"(빌 2:6~11절)

"el cual, siendo en forma de Dios, no estimó el ser igual a Dios como cosa a que aferrarse, sino que se despojó a sí mismo, tomando forma de siervo, hecho semejante a los hombres; y estando en la condición de hombre, se humilló a sí mismo, haciéndose obediente hasta la muerte, y muerte de cruz. Por lo cual Dios también le exaltó hasta lo sumo, y le dio un nombre que es sobre todo nombre, para que en el nombre de Jesús se doble toda rodilla de los que están en los cielos, y en la tierra, y debajo de la tierra; y toda lengua confiese que Jesucristo es el Señor, para gloria de Dios Padre"(Fil. 2:6-11)

선교는 예수 그리스도만이 범죄하여 멸망 받을 인류에게 유일한 희망이요 구원자가 되며 십자가 위에서 죄와 사망을 이기신 진정한 영웅이심을 만방에 전하는 것이다. 주여, 내 입을 열어 인류의 참된 영웅 예수 그리스도를 담대히 전하게 하옵소서!

까아꾸뻬 성모 축제일(Día de la fiesta de la Virgen de Caacupé)

오늘은 파라과이 공휴일이자 1854년 12월 8일에 제정되어 올해(2013년)로 169회째 맞는 까아꾸뻬 성모축제일(Día de la Fiesta de la Virgen de Caacupé)이다. 나는 이것을 보기 위해 아침 일찍 차를 몰고 아순시온(Asunción)에서 출발해 50Km지점에 있는 까아꾸뻬(Caacupé) 성당을 방문했다. 그리고 엄청난 인파로 붐비는 성당에서 미사를 드리는 가톨릭 순례자들(Los peregrinos católicos)을 보았다.

파라과이는 스페인인과 원주민인 '과라니족'의 혼혈인 메스티소(Mestizo)가 전체인구의 약 72%를 차지하고 있지만, 정치, 경제 등 기득권은 소수 백인들이 점유하고 있다. 파라과이의 2022년 인구조사(Censo)에 의하면 현재 인구는 6,109,144명이고 그 중 약 15%가 개신교인인데 반해, 천주교인은 80%가 넘는 가톨릭 국가다.

까아꾸뻬시는 파라과이 사람들에게 명실상부한 정신적 지주인 도시며 종교적인 성지다. 이 까아꾸뻬시에 이 나라에서 가장 큰 성당이 있다.

매년 12월8일은 '까아꾸뻬 성녀의 날'로서 국가적인 경축일이고, 매년 이곳에서 대대적인 종교행사를 실시하고 있다. 파라과이의 대통령도 반드시 이곳 성당을 다녀간다. 올해 오전 6시 첫 번째 미사에는 산티아고 뻬냐(Santiago Peña) 대통령이 참석했다.

가톨릭에서는 로마의 성 베드로 대성당보다 더 규모가 큰 성당건물을 지을 수 없듯이 이곳 파라과이에 이미 지어졌거나, 앞으로 지어질 성당은 이 까아꾸뻬 성당의 규모를 능가할 수 없다고 한다.

이곳은 국가적인 성지인 관계로 전국적으로 순례 객들이 주말은 물론이고 평일에도 찾아와 뜨거운 열기를 극복하면서 시원한 전통차인 때레레를 마시며 열을 식힘과 동시에 고행의 순례 길을 이어가는 인파도 있다.

순례 객들은 주로 까아꾸뻬 성당으로부터 약 20 Km 정도 떨어진 으빠까라이(Ypacarai)에서 순례길을 시작한다. 그들은 폭염의 대낮에도 강렬한 햇볕을 아랑곳하지 않고 햇볕을 그대로 맞으며 극한의 인내심을 시험하면서 5~6시간 동안 걷는다. 밤에는 순례 객들로 인해 인산인해를 이룬다.

대중교통편을 이용하기에는 너무 인파가 많이 몰리니 아예 수도인 아순시온에서 큰 마음먹고 장거리 순례 길을 시작하거나, 대중교통 수단으로 1시간 30분 정도 떨어진 거리에 있는 산 로렌소(San Lorenzo)에서 순례를 시작하기도 한다.

순례 객들이 점점 많아지면 도로변의 가정집에서는 얼음, 화장실, 샤워장 등을 유료로 제공하기도 한다. 또한 파라과이 적십자사, 학교, 혹은 기타 봉사단체에서 봉사단원들을 보내어 도로변에 서서 무료로 마실 물을 제공하기도 하고, 응급환자를 위해 구급차가 상시 대기하며 서비스를 제공한다. 이렇게 매년 이 까아꾸뻬 날 전후로 까아꾸

까아꾸뻬 성당 전경

까아꾸뻬 성당 미사

까아꾸뻬 성모 축제일 까아꾸뻬 성당 앞의 엄청난 인파

뻬 성당을 찾는 순례객들은 200만 명이 훌쩍 넘는다. 파라과이 전체 인구의 1/3이 이 곳을 찾는 셈이니 놀라울 따름이다.

  까아꾸뻬 성당 안으로 들어가 보았다. 돔형식의 지붕으로 지어진 까아꾸뻬 성당 안에는 '기적의 성녀' 혹은 '푸른 성녀'로 불리는 '까아꾸뻬 성녀상(La Virgen de Caacupé)'이 강단에 자리하고 있다. 전설에 의하면 인디언 조각가 호세(José)가 또바띠(Tobati)에 있는 자신의 집 근처에서 목각을 하기 위하여 나무재료를 찾던 중 차코 인디언들에게 습격을 당하게 되었다. 호세는 커다란 나무 뒤에 숨어 성모 마리아에게 자신을 구원해 줄 것을 기도하면서 만약 자신이 인디언들의 습격에서 무사히 살아나게 된다면 자신이 숨어있던 커다란 나무로 성모상을 조각할 것을 맹세했다.

호세의 간절한 기도 때문인지 기도가 끝나자마자 자신을 잡으려고 따라오던 인디언들의 눈에 그가 보이지 않게 되어 무사히 위기에서 살아날 수 있었다고 한다. 이것은 그가 숲에 숨었는데 성모 마리아가 거미를 보내어 입구에 거미줄을 치게 하여 인디언들을 속여서 살아났다는 것이다.

이에 호세는 자신이 구원받은 것에 감사하는 마음으로 그 커다란 나무를 잘라 크고 작은 두 개의 성모상을 만들어 작은 성모상은 자신이 보관하고 커다란 성모상은 또바띠 성당에 기증해 지금까지 남아있다.

나는 오늘 까아꾸뻬 성당에 모여 이 더운 날씨에 경건하게 미사에 참석하며 기도하는 무리를 보면서 저들의 소원이 무엇일까?

왜 예수님의 자리에 성모 마리아와 까아꾸뻬 성녀를 두고 저렇게 간절하게 소원을 빌고 있을까? 하는 안타까운 마음이 들었다.

대주교의 강론은 대부분 정치적인 메시지였다. 최근에 부패한 고급 공무원들이 은퇴자들이 받을 연금을 거덜 내 이것 때문에 시끄러운데 강론에서 이것을 노골적으로 비판하니 모두 박수를 쳤다.

나는 까아꾸뻬 성당 전면을 바라보았다. 거기에는 커다란 현수막이 가로로 걸려있고 올해의 슬로건이 이렇게 크게 쓰여 있었다.

"Señor, Enséñanos a orar(주님, 우리에게 기도를 가르쳐 주옵소서)"

이 슬로건이 무색해진다.

아순시온의 남산 쎄로 람바레(Cerro Lambaré)

수도 아순시온 근교에 한국교민들이 '남산'이라고 부르는 조그만 산이 있다. 이것을 쎄로 람바레(Cerro Lambaré)라고 부르는데 '쎄로(Cerro)'는 '언덕'이란 뜻이고 '람바레(Lambaré)'는 스페인 식민지 시대에 과라니 인디언 가운데 이 지역을 통치했던 존경 받던 추장의 이름이다. 높이는 겨우 해발 139미터인 언덕인데 여기에 오르면 아순시온 도시 전체와 파라과이강과 저 국경 너머 아르헨티나까지 볼 수 있다.

쎄로 람바레(Cerro Lambaré) 중앙에는 탑이 세워져 있고 제일 꼭대기에는 이 지역을 지키는 수호신인 디아나(Diana)가 아순시온을 내려다보고 있고 맨 중앙에는 람바레 추장(Cacique Lambaré)의 동상이 있다. 이 동상은 스페인의 조각가인 후안 데 아발로스(Juan de Ávalos)가 1982년에 제작해 세웠다. 람바레 추장 역시 정복자 스페인 군대를 노려보며 서 있는 형상을 하고 있다. 람바레 동산 아래는 아순시온에서 가장 극빈자들이 모여서 사는 짜카리따(Chacarita)라는 마을이 있는데 한국의 난지도와 같이 온통 쓰레기 동네인데 사람들이 쓰레기 더미를 뒤지며 일하는 모습을 볼 수 있다.

나는 이곳을 둘러본 후 아래로 내려 가려고 하는데 미겔(Miguel)이라는 현지인이 자기 차가 고장이 나서 시동이 걸리지 않는다고 좀 도와 달라고 했다. 가보니 그의 아내

쎄로 람바레 중앙 탑

미겔 가족과 함께

람바레 추장(Cacique Lambaré)의 동상 　　아순시온의 남산 쎄로 람바레(Cerro Lambaré)

와 세명의 남자 아이들이 땅바닥에 앉아 있었다. 이미 자동차를 고치려고 애를 쓰면서 시간이 많이 흘렀는지 모두 지쳐 있었다. 좋은 아빠인 미겔은 아이들이 방학이라 도시락을 싸서 여기에 놀러 온 것 같았다. 그 옆에는 수명이 30년은 족히 넘어 보이는 고물 자동차가 퍼져 있었다.

　내 차 배터리에 연결해 아무리 시동을 걸어 봐도 꼼짝도 하지 않는다. 그래서 할 수 없이 나와 그의 온 가족이 함께 땀을 뻘뻘 흘리며 더 높은 언덕위로 고장 난 차를 밀고 올라가서 언덕 아랫길로 밀어 달리면서 몇 차례 시동을 걸며 시도한 결과 겨우 시동을 걸 수 있었다. 미겔과 가족들은 너무 기뻐하면서 내게 무엇으로 감사해야 할지 모르겠다고 했다.

　그때 나는 미겔에게 나는 개신교 복음주의 교인인데 내가 이 일을 하는 것은 주님의 이름으로 하는 것이고 그 이유는 예수님은 당신을 너무나 사랑하기 때문이라고 말문을 열었다. 그랬더니 너무 감사하다고 했다. 내가 그에게 이름 뭐냐고 물으니 '미겔(Miguel)이라고 대답했다. 나는 내 이름이 예레미야(Jeremías)라고 했더니 "성경에 나오는 이름이군요"라고 한다. 서로 웃었다.

반짝이는 아이들의 눈망울이 예뻤다. 나는 미겔에게 복음을 전하고 나는 오늘 당신의 귀여운 아이들 때문에 도왔다고 하면서 아이들을 잘 키우라고 부탁했다. 미겔과 그 가족과 작별하면서 나는 그들의 언어인 과라니 인디언 말로 축복했다.

Tupa ñamdeyara ta tanderovasa !

(하나님이 여러분 모두에게 축복해 주시기 바랍니다)

파라과이 예수회 선교유적지(Sitio Misionero Jesuita Paraguayo)

어제 순회설교 사역으로 파라과이 제2의 도시 Ciudad del Este(동쪽의 도시)를 방문할 기회가 있어서 왔다가 Encarnación(엔카르나시온)시 방향으로 가면 나타나는 유적지 La Santísima Trinidad de Paraná(파라나 성 삼위일체)와 Jesús de Tavarangue(타바랑게 예수회)를 방문했다. 이 유적지는 파라과이에서 유일하게 세계문화유산에 등록된 유적지로서 에스빠냐의 예수회가 이 지역에서 살던 원주민인 과라니 인디언 부족에게 기독교 포교를 목적으로 세운 공동체인데 이 흔적을 통해 그 당시의 종교, 정치, 사회, 문화, 예술을 알 수가 있다.

예수회는 1588년 스페인 국왕 펠리페(Felipe) 2세의 허락을 받아 이 지역에서 엔꼬미엔다 (Encomienda: 위탁, 위임이란 뜻)라는 제도를 만들었는데 본래는 이 제도를 통해 식민지의 조공이나 노동력 착취로부터 원주민을 보호하

파라나 성삼위일체 유적지 입구

박물관 입구 유적지 표지판

고자 시작했다. 그러나 오히려 이 제도가 원주민의 신분을 사실상 노예 상태로 전락하게 만들었다. 예수회는 복음전파보다는 기독교 교회를 세우려고 했으며 주민들에게 서양의 좌식 생활 형태를 강요했다. 1609년 스페인(España) 국왕은 예수회가 파라과이를 개척하는 일을 허락했고 그 후 예수회는 라플라타강(Río de La Plata) 유역의 과라니족들이 살던 곳으로 이주했다. 예수회는 그들만의 선교방식을 통해 이곳에 식민 정착촌을 만들었다.

이런 종류의 식민 정착촌은 이후 파라과이에 8개, 아르헨티나에 15개, 브라질에 7개로 모두 30개가 생겼다. 그런데 이 공동체 선교 시설 가운데 가장 야심차게 건축된 것이 과이라(Guairá)에 있는 삼위일체(La trinidad) 건물이다. 이 건물은 1706년 유명한 예수회 건축가인 후안 바우티스따 프리몰리(Juan Bautista Primoli)에 의해 건축되었다. 이 시설은 아름다운 돔과 정교한 장식이 있는 석조 건물이었다.

예수회 정착지는 1685년에 생겼으며, 몇 년 후 선교 시설을 건축하면서 현재의 위치로 이전했다. 1632년 브라질 영토에 세웠던 성 코스메(San Cosme)와 다미안(Damián)은 1740년에 현재의 위치로 이전되었다. 성삼위일체 건물은 대광장과 센터교회, 작은 교회, 대학과 수도원, 공동묘지, 채소밭, 망루, 전통 가옥, 작업장 등으로 도시의 구조가 가장 잘 보존되어 있다.

파라과이 예수회 선교 유적지

　타바랑게(Tavarángue)의 예수회 폐허 교회는 웅장한 외형 대부분이 그대로 보존되어 있지만, 대학은 교실 하나만 달랑 남아 있다. 그리고 대광장과 전통 가옥과 공동묘지와 같은 중요한 도시 구조의 유적이 있다. 산토스 코스메 다미안(Santos Cosme y Damián) 교회는 완성되지 않았지만, 예배 장소로 사용했다. 그리고 대학 건물과 묘지와 오늘날의 원주민 가옥과 같은 다른 유적도 남아 있다.

　세 곳의 기념물은 모두 폐허가 된 건물과 거주처로 이루어진 유적이고, 산토스 코스메 이 데미안(Santos Cosme y Damián) 교회는 외형이 좀 더 현대적이지만 옛날 구조와 재료를 이용해 복원 작업을 했다.

　세 기념물 중 보존이 가장 잘된 성 삼위일체교회의 장식은 기독교와 원주민 과라니 인디언의 예술적 요소를 융합해 예수회의 정신을 반영하고 있으므로 매우 상징성이 크다. 산토스 코스메 이 데미안(Santos Cosme y Damián) 교회는 역사성 외에도 주변 마을과 지역의 예배 중심지로 계속 역할을 해 왔으므로 남미지역을 여행하는 여행객이 반드시 들러 봐야 할 중요한 유적지다.

이 외에도 파라과이는 남미에서 가장 알려지지 않은 보석들이 즐비한 곳이다. 개발되지 않고 자연상태 그대로 보존된 아름다운 풍경들(Paisajes)이 곳곳에 펼쳐져 있다. 한국의 서점에는 다른 나라들의 관광 명소를 소개하는 책들은 쉽게 볼 수 있지만 파라과이를 소개하는 책은 찾아보기 어렵다. 그래서 나는 사역 중에 틈틈이 시간을 내어 숨겨진 이 보석들을 찾아내어 한국인들에게 소개하고 싶고 이 아름다운 파라과이에서 살고 있는 사람들에게 생명의 복음을 전해줄 사역자들이 많이 오면 좋겠다는 간절한 바램을 가지고 있다.

몬다으 폭포(Cataratas de Monday)

이 아름다운 폭포는 델 에스떼(Ciudad del Este)시에서 남쪽으로 약 10Km 떨어진 프랑코시(Ciudad de Presidente Franco)의 몬다으 강(Río Monday) 하류에 있다. 약 45m와 120m 높이의 두개의 폭포와 여러 개의 작은 폭포로 이루어져 있는데 이 폭포는 이곳에서 약 43km 떨어져 있는 브라질 이과수 폭포의 명성에 가려진 비운(?)의 폭포라고 할 수 있다. 그러나 현지인들은 이 폭포를 '이과수 폭포의 동생(Hermana de Iguazú)'쯤으로 여긴다.

몬다으(Monday)는 '월요일'을 뜻하는 영어로 알고 있는 사람들도 있는데 이 단어는 원주민 언어인 과라니어다. 과라니어로 '몬다으(Monday)'는 '물 도둑'이라는 의미를 가지고 있다. 그 이유는 옛날 폭포 아래 물길을 지나던 인디언 과라니족들이 자주 빠져 죽어 그런 폭포 이름이 생겼다고 한다.

나는 36년 전 파라과이에 도착하던 그 이듬해에 사역지에서 가까운 이 폭포에 가족들을 데리고 처음으로 구경하러 왔었는데 그때는 주변에 부대시설이 하나도 없었고 지키는 사람도 없어서 폭포위의 널찍한 곳에 차를 세우고 내려가서 폭포의 찬물에 발을 담그고 얼굴을 씻기도 했다. 물론 입장료 같은 것은 아예 없었고 들어가는 길목은 붉은 황토 먼지로 뒤덮인 숲을 헤쳐 지나가야만 했을 정도로 열악했는데 삼십 수년이 지난 오늘 갔더니 놀랍도록 개발되어 있었다.

우선 입장료가 80,000과라니(미화 11불 정도)가 되고 기념품이나 간식을 파는 가게도 있고 젊은이들이 즐길 수 있는 유격용 고공 사다리들도 설치되어 있었다. 그리고 번지 점프를 할 수 있는 설비가 되어 있었고 또 엘리베이터가 설치되어 있어서 타고 내려가면 폭포 앞 전망대에서 시원하게 떨어지는 폭포를 바로 감상할 수 있도록 만들어 놨다. 주말에는 많은 관광객들이 많이 방문하는 곳이 되었다.

세상의 모든 것은 단순히 세월만 흘러간다고 저절로 좋아지는 것은 아니다. 오히려 그냥 내버려두면 점점 황폐해질 따름이다. 그러나 이것을 가꾸고 투자하고 개발하면 더 좋아질 수 있고 더 많은 사람들을 끌어 모을 수가 있다는 것을 나는 삼십 수 년 만에 다시 본 Saltos del Monday를 통해 배웠다.

우리의 신앙생활도 그렇다. 단순히 교회 출석 햇수만 늘어난다고 자연히 성숙한 신앙인이 되는 것이 아니라 열심히 말씀을 배우고 영성 훈련을 받으며 신실한 예배생활을 통해 신앙이 자라고 성숙하게 되는 것이다. 이 폭포를 바라보는 이마다 나와 같은 생각을 할 수 있기 바랄 뿐이다.

오늘 Saltos del Monday(몬다으 폭포) 방문을 위해 바쁜 시간을 쪼개어 동행해 주고

몬다으 폭포의 시원한 물줄기

몬다으 폭포(Catarata de Monday)에서 이병묵 집사와 함께

차량제공과 사진을 제공한 이병묵 집사에게 고마움을 표한다. 이 집사 부부는 내가 파라과이에 와서 처음으로 결혼 주례를 한 커플인데 지금까지 신실하게 주님을 섬기며 선교지에서 평신도 선교사 이상의 몫을 감당하는 귀한 부부다.

으브꾸이 국립 공원(Parque Nacional Ybycuí)

오늘은 파라과이 사람들이 자랑하는 국립공원 '으브꾸이'로 전도여행을 떠났다. 수도 아순시온에서 빠라과리주(Departamento Paraguarí)에 있는 으브꾸이 국립공원(Parque Nacional Ybycuí)까지의 거리는 150킬로미터이며 자동차로 3시간 30분쯤 걸린다.

어렵게 구한 스페인어로 된 전도지 한 뭉치와 전도지와 함께 나누어 줄 쭈뻬띤(Chupetin)이라고 부르는 막대사탕을 챙겨서 가방에 넣었다. 파라과이 사람들은 아이나 어른이나 할 것 없이 막대사탕을 주면 좋아한다. 입에 넣고 빨면서 다녀도 아무렇지도 않다. 그래서 전도지와 함께 막대사탕을 주면 너무나 좋아한다.

그리고 이곳이 폭포가 있는 곳이라 행여나 몸을 담글 기회가 오면 사용하리라 생각

으브꾸이 국립공원 입구

으브꾸이 국립공원 전경

하고 수영복과 수건도 챙기는 것을 잊지 않았다.

국립공원 입구에 들어서니 정복을 입은 경찰관 2명이 다가와 입장료를 내라고 한다. 얼마냐고 물었더니 1인당 2만 과라니, 주차비 1만 5천 과라니 총 3만 5천 과라니(약 5달러)라고 했다. 돈을 냈더니 영수증도 안 준다. 경찰관이 입장료를 받는 것도 이상하고 영수증도 안주는 건 더 이상하다. 그래도 웃으면서 막대 사탕과 전도지를 주면서 "예수 믿으라"고 과라니어로 "Tupa ñandeyara tanderovasa(하나님이 당신을 축복하시기를~"라고 했더니 "Taupeicha(아멘)"으로 화답한다. 나중에 나오면서 보니까 전도지를 열심히 읽고 있었다. 성령님께서 감화하시기를 기도했다.

주차 후 입구에서 얼마 떨어지지 않은 곳에 위치한 로사다(Rosada) 제철소 박물관으로 갔다. 입구에 앉아 있는 박물관 관람 해설사에게 인사하고 박물관에 관한 역사적인 이야기를 해 달라고 했더니 신나게 설명해 주었다. 나는 우선 '으브꾸이(Ybycuí)'의 뜻이 무엇인지 물었다. 과라니어에서 y는 '으'로 발음하며 뜻은 '물'이다. '으브(Yby)'는 '흙' 혹은 "모래"이며 '꾸이(cuí)'는 "아주 미세한 분말의 흙도 아니고 굵은 입자의 모래도 아닌 중간 알갱이 입자의 토지"정도로 이해하면 된다고 했다. 이 지역의 흙이 이런 형태이기 때문일 것이다. 따라서 으브꾸이(Ybycuí)를 굳이 우리말로 풀이한다면 '물과 흙' 정도가 될까? 궁금했었는데 설명을 잘 해 주었다.

그리고 로사다 제철소는 1850년에 세워져 삼국동맹 전쟁이 한창이던 1869년까지 약 50년간 운영되다가 전쟁 때문에 파괴되고 문을 닫았다고 한다. 이 제철소는 남미 최초의 철을 생산하는 공장이었고 그때 생산된 철로 농기구와 무기를 만들었다고 덧붙였다.

나는 그에게 친절한 설명에 감사한다고 인사하고 예수 믿으라고 하면서 전도지와 막대 사탕을 선물로 주고 함께 기념사진을 찍었다. 그도 역시 나와 작별한 후에 의자에 앉아서 막대사탕을 빨면서 열심히 전도지를 읽어내려 갔다.

다시 입구로 나와서 차로 2킬로미터쯤 올라가면 폭포와 쉼터가 나타난다. 목적지에 도착하니 어디서 맹렬하게 쏟아지는 물소리가 들렸다. 숲을 헤치고 소리가 나는 쪽으로 들어가니 눈앞에 시원한 물줄기가 쏟아져 내리고 있었다. 이름대로 Ybycuí 의 Y(

로사다 제철소 박물관

로사다 제철소 박물관

로사다 박물관 해설사와 함께

으브꾸이 국립 공원 폭포

물)가 나타난 것이다. 사실 내 눈에 보기에는 국립공원의 폭포라고 이름을 붙이기에는 좀 민망할 정도의 규모이지만 수십 차례 이과수 폭포를 보면서 눈이 높아진 내 눈에 그렇게 보일 뿐이지 파라과이 사람들에게는 멋지고 자랑스러운 휴식공간이 틀림이 없다.

파라과이를 여행하는 사람이라면 꼭 한 번 들러 봐야 할 필수 코스로 추천한다.

레만소 다리(Puente Remanso)

레만소 다리(El puente Remanso)는 파라과이 센트랄주(Departamento Central)의 마리아노 로께 알론소(Mariano Roque Alonso)와 차코 지역의 관문 빌랴 아예스주(Departamento Villa Hayes) 사이를 연결하는 다리인데 푸른 파라과이강을 가로질러 파라과이의 동. 서부를 연결해 주는 주요 교량이다. 이 다리를 건너서 20킬로미터만 더 가면 이웃 나라 아르헨티나를 만나게 된다.

30여 년 전 레만소 다리 밑에서 낚시를 한 기억이 있어서 옛 추억을 더듬어 가보니 낚시꾼 몇 명이 낚시를 하고 있었다. 이전에는 도라도(Dorado), 수루비(Surubí), 빠꾸(Pacú), 바그레(Bagre) 등의 어종이 많았는데 지금은 이전만 못하다고 한다. 특히 과거에 비해 강이 오염되었고 수량도 줄어서 고기잡이가 시원찮다고 했다. 세월을 이기는 장사가 없다는 생각이 들었다.

최근에 레만소 다리를 이용하는 차량이 급증해 교통 해소를 위해 이 다리에서 8킬로미터 상류에 "차코 영웅의 다리(El Puente de los Héroes)"를 건설했고 2024년 3월 3일에 개통했다. 파라과이가 자랑할 만한 또 하나의 명물이 탄생한 셈이다.

다리는 이 지역과 저 지역을 연결하는 역할을 하는 교량이다. 교통 통행의 편의를 위해서 제2, 제3의 다리를 계속 놓을 수 있다. 그러나 인간과 하나님 사이를 이어주는

레만소 다리 전경

멀리서 본 레만소 다리

유일한 다리는 중보자 예수 그리스도뿐이며 그 어떤 것으로 대치할 수 없다. 아름다운 레만소 다리를 건너면서 "우리의 유일한 길이요 진리요 생명되신" 주님께 감사했다.

챠코 영웅들의 다리(Puente de los Héroes del Chaco)

내가 파라과이로 돌아온 후 내가 선교지를 비운 13년간 놀랍도록 발전한 아순시온을 보는 가운데 가장 눈에 띈 것이 크고 웅장하며 아름답게 건축된 다리가 하나 생겼다는 것이다. 이 다리의 이름은 챠코 영웅들의 다리(Puente de los Héroes del Chaco)라고 부르는 건축물이다. 이것은 파라과이의 전쟁의 영웅, 프란시스코 솔라노 로페스(Francisco Solano López, 1864-1870)장군의 지도력과 국가에 대한 충성을 기리기 위해 세운 기념물 중 하나다.

2024년에 개통된 이 영웅의 다리는 파라과이 아순시온의 중요한 랜드마크 중 하난데 아순시온과 파라과이의 다른 지역을 연결하는 중요한 교통로이기도 하며, 파라과

차코 영웅들의 다리..건너면 차코지역

코스타네라에서 바라본 차코 영웅들의 다리

이의 역사적 상징성을 지닌 구조물이다. 이 다리는 콘크리트와 강철로 구성된 구조로, 현대적인 설계와 뛰어난 엔지니어링 기술을 활용한 작품이다. 아순시온을 방문하는 방문객들이 반드시 가봐야 할 명소가 되었고 아순시온시에서 이 다리 부근에 남미에서 가장 큰 축구 경기장을 건설할 계획을 가지고 있다.

자과론(Yaguarón) 지역

오늘의 전도여행 목적지는 자과론 성당(Catedral de Yaguarón)으로 유명한 빠라과리 주(Departamento Pataguarí) 자과론시(Ciudad de Yaguarón)다. 수도 아순시온에서 50Km 정도 거리에 있으며 자동차로 1시간 20분 정도 걸린다. 성경책과 전도지 그리고 전도지와 함께 줄 막대사탕을 충분히 준비했다. 그리고 음료수병 2개를 꽁꽁 얼려서 차에 실었다.

전도여행을 할 때 빠지지 않고 하는 기도가 있다. 혼자 다니기 때문에 모든 위험과 사고에서 지켜 주시고 오늘도 예비된 사람들을 만나게 해 달라는 기도다. 특히 오래 전에 스페인에서 친구 목사에게 배운 찬송가를 힘차게 부른다. "오늘 내게 한 영혼 보내 주시옵소서. 길을 잃고 헤매며 방황하는 자에게~" 이 찬송을 부르면 힘이 난다.

이 도시는 1586년 인디언들이 와서 살기 시작하면서 형성된 마을로서 프란시스코 선교단의 루이스 데 블라뇨(Luis de Bolaño), 알론소 데 부에나벤투라(Alonso de Buenaventra) 신부에 의해 발전되었다. 자과론 성당은 1755년에 착공, 17년간 건축해 1772년에 완공되었다. 예술적인 가치가 매우 높아서 1954년에 유네스코(UNESCO)에 세계문화유산으로 등재됐다

이십 수년 전에 가족과 함께 이곳을 처음으로 방문한 적이 있는데 초등학교에 다니던 아들은 절대로 성당 안으로 안 들어가려고 했다. 심지어는 성당 뜰도 안 밟으려고 하면서 밖에서 혼자 있었다. 왜 그러느냐고 물었더니 "천주교 성당에 개신교 교인이 들어가면 되나요? 더구나 선교사님이…"라고 하면서 오히려 나를 이상한 눈으로 쳐다보았다. 내가 아들에게 "우리가 예배드리러 들어가는 게 아니라 문화유산이라서 관광차 들어가는 거야" 라고 설명해도 결코 안 들어갔다. 그 아들이 지금 가톨릭 국가인 필리핀에서 선교사로 사역하고 있으니 하나님의 계획은 참으로 놀랍다.

이십 수년의 시간적인 공간을 뛰어 넘었고, 그 당시에 이곳에서 살던 사람들은 떠

자과론 성당

성당 앞에서

자과론 성당 외부

자과론 성당 내부

자과론 성당 예수상

났든지 이사를 갔지만 정 깊은 도시와 오래된 자과론 성당은 여전히 그 자리를 묵묵히 지키고 있었다.

오늘도 나무 그늘 아래서 시원한 전통음료 떼레레(Tereré)를 마시는 사람들에게 다가가서 전도지와 막대사탕을 나누어 주면서 전도했다. 사람들은 막대사탕 때문인지 전도지를 안 받는 사람을 지금까지 한 명도 못 봤다. 고기를 낚을 때 바늘에 왜 미끼를 달아야 하는지 알 수 있을 것 같다. 오늘은 너무 더워서 사람들에게 충분하게 시간을 가지고 복음을 설명할 여유가 별로 없었다. 다만 전도지를 꼭 읽어보겠다고 했으니 그들이 전도지를 읽는 순간 성령께서 역사하시고 영의 눈이 뜨이기를 간절히 기도했다.

유네스코에도 등재된 이 자과론 성당 문화유산을 꼭 한번 방문해 보시기를 권한다.

사뿌까이(Ciudad de Sapucai)

사뿌까이(Sapucai)는 빠라과리주(Departamento Paraguarí)에 있는 아주 조그만 도시로 수도 아순시온에서 92Km 떨어진 곳에 위치해 있고 자동차로 2시간 10분가량 걸린다. 이번에 방문한 사뿌까이는 내가 오래 전에 개척해 섬겼던 아과비바교회의 고 베아뜨리스 인판손(Beatríz Infanzón) 자매의 고향이다.

지금은 천국에 가 있지만 그녀는 참으로 신실하고 믿음 좋은 자매였다. 그 자매는 영국 웨일즈 지역 출신의 아버지가 오래전에 철도 기술자로 파라과이에 왔다가 아르헨티나 출신의 어머니와 결혼해서 정착하게 되어 태어난 영국인 2세라고 자신을 소개했다. 그래서 자기가 태어난 곳이 사뿌까이(Ciudad de Sapucai)이고 거기서 자랐다고 늘 고향 이야기를 해서 그때 처음으로 사뿌까이가 기차의 고장임을 알았고 꼭 가보고 싶었는데 이제서야 방문하게 되었다.

그 자매는 영국인 2세라서 영어도 잘했고 예의범절도 귀품이 있었다. 미국에서 의료선교팀이 오면 의례히 통역을 맡아서 했고 교회 봉사도 앞장섰는데 어느 날 그의 모친이 세상을 떠났다. 비록 믿지 않고 죽었지만 내가 장례 예배를 주관했다. 그 자매는 모친이 예수를 믿지 않고 죽었기 때문에 당연히 어디로 갔는지 알고 있었지만 그래도 너무나 안타까운 나머지 울면서 내게 "목사님, 우리 엄마가 천국에 갔겠죠? 그렇죠?"라고 재차 물어서 나는 대답하기 곤란하여 "예, 모친은 하나님이 준비하신 곳으로 가셨습니다"라고 대답했던 기억이 있다. 이런 경우가 장례를 주관하는 목사에게 있어서 참으로 괴로운 일이다.

이렇게 외지고 작은 시골 마을에서 영국 사람들이 그 옛날에 기차를 직접 설계, 제작, 설치 그리고 운행까지 했다고 하니 믿어지지 않는다. 그것도 수도 아순시온에서 제3의 도시인 엔카르나시온(Ciudad de Encarnación)까지 장장 370Km를 운행했다고 하니 더 놀라왔다. 물론 석탄을 때며 증기로 운행하던 초기의 기차라서 속도도 느렸겠지만 남미에서 최초로 기차를 운행한 기록을 가지고 있다는 말을 들으니 참으로 대단하다는 느낌을 받았다.

 이 기념관은 세 영역으로 나누어져 있었는데 야외 기차 전시물, 기차 제작공장 그리고 박물관이다. 파라과이의 철도 및 열차의 역사는 1856년에 시작됐다. 대통령 까를로스 안토니오 로페즈(Carlos Antonio López) 시대에 정부의 야심찬 국책사업으로 시작해 아순시온(Asunción)에서 빌랴리까(Villarrica)까지 운행하다가 3국 동맹전쟁(La Guerra de Triple Alianza)으로 일시 중단되었다가 1870년에 영국계 민간회사에 넘어

사뿌까이 기차 박물관 앞

기차 박물관 내부

기자 부품 및 수리도구

기차 수리공장

갔다. 이때 영국인들이 기술자로, 직원으로, 일꾼으로 많이 들어와서 일하면서 기차 제작 공장 건너편에 30여 채의 직원 관사를 짓고 1894년에는 대규모의 공장도 건축해 본격적으로 발전됐고 이것이 거의 1960년까지 유지됐다.

사뿌까이 기차 박물관 야외 전시장

 최근에는 열차 산업을 다시 일으키려고 정부에서 계획하고 대한민국 정부와 함께 수차례 연구하고 타당성을 검토했으나 일단 수익성이 없고 그 엄청난 예산을 조달하기 어려워 이 계획은 보류가 되었고 대신에 남미 최초의 기차라는 역사적인 의미가 있으니 관광 상품으로 개발하자는 논의는 지금도 활발하게 하고 있다고 한다. 나는 이것을 보면서 과거의 호화로운 역사를 향수처럼 그리워하는 것보다 그 역사를 유지하기 위해 노력해야 하며 후손들에게는 더 나은 유산을 물려주는 것이 중요하다는 것을 깨달았다.

산 베르나르디노(Ciudad de San Bernardino)

 산 베르나르디노(San Bernardino)시는 수도 아순시온에서 55Km 떨어진 아름다운 호반 도시로 파라과이 최대의 담수호인 으빠까라이 호수(Lago de Ypacaraí)를 끼고 있다. 자동차로 1시간 20분 정도 걸리는 가까운 곳에 있는데 휴양도시로 유명하다. 바다가 없는 파라과이에서 이 도시는 숙박시설과 레저 시설이 잘 되어있고 여름 휴가철에는 피서객으로 가득하다. 호수를 배경으로 하는 경관과 경치가 뛰어나기 때문에 파라과이의 부자들이 많이 모여 살고 있으며 개인 별장을 가진 사람들이 많다.

산 베르나르디노 표지판　　　　　　　　　으빠라까이 호수

으빠라까이 호수로 유명한 산 베르나르디노(Ciudad de San Bernardino)

그런데 호수가 얼마나 큰지 몇 개 도시와 마을들에 걸쳐서 호수가 형성되어 있는데 안타까운 것은, 으빠까라이 호수 주변에 사는 주민들이 오랜 기간 동안 오물과 쓰레기들을 마구 버리는 바람에 호수가 심각하게 오염되어 있다. 그래서 최근에 이 아름다운 호수를 다시 살리자는 운동을 벌이고 있으나 드는 비용이 천문학적 단위라서 감히 엄두를 못 내고 있다고 한다.

나는 여기에 한국의 자본과 기술력이 가미되면 호수도 살리고 경제적인 효과도 놀랍게 창출할 수 있을텐데.. 하는 생각도 해 보았다.

이 도시는 숙박시설이 비교적 잘 되어 있고 경관도 빼어나기 때문에 각종 국제적인 모임이 이 도시에서 있고 특히 여름에는 남미에서 활동하는 가수 등 연예인들이 콘서트나 패스티벌을 열어서 많은 관광객들을 유치하고 있다. 한인 선교사들의 수련회도 여러 차례 이 도시에서 가지기도 했다.

파라과이강과 아순시온 세관(Río Paraguay y la Aduana de Asunción)

파라과이는 바다가 없는 중남미 유일의 내륙국이다. 한국으로 말하자면 충청북도와 같은 곳이다. 그러나 바다가 없는 대신에 강이 그 역할을 해서 물자 수송을 강을 통해서 하는데 대부분의 화물이 우루과이의 몬테비데오(Montevideo)를 거쳐서 파라과이강을 거슬러 올라 아순시온항까지 운송된다. 파라과이는 육. 해. 공군 등 3군을 모두 보유하고 있는데 바다도 없는 이 나라에서 3군 가운데 해군이 제일 막강하다는 것이 참으로 아이러니하다.

보통 국가 간의 수출입은 화물기를 통한 공중 물류 이동, 화물차를 통한 지상 물류 이동 그리고 화물선을 통한 해상 물류 이동을 하는데 파라과이는 해상 대신 수상 물류 이동을 파라과이 강을 통해서 하고 있으며 종착점은 아순시온 중앙세관(Aduana

아순시온 세관　　　　　　　　　　파라과이 강

파라과이강과 아순시온 세관(Río Paraguay y la Aduana de Asunción)

Central Asunción)이다. 이 세관은 파라과이 강변에 위치해 있는데 시내 중심가에 근접해 있어서 물자를 신속하게 운반할 수 있는 장점이 있다. 인적이 드문 토요일 오후에 아름다운 파라과이 강변을 거닐어 보니 오랜만에 불어오는 시원한 강바람이 이마를 스친다.

이따이뿌 댐(La Represa de Itaipú Binacional)

파라과이가 세계적으로 자랑할 만한 것이 하나 있다면 그것은 에르난다리아스 시(Ciudad de Hernandarias)에 있는 이따이뿌댐(la Represa de Itaipú Binacional)이다. 이곳은 아순시온에서 340킬로 지점에 있으며 자동차로 5시간 30분 걸리는데 파라과이와 브라질의 합작품으로 현존하는 세계 최대의 수력발전소다.

이따이뿌 댐은 세계 7대 불가사의 가운데 하나로 불리는데 이 댐의 건설을 위해서 다국적 기업들이 참여해 천문학적인 비용을 들여서 완공했다. 아쉽게도 이 댐의 건설로 인해 상류에 있던 일곱 폭포로 불리던 아름다운 과이라 폭포(Cataratas de Guairá)가 수몰되어 그만 호수 아래로 사라졌다.

이 댐은 파라과이와 브라질을 가르는 파라나강 협곡(Valle del Río Paraná)에 1975년~1982년까지 건설했고 시간당 1,400만 Kw의 전력을 생산해 세계 최대 규모의 발전소를 보유하게 됐다. 이따이뿌댐은 파라과이와 브라질이 공동으로 투자하고 공동 건설, 공동운영 그리고 공동분배의 원칙으로 세워졌다. 이곳에서 생산되는 발전량은 한국의 모든 발전량의 15배에 달하며 총 20개의 터빈(Turbina, 발전기)을 댐의 밑바닥에 있는 발전소에 설치해 큰 낙차를 이용해 터빈을 돌려 전력을 생산한다.

현재 가동하는 20개의 터빈은 파라과이와 브라질이 각각 절반인 10개씩 소유하고 있는데 파라과이는 전력의 소비가 그리 많지 않아서 90%의 전력을 브라질에 판매한

이따이뿌댐의 수문

이따이뿌댐

이따이뿌댐 앞에서

이따이뿌 박물관 입구

이따이뿌댐 하류

다. 댐의 수량을 조절하기 위해 설치한 수문은 총 3개인데 비가 많이 와서 댐의 물이 꽉 채워지면 물을 빼 주는데 3개의 수문이 동시에 열리면 그 광경은 실로 엄청난 장관을 연출한다. 나는 이곳에서 오래 살았지만 수문 3개를 모두 개방한 것을 몇 번 보지 못했다. 파라과이를 방문하면 반드시 봐야 하는 곳 가운데 하나다.

  이따이뿌댐의 관람료는 무료인데 미리 예약해야 한다. 이따이뿌댐에 시간 맞춰 도착하면 다과를 무료로 제공하고 관람 전에 댐의 역사와 설치과정을 보여주는 다큐멘터리 영화를 상영한다. 영화 관람 후 이따이뿌 회사에서 준비한 관광버스에 오르면 일정이 시작된다. 버스는 댐 전체를 조망할 수 있는 전망대에서 잠시 멈추고 사진을 찍고 구경을 하게한 뒤에 다시 출발해 브라질 쪽으로 넘어간다. 이전에는 터빈을 설치한 지하 시설까지 관람할 수 있었는데 요즘은 생략한다. 버스는 브라질 쪽을 돌아서 댐 위로 올라가서 수몰되어 바다처럼 된 넓은 호수를 보면서 더 파라과이 쪽으로 넘어와서 출발했던 곳에 도착하면 관람 여정이 모두 끝난다.

　이따이뿌 댐 진입구 전 1킬로미터에는 이따이뿌 박물관(Museo de Itaipú Binacional)이 있다. 이 박물관에는 이따이뿌댐을 만들기 전에 수몰 예정지역에서 채취한 방대한 동물들과 어류들과 식물들의 표본을 전시해 놓았고 그 지역에서 발견된 고대 인디언들의 유물들을 수집해 전시해 놓았다. 이것을 통해 그 당시 이 지역에서 거주하던 원주민 인디언들의 생활상을 간접적으로 볼 수 있고 그 지역에서 집은 야생동물들 모아서 동물원을 만들어서 관람객들에게 개방해 놓았다. 관람을 위해서는 미리 예약해야 하는 것이 필수다.

자스레따댐(Entidad Binacional Yacyretá)

　파라과이에는 세계적인 댐이 두개 있다. 하나는 이따이뿌댐(Entidad Binacional Itaipú)이고 다른 하나는 자스레따댐(Entidad Binacional Yacyretá)이다.

　이따이뿌댐은 파라나강(Río Paraná)을 막아서 만든 댐으로 파라과이와 브라질의 국경인 에르난다리아스(Hernandarias)시와 포스 도 이과수(Foz do Iguaçu)시 사이에 있으며 파라과이와 브라질 두 나라가 공동으로 건설했고 공동으로 운영하고 있으며 절반씩 소유하고 있다.

자스레따댐도 마찬가지로 파라나강(Río Paraná)를 막아서 만든 댐으로서 파라과이와 아르헨티나의 국경인 아졸라(Ayolas)시와 꼬리엔떼(Corrientes)주 사이에 있으며 역시 파라과이와 아르헨티나 두 나라가 공동으로 건설했고 공동으로 운영하고 있으며 역시 절반씩 소유하고 있다.

"자스레따(Yacyretá)"는 과라니어로 "달의 땅(Land of the Moon)"이라는 뜻인데 자

파라과이 제2의 수력발전소 댐 자스레따댐

자스레따 댐 원경

자스레따 댐 휘장

자스레따 댐 박물관 내부 및 유물들

제 2부 남미의 심장 속으로(Al corazón de America del sur)

방류 직전 자스레따 댐

스레따댐은 1983년에 공사를 시작해서 11년만인 1994년에 완공하고 전력을 생산하기 시작했다. 총공사비는 15billion(빌리온) 달러가 들어갔고 두 나라의 인부 8천명이 투입되었다. 1개의 터어빈에서 하루 155메가와트의 전력을 생산, 총 20개의 터어빈에서 3,100메가와트의 전력, 연간 20,700GWH의 전력을 생산해 낸다.

이 댐을 관람하기 위해서는 Oficina de la Relación república(관람 사무실)에 예약을 해야 하며 안내원이 동행하는데 관람비는 무료다. 관람 시간은 오전 8시, 10시 그리고 오후 1시다. 관광객은 관람 전에 미리 자스레따댐에 관한 영화를 보고나서 회사에서 제공하는 버스를 타고 들어가서 관람을 하도록 되어있다.

주변에는 자스레따 박물관(Museo)이 있는데 이 댐을 건설할 때 미리 채취해 두었던 자연(동식물과 인디언 유물) 등을 전시해 놓았다. 그리고 간단한 기념품들도 살 수 있는 코너도 준비되어 있다.

자스레따댐은 수도 아순시온(Asunción)에서는 자동차로 5시간 30분, 제2의 도시인 델에스떼(Del Este)에서는 6시간 30분 걸리는 먼 거리에 있다는 것이 좀 아쉽지만 방문해보면 충분히 그만한 가치가 있음을 알게 될 것이다.

남미축구연맹 박물관(Museo de CONMEBOL)

　남미는 축구대륙, 파라과이는 축구의 나라다. 남녀를 불문하고 아이들에게 "장차 뭐가 되고 싶으냐?"하고 물으면 10명 가운데 절반 이상이 축구 선수가 되고 싶다고 대답한다. 파라과이를 방문하는 사람이 놓치면 안 되는 명소를 소개한다 바로 루께시(Ciudad de Luque)에 본부를 두고 있는 "남미축구연맹 박물관(Museo de CONMEBOL)이다.

　남미축구연맹은 남아메리카 10개 국가를 회원으로 두고 해당 지역의 축구 경기를 관할하는 국제 축구단체인데 1916년 7월 9일 우루과이 출신 엑토르 리바다비아(Héctor Livadavis)를 중심으로 설립되었고 아르헨티나, 브라질, 칠레, 우루과이, 파라과이, 콜롬비아, 에콰도르, 멕시코, 페루, 베네수엘라 등이 회원국이다.

　남미축구연맹(CONMEBOL)은 다른 대륙 별 축구연맹과 마찬가지로 국제축구연맹(FIFA) 주관 월드컵, FIFA 여자 월드컵, FIFA 비치 사커 월드컵, FIFA 풋살 월드컵 등의 지역 예선전을 관장하고 있다. CONMEBOL은 '코파 리베르타도레스(Copa Libertadores)와 '코파 수다메리카나(Copa Sudamericana)'라는 명칭을 가진 2개의 남아메리카 클럽 대항전을 개최하고 있다.

남미축구연맹 박물관 앞에서

남미 축구 구단 별 마크

남미 축구 스타들 모형

메시, 펠레, 마라도나 그리고 이정건

연도별 우승컵

연도별 각국 선수 유니폼

　코파 리베르타도레스(Copa Libertadores)는 1960년부터 열리기 시작한 클럽 대항전으로 남미축구연맹에 소속된 국가별로 상위 3~5개의 클럽과 중미에서 3개 클럽이 참가해서 열리는 클럽 대항전이다. 여기서 우승한 팀은 FIFA에서 주최하는 '클럽 월드컵'에 출전할 자격이 주어진다. 코파 수다메리카나(Copa Sudamericana)는 2002년부터 열린 클럽 대항전으로 이 대회의 우승팀은 코파 리베르타도레스(Copa Libertadores 우승팀과 슈퍼컵 대항전을 벌인다.

　CONMEBOL이 주관하는 국가대항전인 '코파 아메리카'는 1916년 아르헨티나에서 처음 개최된 이후 2023년 현재까지 아르헨티나가 25회 우승을 차지했고 가장 최근의 우승팀은 브라질의 플루미넨시 FC으로 2023년에 우승했다. 파라과이는 총 3회 우승했고 준우승을 5회 했다.

　이 박물관에는 밀납으로 만든 전설적인 세 명의 월드 스타들이 있다. 축구황제 펠레

(Pelé), 축구의 신 메시(Messi) 그리고 신의 손이라 불리는 마라도나(Maradona)도 만나서 함께 어깨동무하고 사진도 찍을 수 있다.

이 박물관은 예약이 필수이나 나는 예약 없이 방문했고 관람료는 없다. 관람 시간은 월~금까지는 08:00~18:00, 토요일은 08:00~12:00, 일요일은 문을 닫는다.(Las fechas de visitas se otorgarán de acuerdo al orden de reserva, que será totalmente gratuita. El horario para atención es de lunes a viernes de 8:00h a 18:00h y los sábados de 09:00h a 12:00h. Los domingos permanecerá cerrado).

꼭 방문해 보시길 추천한다.

파라과이 독립기념관(Museo de la Casa de Independencia)

어느 나라나 건국일(Día de la Fundación Nacional)이 있고 독립기념일(Día de la Independencia Nacional)이 있다. 파라과이는 스페인의 식민국가(Colonial Español)로 오랜 기간동안 있다가 1811년 5월 14일에 독립했다. 이것을 기념하기 위해서 독립운동을 주도하던 인물들 모여서 회의도 하고 독립운동 계획들을 논의하고 독립선언문을 만들었던 집을 독립선언 154주년 기념일인 1965년 5월 14일에 "파라과이 독립 기념

파라과이 독립기념관 입구

파라과이 독립기념관 표지판

박물관(Museo de la Casa de Independencia)으로 개장했다.

이곳에는 독립에 관련된 오래된 자료들이 잘 보관되어 있고 입구에 들어서면 왼편에 타일로 제작된 스페인 식민지 시절 당시의 아순시온 모습이 담긴 지도가 눈에 띄는데 식민지 사령부, 병영, 교회 등이 그려져 있다. 이때 지어진 건물은 거의 사라졌다. 교회는 대표적인 관광지가 되었고 정부 관료들이 머물던 건물은 이 독립관이 되었다. 파라과이 최초의 호텔인 과라니 호텔(Hotel Guaraní)앞에 있는 공원은 이전에는 아순시온 중앙 시장(Mercado Central de Asunción)이었다.

인상적인 것은 1811년에 파라과이 사람들이 스페인으로부터 독립 선언을 하고 몰래 빠져나간 거리의 벽에는 독립 선언 주도한 사람들 이름이 적혀 있다. 우리나라로 말하자면 3.1운동 당시 민족 대표 33인 정도라고나 할까? 이후 2년 동안 이 집에서 독립과 정부 운영 계획을 하고 1813년에 아순시온 의회(Congreso Nacional de Asunción)가 소집되고 1840년까지 지배하며 헌법을 만들었던 프란시아 박사(Dr. Rodríguez de

파라과이 독립기념관 외부

독립기념관 유물들 독립기념관 유물들

파라과이 독립기념관(Museo de la Casa de Independencia) 내부

Francia)가 피를 흘리지 않고 평화적으로 독립을 선포했다.

이것을 둘러보면서 식민 통치에서 신음하던 파라과이 사람들이 해방되어 자유를 찾았을 때 기뻐하며 소리치던 함성이 들리는 듯하다. 죄의 종이었던 나를 해방시키시고 천국시민으로 신분 상승해주신 주님의 은혜가 새삼스럽게 고맙다.

이 박물관은 1954년에 세계문화유산으로 유네스코(UNESCO)에 등록되었으며 관람료는 무료다. 관람시간은 월~금까지는 07:00~18:30, 토요일은 08:00~12:00까지인데 주일(일)은 휴관이다. 파라과이를 찾아오는 방문객은 파라과이의 건국역사를 알기 위해서는 반드시 들러 봐야 하는 필수코스다.

아순시온 강변도로(La Costanera de Asunción)

오늘은 아순시온의 상징이자 명소인 아순시온 강변도로(La Costanera de Asunción)

를 방문했다. 마침 파라과이 기상청에서 오늘은 금년 들어서 가장 추운 날씨가 될 것이라고 예보했고 기온은 영상 2도인데 체감 온도는 0도라고 발표했다. 그래서 오늘은 미국에 있는 딸이 사준 두터운 겨울 점퍼를 처음으로 입고 단단히 무장을 하고 나갔다.

지금이 비록 겨울 방학철이라 사람들이 많이 붐비리라 예상하면서도 추우면 꼼짝도 안하는 현지인들이라 생각보다는 사람들이 적으리라 생각하고 오늘 전도 대상자는 경찰 공무원들로 잡았다. 그 이유는 요즘 강변도로 지역에서 발생하는 치안문제들로 평소에 이 지역을 지나가다 보면 경찰들이 많이 있는 것을 보았기 때문이다.

코스타네라(la costanera: 강변도로)는 파라과이 독립 200주년 기념사업으로 아순시온을 끼고 흐르는 파라과이강 주변에 강변도로 및 산책로를 만들고 대규모 관광단지를 만들기 위해 파라과이 정부가 야심차게 기획한 대규모 작품이다. 일단 길이

아순시온 강변도로(Costanera)

아순시온 강변도로(Costanera) 표지판

아순시온 강변도로(Costanera) 표지판

코스타네라 강변의 놀이시설

2.8Km, 공사비 2,500만 달러를 들여 2013년 7월에 1차로 북쪽 강변도로(Costanera del Norte)를 개통했고 그 이후에도 계속 그 길이를 확장시켜 나가고 있으며 2024년 7월 14일에는 남쪽 강변도로(Costanera del Sur)를 개통했다.

이 코스타네라 개통으로 상습 침수 지역이었고 빈민가 사람들의 거주 지역으로서 우범지대의 대명사였던 짜카리따(Chacarita) 지역이 아순시온을 방문하는 사람들이 가고 싶어하는 명소로 환골탈태하게 되었다.

이 코스타네라는 주변에 있는 대통령궁과 국회의사당 그리고 정부 주요 관청과 구 식민시대의 건축물로 가득한 시내 중심가와 연계되어 있고 근처에는 관광객들이 즐겨 찾는 전통공예품을 파는 상가와 전통음악과 음식을 맛볼 수 있는 식당들이 많다. 파라과이 관광청에서는 곧 시원하게 탁 트인 파라과이강 위에 유람선을 띄워 시민들과 관광객들이 주말마다 이곳에서 선상파티를 할 수 있도록 계획하고 있다.

코스타네라에서 경찰들과

제주도에서 가지고 온 돌 하르방과 제주 해녀 동상

아순시온 강변도로 라 꼬스따네라(La Costanera de Asunción)

제 2부 남미의 심장 속으로(Al corazón de America del sur)

나는 우선 주차할 수 있는 안전한 지대에 차를 세우고 그곳을 지키는 경찰들에게 젤리 사탕과 전도지를 주면서 전도했고 위치를 옮길 때마다 치안 유지와 교통의 흐름을 감시하는 경찰들을 대상으로 막대사탕과 전도지로 전도했다. 나중에는 전도지가 바닥이 났고 전도지 대신에 "하나님이 당신을 얼마나 사랑하는지 아십니까?" 하면서 말을 걸고 사탕을 나눠주면 누구나 고맙다고 했고 "목사님이세요?" "교회 전화번호가 어떻게 되죠?"라고 묻는 사람도 있었다.

강변도로를 따라 걸으면서 주변의 풍경을 사진에 몇 장 담았다. 주말마다 사람들로 꽉 차기 때문에 어린이들을 위한 놀이시설과 먹거리를 파는 푸드 트럭이 많았고 파라과이 강변에서 텐트를 치고 모여서 이야기를 나누는 사람, 강낚시를 즐기는 사람, 수상 조정을 타는 사람 그리고 자전거를 타는 사람들이 눈에 들어왔다. 날씨가 추워서 비교적 한적해서 혼자서 여기 저기를 산책하기에는 참 좋았다.

그런데 거기에 생뚱맞게도 마하트마 간디 동상이 있어서 안 어울린다 싶었을 때 근처에 내 눈을 확~ 끄는 기념물이 있어서 가 보았다. 메이드 인 코리아(Made in Korea)다. 돌 하르방과 제주 해녀의 형상물이 아닌가? 2011년 제주도가 세계 7대 자연경관 명소 지역으로 선정되도록 지지해준 파라과이에 대한 감사표시로 제주특별자치도에서 직접 제주도의 현무암으로 제작해 2015년 12월에 기증한 돌 하루방과 제주 해녀 동상이다. 이것을 보면서 마치 제주해변에 와 있는 느낌을 잠시 가져 보았다.

고국을 떠나면 누구든지 애국자가 된다는 말이 맞는 것 같다. 해외에서 한국을 연상시키는 제품이나 물건들을 만나면 내 조국 대한민국이 생각나며 내가 한국인인 것이 자랑스럽게 느껴진다. 남미를 여행하는 사람들은 별로 볼 것 없는 나라로 생각하고 그냥 지나치는 파라과이가 얼마나 아름다운 나라인지 와서 경험해 보시길 바란다.

요 1:46, "나다나엘이 이르되 나사렛에서 무슨 선한 것이 날 수 있느냐 빌립이 이르되 와서 보라 하니라"

예수교 선교회의 헤수스 데 타바랑게
(Misión Jesuítica Guaraní Jesús de Tavarángue)

파라과이에는 1993년 유네스코(UNESCO) 세계유산에 함께 등재된 곳이 있는데 하나는 이미 소개했던 예수교 선교회의 라 산티시마 트리니닷 데 파라나(La Santísima Trinidad de Paraná)이고 다른 하나를 헤수스 데 타바랑게(Misión Jesuítica Guaraní Jesús de Tavarángue)다. 이 두 곳은 둘 다 이따뿌아주(Departamento de Itapúa)에 있고 둘 사이는 약 10Km 떨어진 곳에 위치하고 있다.

헤수스 데 타바랑게(Jesús de Tavarángue)는 라 산티시마 트리니닷 데 파라나(La Santísima Trinidad de Paraná)와 함께 파라과이에서 중요한 역사적 유산 중 하나로 손꼽히며 이곳을 방문하는 여행객은 파라과이의 역사와 문화를 함께 배울 수 있는 소중한 기회가 될 수 있다. 1685년에 이 마을이 조성됐고 1750년에 교회 건축을 시작했다. 그러나 9년의 시간을 투자했지만 아쉽게도 끝내 완공을 하지 못했다.

라 트리니닷(La Trinidad)과 달리 이곳이 완성되지 못한 이유는 스페인 국왕의 고심 때문이었다. 국왕은 선교사들이 현지 원주민인 과라니족을 계몽해 서로 잘 지내게 되자 후에 과라니족이 스페인에 반기를 들고 일어날까 봐 걱정이 되었다. 당시 스페인 본토 사람들은 과라니족을 부려먹기 좋은 우수하고 용감한 동물 정도로 생각했는데

헤수스 데 타바랑게 입구

헤수스 데 타바랑게 유적들

헤수스 데 타바랑게 박물관 내부 전시물   해설사 훌리오 베니테스와 함께

선교사들을 통해 이들이 교육과 계몽에 힘입어 그들이 점점 똑똑해지자 두려웠던 것이다. 그래서 결국 국왕은 선교사들을 본국으로 소환하고 과라니족을 무력으로 통치할 정부 관료들을 대신 보냈다.

그러나 이미 스페인 군인들에게 온갖 착취와 폭력을 당했던 과라니족은 그들을 믿지 않았다. 결국 숲으로 다시 도망가서 숨어 버렸고 가슴 아프게도 이곳은 그만 죽은 도시가 되고 나중에는 폐허가 되었다.

그럼에도 불구하고 예수회 수도원 목적으로 건축된 이 유적지는 파라과이의 과거와 현재를 이어주는 다리 역할을 하고 있다. 헤수스 데 타바랑게는 거대한 석조 건물로 이루어져 있으며, 그 세부적인 디자인과 조각을 통해 파라과이의 예술적 재능이 얼마나 뛰어난 지 엿볼 수가 있다. 헤수스 데 타바랑게는 역사적인 의미를 지니고 있을 뿐만 아니라, 주변의 자연환경도 너무 아름답다.

유적지 주변에는 푸른 숲과 넓은 초원 그리고 아름다운 강물이 흐르며, 이곳에서 자연과 역사의 조화를 느낄 수 있다. 또한, 주변에는 다양한 야생동물들을 만나볼 수 있어서 매우 흥미롭다.

입장료는 일반 외국인 관람객은 25,000 과라니(미화 3.3달러),

파라과이인은 15,000 과라니(2달러), 주민은 5,000 과라니(0.7달러)이다.

나는 파라과이 주민등록증이 있고 65세 이상이라 5,000과라니만 내라고 했다.

입장하면 먼저 이 유적지를 소개하는 영화를 보여주고 안내가 필요한 관람객들에게는 무료로 해설사를 붙여준다.

나는 훌리오 베니테스(Julio Benitez)라는 이름의 해설사를 통해 설명을 들었다. 그는 아바 과라니(Ava Guaraní)족 젊은이다.

그는 내게 유적지를 안내해 주었고 나는 그에게 하나님의 사랑을 전했다.

파라과이의 진주 엔카르나시온(Encarnación, Perla del Paraguay)

실로 오랜만에 엔카르나시온은(Ciudad de Encarnación)을 방문했다. 20년 전에 비해 너무나 많이 변했고, 너무나 아름다운 도시로 탈바꿈했다.

남미에서 바다를 끼지 않은 유일한 나라인 파라과이 사람들에겐 푸른 바닷가에서 해수욕을 하고 드러누워서 햇볕에 몸을 드러내고 썬텐을 하는 것은 로망이었다 하지만 이제는 아니다. 아르헨티나의 국경도시 뽀사다시(Ciudad de Posada, Argentina)를 마주보고 흐르는 파라나강(Río Paraná)과 강변의 황금빛 모래가 해변의 역할을 충분히 해주고 있다.

파라과이는 도시마다 그 도시의 특성에 맞게 별명을 붙이는데 엔카르나시온(Encarnación)은 "파라과이의 진주(Perla del Paraguay)"라는 이름을 가지고 있다. 엔카르나시온(Encarnación)은 신학적인 용어로서 영어로는 인카네이션(Incarnation, 우리말로는 "성육신"이다. 성육신은 "하나님이신 성자 예수님이 사람의 몸을 입고 이 세상에 오셨다"는 뜻이다 파라과이는 카톨릭 국가라서 종교적인 의미를 가진 단어나, 성경에 나오는 이름으로 태어난 아이의 이름을 짓거나 도시 이름으로 사용하는 경우가 많다.. 그런데 이 도시에서 살고 있는 사람들 가운데 자기들이 살고 있는 도시 이름의 뜻이 무엇인지 몇 명이나 알고 있을까?

이 도시는 정말 매력적인 곳이다. 엔카르나시온은 파라과이 남부에 있는 이따뿌아주(Departamento Itapúa)의 수도로서 한국으로 말하자면 대구 정도 되는 도시로, 파라과이 전체로 보면 3번째로 큰 도시다. 수도 아순시온(Asunción)처럼 아르헨티나와 접하고 있는 도시인데 뽀사다시(Ciudad de Posada) 사이에 건설된 아름답고 긴 다리를 통해서 왕래가 가능하다.

엔카르나시온 입구 표지판

파라나강 강변

파라나강변 모래사장

엔카르나시온 대성당

아르헨티나 뽀사다와 엔카르나시온을 잇는 다리

엔카르나시온 주변 가까운 곳에는 유네스코 세계문화유산으로 지정되어 있는 예수회 선교사들이 세운 유적지 라 산티시마 트리니닷 데 파라나(La Santísima Trinidad de Paraná)와 헤수스 데 타바랑게(Misión Jesuítica Guaraní Jesús de Tavarángue)가 있다. 그 외에도 오래된 도시라 고대 건축물들이 많고 주변의 아름다운 경관은 여행객들의 마음을 사로잡는다.

엔카르나시온에서는 매년 2월에 가장 큰 카니발 축제(Fiesta de Carnaval)가 열린다. 이 축제는 브라질 리오데자네이로(Río de Janeiro) 카니발만큼이나 화려하고 신나는 분위기를 자랑한다. 춤과 음악, 화려한 의상들이 한데 어우러져 흥겨운 시간이 펼쳐진다. 마치 작은 브라질의 리오 삼바축제를 보는듯한 착각을 불러일으킨다.

남미를 여행하시는 분들은 이 시기에 맞춰서 방문하면 정말 잊지 못할 추억이 될 것이다.

나는 이번 방문의 목적이 관광이 아니라 개인 전도였기 때문에 관광보다는 가능한 한 많은 사람들을 만났다. 시간이 허락되는 분들에게는 짧게 복음을 전했고 대화할 시간이 없는 분들에게는 전도지와 사탕을 주면서 "Dios te ama(하나님은 당신을 사랑하십니다)"라고 하면 대부분이 "아멘(Amén)"이라고 하든지 "Gracias(감사합니다)"라고 화답한다. 믿고 안 믿고는 그들의 결정이지만 나는 성령께서 역사하시기를 기도하며 복음의 씨를 뿌릴 뿐이다.

산 호세 제분소(Fábrica de Molino Harinero San José)

엔카르나시온(Ciudad de Encarnación)의 파라나 강변도로(Costanera del río Paraná)를 지나가다 보면 오래된 건물 두 채가 서로 마주하고 있는데 "Molino Harinero San José(산 호세 제분소)"라는 간판이 붙어있다. 밀가루를 대량으로 생산하던 공장이다. 이 제분소 건물은 1938~1940년에 걸쳐 건축되었고 그 이듬해인 1941년부터 본격적으로 가동해서 1989년까지 운영하고 문을 닫았다.

이 공장은 처음에는 산 호르게 제분소(Molino Harinero San Jorge)라는 이름으로 운영되다가 1954년부터는 San José S.A.의 이름으로 운영되었다. 둘러보면 돔 형식의 흰 건물이 실로(Silo, 곡물을 저장하는 원통형의 설치물)인데 이곳에 곡물을 보관했다가 제분을 위해 옆의 네모난 공장으로 옮기는데 거기에는 쇠와 나무로 만들어진 거대한 제분 기계들이 설치되어 있고 거기에서 생산되는 밀가루를 엔카르나시온 주민

엔카르나시온의 산 호세 제분소

산 호세 제분소 내부

산 호세 제분소 내부

산 호세 제분소 외부

박물관 관리인 아나 베아뜨리스 디아스

들과 이웃 아르헨티나 뽀사다(Posada) 주민들에게까지 공급했다고 한다.

총 4층으로 된 제분소 박물관 1층에는 제분소와는 별로 연관이 없어 보이는 잡동사니들도 많이 전시해 놓았다. 옛날 가구나 생활용품 그리고 지폐, 우표, 사진 등 추억거리가 될 만한 것들을 주민들에게서 기증을 받아서 전시해 놓았다. 이런 전시물을 보고 있으면 마치 타임캡슐을 타고 40~50년 전의 파라과이로 돌아가는 듯한 착각을 불러일으킨다.

해설사 리카르도씨(Ricardo)를 통해 이 박물관에 얽힌 이야기뿐만 아니라 엔카르나시온(Encarnación) 도시의 형성과 역사에 관한 이야기도 들을 수 있었다 그에게서 나는 박물관에 관한 설명을 듣고 나는 그에게 하나님의 사랑을 전하고 사탕과 전도지를 주었다. 박물관 앞에 있는 시립 화장실을 관리하는 아나 베아뜨리스 디아스(Ana

Beatriz Díaz)씨에게도 전도했는데 그녀는 이전에 교회를 열심히 다니다가 지금은 다니지 않고 있는데 다시 교회를 나가겠다고 약속하면서 기도를 부탁했다. 나는 차에 실려 있는 라면 2봉지를 선물로 주었다.

엔카르나시온 시립 철도박물관
(Museo Municipal Ferroviario Encarnación)

인류 문명에 의해 사람을 수송하기 위해 개발된 운송 수단 중 가장 많은 승객과 물자를 수송한 것은 단연 기차다. 파라과이까지 내려온 철도건설의 역사를 잠시 살펴보면,

1825년 영국에서 맨 처음으로 철도가 건설됨
1831년 미국에 철도가 건설됨
1834년 쿠바에 철도가 건설됨
1851년 칠레에 철도가 건설됨
1856년 돈 카를로스 안또니오 로페스(Don Carlos Antonio López)에 의해 파라과이에 처음으로 기차가 도입되어 아순시온(Asunción)에서 빌랴리까(Villarica)까지 운행됨
1861년 10월 20일 아순시온 중앙역에서 보따니꼬(Botánico) 공원까지 운행됨
1864년 큰 전쟁으로 마리스칼 로페스(Mariscal López)의 명령으로 빠라과리(Paraguarí)의 철도를 파괴시킴
1870년 브라질의 요청으로 다시 철도를 놓고 기차 운행을 재개함
1877년 정부소유에서 민간기업으로 이전함
1886년 민간기업에서 정부소유로 다시 넘어 감
1889년 영국철도회사와 컨소시엄으로 파라과이 중앙철도회사가 세워져 아순시온-엔카르나시온-몬테비데오-부에노스아이레스(Asunción-Encarnación-Montevideo-Buenos Aires)까지 철로를 연장할 계획을 세움

1889년 빌랴리까(Villarrica)까지 기차가 연결됨.

1891년 재정 악화로 운행이 중단되어 영국 철도회사로 경영권이 넘어 감

1910년 아르헨티나 정부의 재정 지원으로 영국회사로부터 다시 인수하여 쥬티(Yuty)에서 리오 빠라나(Río Paraná)까지 운행함.

1911년 6월 9일 기차 철로가 엔타르나시온(Encarnación)까지 연결되어 최초 출발은 아순

엔카르나시온 시립 철도박물관 입구

옛 철도 전시물

기차 부품들

기차 바퀴

엔카르나시온역, 아순시온 370km, 부에노스아이레스 1154km

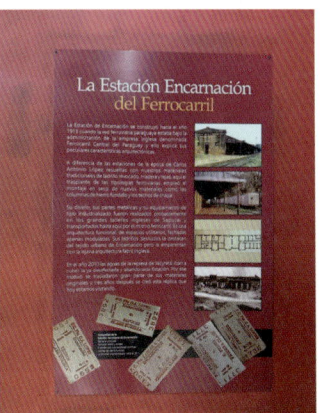
박물관 내부

제 2부 남미의 심장 속으로(Al corazón de America del sur)

시온 중앙역, 종착역은 엔카르나시온역이 되었고 총 길이는 370Km, 모두 43개 역으로 운행됨.

오늘은 엔카르나시온역에 있는 엔타르나시온 시립 철도 박물관을 찾았다.

엔카르나시온역은 1913년에 건축이 완공되어 개통했으며 그 때까지는 전통적인 건축으로 벽돌과 목재를 주재료로 세웠지만 이 역은 기차를 제조한 사뿌카이(Sapucai) 제철소에서 생산된 쇠로 철제 기둥을 세우고 철판 지붕을 얹는 새로운 공법으로 주목을 받았다.

그러나 1926년 8월 20일 밤 불어 닥친 시속 250 Km의 태풍으로 엔카르나시온이 쑥대밭이 되었고 파라나강물이 범람해 200미터 이상 밀고 올라와서 온 저지대가 모두 침수될 때 엔카르나시온역도 큰 피해를 입고 운행이 중단되었다.

관람시간은 오전 9시부터 오후 5시까지인데 12시~13시까지는 점심시간, 관람료는 무료다. 안내 및 해설사로 수고한 호르게(Jorge)청년의 상세한 설명이 많은 도움이 되었다. 나는 그에게 고맙다고 하면서 한국 사탕과 전도지를 주면서 전도했다.

최근 몇 년간 파라과이 철도의 재개를 위해 파라과이 정부는 한국의 코이카를 통해 한국 정부와 프로젝트를 논의 중인데 경제성이 떨어져서 논의가 중단된 상태다.

아순시온 식물원(Jardín Botánico de Asunción)

지금 아순시온 식물원(일명 보따니꼬 공원)이 있는 곳은 본래 1840년 대통령 관저가 있던 곳으로서 1910년부터 식물원으로 조성해 사용하고 있다. 소유권은 아순시온 시청(Municipalidad de Asunción)에 있고 운영도 시에서 하고 있는데 초대 식물원장은 독일계 피에브리그(Carlos Fiebrig)박사다. 그는 1869년 독일 함부르크에서 출생했으나 파라과이에 와서 1936년까지 26년 동안 식물원장을 지내면서 오늘날 아순시

광활한 아순시온식물원(보따니꼬 공원) 전경

아순시온식물원 입구

초대 식물원장 피에브리그 흉상

온 식물원의 기초를 놓은 사람이다.

  아순시온 식물원의 규모는 실로 어마어마해서 그 넓이가 500ha(약 165만평)에 달한다. 이 안에는 100ha(약 33만평)에 달하는 자연림도 포함되어 있으며, 자연림은 세 개의 큰 군락을 이루고 있다. 식물원 한 가운데로 난 넓은 도로 양편 광활한 녹지에는 잘 가꾼 수많은 수목과 이름 모를 많은 꽃들이 자리를 잡고 있다. 육안으로 건너편 식물원 경계가 보이지 않을 정도로 넓다.

식물원 내부전경

박물관의 각종 동물 박제들

박물관 내부 전시물들

AD 670경 인디언 추정 미이라

식물원의 나무들 가운데 미얀마, 태국을 비롯한 동남아시아에서 자라는 Verbanaceae(마편초과)에 속한 대표적인 수종인 티크(Teak; Tectona grandis)도 있다. 이 과에 속해 있어 성질이 티크와 비슷한 Vitex(Vitex cymosa)는 뉴기니와 솔로몬 군도에서 주로 자라고 있는데, 놀랍게도 이 아순시온 식물원에서도 크게 자라고 있다. 이것은 물론 동남아시아에서 씨앗이나 묘목을 가져다 이 식물원에 심은 것이다. 이 나무를 여기에서는 따루나과수(Taruna Guasú)라고 부른다.

식물원에는 야자나무도 많은데 여기에서 삔도 과수(Pindo Guasú; 학명 Arecaceae Attalea spp.)라고 부르는 거대한 오일팜 나무도 있다. 또, 남태평양에서 자주 볼 수 있는 Rutaceae(운향과)에 속한 나무로서 여기에서 아뻬뿌 아이(Apepu Hai; 학명 Citrus

박물관 동물 박제   보따니꼬 공원

aurantium)라고 부르는 나무도 있다.

이 식물원에는 다른 식물원에서 볼 수 없는 자연사 박물관(Museo de Historia Natural)이 있다. 뱀, 악어 등의 파충류, 수백 종류의 나비, 정글 속에 사는 맹수, 조개류 등이 박제 형태로 전시되어 있고 남미 전역의 석기시대 유물, 옛날 원주민의 공예품, 조상들이 사용하던 맷돌, 활, 창 등의 무기류 등 많은 종류의 유물도 전시되어 있다. 이 가운데에는 AD 670경 생존했던 인디언으로 추정되는 미이라도 있다.

이 식물원에는 동물원(Zoológico)도 있는데 동물원은 화~일까지만 개방한다. 그러나 식물원이나 자연사 박물관은 연중 언제나 매일 06:00~18:00까지 개방하고 있어서 산책과 운동을 겸해 많은 사람들이 찾고 있다. 관람료는 무료나 주차비는 받는다. 버스 25,000 과라니(3.3 달러)경차 7,000 과라니(0.93 달러), 오토바이 6,000 과라니(0.8 달러)다. 아순시온을 방문하는 방문객이라면 결코 놓칠 수 없는 명소다.

아순시온 국립 미술관(Museo Nacional de Bellas Artes de Asunción)

나는 음악회는 가도 미술관은 잘 가지 않는다.
미술을 별로 좋아하지 않기 때문이다. 하지만 초등학교 다닐 때 까지만 해도 그림에

아순시온 국립미술관 입구   미술관설립에 기여한 후안 실바노 고도이 초상화

재능이 있다는 소리를 들었다. 실제로 내 여동생 둘은 지금도 아마추어 화가로서 사람들에게 그 재능을 인정받는다.

중학생 때 일이다. 미술 교사인 배OO 선생이 여름방학 때 그림을 한 점씩 그려오라는 숙제를 냈다. 나는 열심히 그렸고 그림에 소질이 있는 둘째 형이 색칠하는 것을 조금 도와주었다. 개학을 하고 미술시간에 그 그림을 과제물로 제출했더니 그 미술교사가 내게 물었다 "너, 이 그림 네가 그린 거 맞나?" 그래서 "네" 라고 했더니 대뜸 하는 말이 "야, 거짓말 하지마라 네가 이렇게 잘 그릴 수가 없어 틀림없이 누가 대신 그려준 거야"하면서 빵점 처리를 했다. 너무나 억울했다. 그때 어린 마음에 받은 상처로 그 이후로 다시는 붓을 손에 잡지 않았다.

그 사건 이후로 미술을 싫어했고 미술관은 근처에도 가지 않았다.

오래 전에 스페인 마드리드의 국립 프라도(Prado) 미술관에 가볼 기회도 있었지만 별다른 감흥이 없었다.

중학교 다닐 때 미술 선생님에게 받은 상처가 너무 컸기 때문이다.

그런 나도 아순시온 국립 미술관에 가보고 나서 색다른 감흥을 느꼈다. 프라도 박물관에 비하면 시골에 있는 작은 갤러리 같이 초라하지만 이 미술관의 설립 배경을 듣고 나서는 흥미를 가지게 됐다.

국립미술관 내의 각종 그림 및 전시물 　　　　　나폴레옹 흉상

아순시온 국립 미술관(Museo Nacional de Bellas Artes de Asunción)

　이 미술관은 후안 실바노 고도이(Juan Silvano Godoy)란 사람이 개인적으로 평생 모은 책과 그림을 파라과이 정부에 기증했는데 파라과이 정부는 책은 도서관으로, 그림은 미술관을 만들어 잘 보존하고 있다.

　누군가 한사람의 헌신이 다른 사람들에게 행복을 줄 수 있다면 그 사람은 참으로 보람 있는 인생을 산 사람일 것이다. 나도 그런 사람이 되었으면 하는 마음으로 관람을 했다.

　아순시온 국립미술관의 주소는 Eligio Ayala 1345, Asunción 001218, 관람시간은 매일 오전 09:00~오후 05:00까지다.

　매 주 월요일은 휴관이며 관람료는 무료, 방명록에 이름만 기록하면 된다.

움부섬 박물관(Museo Isla Umbú)

박물관 소개를 하는 김에 박물관 하나를 더 소개한다. 동료 선교사 두 명과 함께 낚시 및 전도여행을 하는 중에 Isla Umbú 시청 박물관을 방문했다.

움부섬(Isla Umbú)시청 박물관은 넴부꾸(Ñeembucú)주에서 볼 수 있는 중요한 유적지다.

1870년에 건축되었고 뻬드로 에르모사 대령(Coronel Pedro Hermosa)에 의해 명명된 이 건물은 독특한 식민지 시대의 건축양식으로서 건너편에 먼저 세워진 움부 성당(Capilla de Umbú) 다음으로 건축되었다.

박물관의 벽은 소똥을 발라 만드는 등 특이한 재료들이 사용되었는데 처음에는 자치단체 주민들의 모임장소로 사용되다가 삼국동맹전쟁(La guerra de Triple Alianza)이 발발하자 로뻬스(Mariscal López) 제독의 명령으로 군부대로 사용되어 브라질, 아르헨티나, 우루과이 연합 부대와 저항해서 싸우다 많이 훼손됐다.

그러다가 2002년 당시 대통령이던 니카노르 두아르떼(Nicanor Duarte Frutos) 박사의 지원으로 건물을 보수하고 수리하여 오늘의 모습을 갖추게 되었다.

이 박물관에는 그 당시 사람들의 생활상을 엿볼 수 있는 많은 유물들이 전시되어 있다.

이 지역은 삼국동맹 전쟁의 마지막 보루로서 유명한 우마이따(Humaitá) 전쟁이 이 지역에서 치열하게 벌어졌고 부녀자와 아이들까지 나무로 만든 총알 없는 무기까지 손에 들고 저항했지만 떼죽음을 당했고 여기가 함락되니 아순시온은 결국 함락되고 말았던 아픈 역사를 시청 박물관 안내원이 이야기해 주었다.

전쟁은 모든 것을 앗아가고 하나님의 형상대로 지음 받은 수많은 고귀한 생명을 빼앗아 가기 때문에 어쨌든 전쟁은 막아야 하며 일어나지 말아야 한다.

성경은 말한다.

"도둑이 오는 것은 도둑질하고 죽이고 멸망시키려는 것뿐이요 내가 온 것은 양으로 생명을 얻게 하고 더 풍성히 얻게 하려는 것이라"(요 10:10)

"El ladrón no viene sino para hurtar y matar y destruir; yo he venido para que tengan vida, y para que la tengan en abundancia"(S. Juan 10:10)

움부섬 박물관 임성익, 홍사순 선교사와 함께 / 박물관 전시물들

박물관 내부 그림 및 파라과이 휘장 / 3국 전쟁 당시 유물들

해설사로부터 설명을 듣고 있다 / 박물관 우물

그란 차코1- 메노나이트 이민자의 후손들
(Descendientes de Inmigrantes Menonitas)

마자막으로 파라과이 서부 지역의 광활한 그란 차코(Gran Chaco) 지역을 약 5회에 걸쳐 소개하고자 한다.

파라과이는 파라과이강을 경계로 동부지역과 서부지역으로 나뉘는데 차코는 서부 지역에 있다. 차코는 전 국토 면적의 2/3나 되는 넓은 땅이지만 전체 인구의 3%밖에 살지 않는다. 그만큼 사람이 살기에는 척박한 자연환경이다.

이 오지에 1930년, 러시아 스탈린의 핍박에 의해 재세례파 신교도인 메노나이트 그리스도인은 신앙의 자유를 찾아서 유럽을 거쳐, 혹은 중국과 사할린을 거쳐 이곳 남

보께론주의 수도 필라델피아

메노나이트들이 타고 다니던 마차

매노나이트들의 교통수단

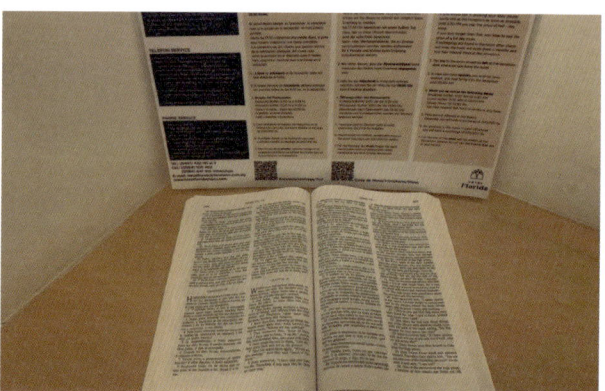
성경 및 각종 서적들

필라델피아 시청

필라델피아 도시 조형물

숙소인 플로리다호텔 내부

박물관 앞 기념탑

미 파라과이 차코 지역에 정착했다. 마침 인구 유입이 필요한 파라과이 정부의 정책과 맞아 떨어졌다. 1930년부터 6차에 거쳐 이민을 온 러시아계 독일인 메노나이트는 350가정 2,000명이다.

메노나이트 교도들이 중심인 이민단은 파라과이 정부와 협상을 하면서 그들의 종교 교리를 지키기 위해 자치 행정권 부여할 것과 자녀들이 군대에 가지 않는 것을 보장하는 조건으로 정부와 협약을 맺었다. 이들은 척박한 땅을 개간해 옥토로 만들고 맹수와 독충이 들끓는 밀림을 목초지로 만들어서 대규모 목축을 시작했다.

여기서 대규모로 육류를 생산하고 낙농업으로 질 좋은 우유, 치즈, 버터 그리고 요구르트를 생산, 판매해 막대한 수입을 올렸다. 그리고 건실한 크리스찬 기업을 세우

그란 차코 지역의 명물인 빨로보라초(술 취한 나무)

고 교육과 경제 그리고 정치계에 진출해 90년 이민역사에 파라과이에 엄청난 영향을 끼치고 있다. 독일인 특유의 근면함과 성실함 그리고 기독교 정신이 바탕을 둔 정직함이 이들의 트레이드마크다

나는 사람들이 거의 찾지 않는 황량한 이 곳을 찾아 여기에 살고 있는 사람들의 삶을 들여다보고 싶었다. 그리고 그들에게 복음을 전하고 싶었다.

책의 서두에도 밝혔듯이 나는 나의 인생의 절반이 넘는 37년의 선교사역의 마무리를 내가 사역했던 파라과이에서 하고싶어 파라과이로 다시 돌아왔으며 지금은 파라과이 전역을 다니며 복음을 전하는 일을 하고 있다.

나는 하나님께서 이 곳에도 분명히 구원받아야 할 사람을 예비해 놓으신 줄 믿고 전도여행을 시작했다.

파라과이의 수도 아순시온에서 거리로 약 470킬로미터 정도 떨어진 곳에 보께론주(Departamento Boquerón) 수도인 필라델피아(Filadelfia)시가 있다. 이곳은 파라과이

서부 오지인 차코(Chaco) 지역인데 독일계 러시아 메노나이트(los Menonitas) 후손들의 집성 도시다.

메노나이트는 네덜란드의 종교개혁자 메노 시몬스(Menno Simons)에 의해 생겨난, 재세례파(再洗禮派) 중의 한 교파로 그들의 삶은 세상과 분리되어 성경대로 사는 것을 목표로 엄격한 집단 규율 속에 은둔생활을 하는 집단이다.

이 도시에 가면 거리에는 스페인어와 독일어로 된 안내판이 서 있고 골목에서 젊은이와 아이들은 독일어로 대화하면서 논다. 마을에 들어서면 옛 독일촌을 연상시키는 건물들이 많다. 여기가 파라과이인지 독일의 농촌인지 잠시 헛갈린다. 밤에는 불을 밝혀놓고 테니스를 치고 마을회관에서는 토론회 등 모임이 진행되고 있다.

나는 우선 2~3일정도 머물 숙소를 시내 중심가에 있는 플로리다 호텔(Hotel Florida)에 잡고 여행 가방을 풀었다. 이 호텔은 규모와 시설에 비해 객실비가 비교적 저렴한데 숙소에 들어와 보니 탁자위에 성경책이 펼쳐져 있고 안내 책자도 스페인어, 독일어, 영어로 되어 있었다.

저녁식사는 밀라네사(milanesa)와 감자튀김(papas fritas)요리인데 너무 맛있지만 또 너무 양이 많아서 반을 남겼다. 저녁에는 큰 홀에서 한 그룹이 예배를 드리는지 내 귀에 익숙한 찬양을 하는데 독일어로 불렀다. 메노나이트 교인들의 모임인가 보다.

오늘은 주로 주유소에서 주유하면서 말을 걸고 잠시 이야기를 나누고 주유비를 지불하면서 막대사탕과 전도지를 주었다.

고속도로 통행료 지불시에 막대사탕과 전도지를, 도로경찰이 검문할 때 응하면서도 막대사탕과 전도지를 주었다. 때를 얻든지 못 얻든지 항상 힘쓰라고 했으니 최선을 다하고 결과는 하나님께 맡기고..

오늘은 종일 운전하느라 차 안에서 시간을 많이 보냈지만 내일은 본격적으로 어떻게 전도할까?

주께서 사람을 붙여 주시고 전할 기회를 주시기를 기도하며 잠자리에 들었다.

그란 차코 2-1 - 꼴로니아 박물관(Museo de la Colonia)

어제는 거의 하루를 이곳에 오느라 차안에서 보냈고 도착하니 겨울이라 해가 빨리 떨어져 필라델피아(Filadelfia)를 둘러보는데 시간이 부족했다. 그래서 오늘은 아침부터 일찍 호텔 옥상으로 올라가서 숲으로 가득 찬 시내 전경을 눈에 담았다. 그리고 호텔 식당으로 내려가서 간단하게 아침식사를 했다.

식사 후 호텔 바로 앞 꼴로니아 박물관(Museo de la Colonia)으로 가서 박물관장을 만나 많은 대화를 했다. 그는 아순시온에서 메노니따 신학도 공부했고 교회에서 목회도 했고 지금은 공동체 리더로 섬기고 있다고 했다. 우리는 우리 신앙의 공통 관심사에서 시작해서 한국교회의 상황으로, 나아가서는 핵무기로 인한 남북 긴장관계까지 폭넓은 대화를 했다. 그리고 서로를 위해, 한국과 파라과이를 위해 기도하기로 약속했다.

옆에서 우리의 대화를 주의 깊게 듣고 있던 독일계 청년 호르(Hor, 스페인어로는

꼴로니아 박물관 입구

꼴로니아박물관 앞에서

박물관 가이드 호르 청년과 함께

꼴로니아 박물관 내부

박물관 내의 각종 새의 박제물

인디언 문화 소개 전시물

Horacio)가 고맙게도 자발적으로 오늘 내 가이드 역할을 해 주겠다고 자청했다.

그는 나를 박물관 내 두 곳으로 인도했다. 한 곳은 차코 지역에서 사는 각종 동물들을 박제로 만들어 보존한 동물박물관과 차코 지역에서 나는 각종 식물과 나무 샘플을 분류하여 정리하고 비치한 식물 박물관인데 내게 자세하게 설명해 주었다. 동물 박제 박물관은 Jakob Unger라는 사람이 1970년에 개인적으로 만들어서 10년간 가지고 있다가 1980년에 메노니따 공동체에 기증을 했다고 한다.

또 한 곳은 차코 지역의 원주민인 인디언들에 대한 역사, 언어, 생활, 문화, 종교를 소개하고 메노니따 공동체와의 만남과 관계에 대해 소개하는 박물관이다. 본래 차코 지역에는 9종류의 인디언 부족이 살고 있는데 메노니따 공동체와 교류하며 생활하고 있는 부족은 Enlhet, Livacle, Guaraní, Ayoreo 등 4부족인데 이들에게 복음을 전하고 그들의 공동체가 잘 세워지도록 지속적으로 돕고 있다고 했다.

파라과이 전통 의상   그림:〈메노니타 공동체와 원주민 인디언과의 만남〉

　나는 호르 청년의 친절한 설명과 가이드에 감사하는 의미로 짜파게티 라면과 전통 한복 의상 형상으로 만든 냉장고에 붙이는 마그네틱을 선물했다. 그리고 짜파게티를 끓이는 방법을 가르쳐 주었더니 그는 너무나 고마워하면서 오늘 당장 맛보겠다고 했다. 나는 그의 안내를 받으면서 많은 대화를 나누었다. 그는 아직 싱글인데 아직 젊고 또 교회에는 나가지만 기성세대의 신실한 신앙과는 차이가 많은 신세대의 신앙관을 가지고 있는 것 같았다. 이걸 보면서 메노니따 교회와 공동체에도 많은 변화가 오고 자유로운 신앙관으로 벌써 기성세대와 갈등을 겪고 있음을 짐작했다.

　우리의 후손들은 어떤가? 파라과이 교회나 한국교회도 다음세대가 선조들의 아름답고 순수했던 신앙을 잘 유지할 수 있도록 부단히 노력하지 않으면 안 되겠다는 일종의 위기감도 느꼈다. 신앙은 억지 주입이 아니라 삶으로 보여주고 감동으로 다가가야 갈등 없이 세대교체, 세대 전수가 아름답게 이루어리라 믿는다.

그란 차코 2-2 – 메노니따 꼴로니아 박물관
(Museo de la Fundación de la Colonia Menno)

　필라델피아(Filadelfia)에서 25Km 떨어진 지역에 로마 플라타(Loma Plata)라는 작은 도시가 있다. 이 도시에도 역시 메노니따 후손들이 많이 살고 있고 거기에 박물관도 있다. 꼴로니아 박물관을 떠나 이곳에 도착하니 벌써 점심시간이 됐다. 근처에 적당한 식당이 있어서 거기서 Lomito de plancha con puré de papa(으깬 감자를 곁들인 구운 안심요리) 라는 음식을 주문해서 먹은 후 메노니따 꼴로니아 박물관(Museo de la Fundación de la Colonia Menno)으로 갔다. 이 곳은 필라델피아 꼴로니아 박물관과는 다른 곳이다. 그런데 오후 1시 30분까지 점심시간이라 아직 문이 닫혀 있었다.

문이 열리기를 기다리며 박물관 뜰에 있는 조형물 사진을 몇 장 찍었다. 그리고 박물관을 지키는 경비원에게 다가가서 말을 걸었다. 이런 저런 이야기를 하다가 종교가 있느냐고 물었더니 가톨릭교라고 했다. 나는 즉시 복음을 제시했다. 가톨릭교회가 구원을 주는 것이 아니고, 개신교도 구원을 주는 것이 아니라 하나님의 아들 예수께서 우리를 구원하시고 죄를 사하시며 영생을 선물로 주신다고 설명했다. 그리고 예수 믿겠느냐고 물었더니 그렇게 하겠다고 대답했다. 그때 박물관 열쇠를 가진 여자 직원이 와서 우리의 대화가 중단되었다. 나는 그에게 막대 사탕과 전도지를 주었더니 고맙다고 했다.

메노니따 꼴로니아 박물관

메노니따 꼴로니아 박물관(Museo de la Fundación de la Colonia Menno)

　1시 30분에 박물관 안으로 들어갔다. 그리고 거기에서 메노니따 교단이 어떻게 형성이 되었는지, 그들의 믿는 바가 무엇인지, 스위스에서 시작된 이 교파가 어떻게 퍼지게 되었으며, 어떤 면에서 박해를 받아서 러시아로, 카나다로 그리고 이곳 파라과이까지 와서 정착하게 되었는지 연도별로, 사건별로 잘 정리해 놓았다. 그동안 잘 몰랐던 메노니따 교단에 관한 많은 지식을 자료들을 통해서 습득할 수 있었다. 필요한 사진을 여러 장 찍었다. 그리고 방명록에 자랑스러운 한글과 스페인어로 기록을 남기고 나왔다.

　행정관리 사무실로 가니 아까 문을 열어 주었던 여자직원이 앉아 있었다. 노엘리아(Noelia)라는 이름의 여직원에게도 복음을 전하면서 우리 인생의 유일한 소망은 오직 예수 그리스도임을 설명하고 전도지와 막대사탕을 주었다. 그녀는 내가 묻지도 않았는데도 내게 근처의 다른 박물관을 가봤느냐고 물어서 안 가봤다고 했더니 친절하게도 다른 박물관을 소개해 주었다.

그란 차코2-3 – 하이마트무세움 콜로니에 메노
(Heimatmuseum Kolomie Menno)

나는 박물관 여직원 노엘리아(Noelia)씨가 가르쳐 준 그 다른 박물관을 찾아갔더니 거기에서 그리 멀지 않았다. 가는 길에 공원 2개를 지났는데 거기에는 옛날 콜로니아 시절 초기에 메노니따 사람들이 사용했던 농기구들을 전시해 놓았다. 세월이 수십 년 이상 흘렀음에도 비교적 관리 상태가 양호했다.

공원 입구 포지판

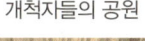
개척자들의 공원

메노나이트 공동체의 초기 농기구(트렉터)

초기 화물 열차

메노나이트 공동체의 교통수단 마차

하이마트무세움 콜로니에 메노 박물관 내부

하이마트무세움 콜로니에 메노

여직원 제니와 함께

　Heimatmuseum Kolomie Menno(하이마트무세움 콜로니에 메노)라고 부르는 박물관에 도착해서 바로 2층 계단으로 올라갔더니 문이 잠겨 있었다. 관람 허용 시간인데 문이 닫혀 있는 것은 평소에는 잠궈 놓지만 우선 관리 사무실에서 관람 신청을 하고 허락을 받고 안내해 줄 직원이 필요하면 동행해 준다

　제니(Jenny)라고 불리는 여자 직원이 안내를 맡았다. 2층 관람실 문을 열어서 들어가 보니 아주 넓은 홀에 이런 저런 자료들을 전시해 놓았고 옛 이주민인 콜로니아 메노니따들이 사용했던 도구들, 특별히 가정에서 사용하던 물품들을 전시해 놓았다. 박물관 내부 면적이 너무나 넓어서 그런지 설치 내용물들은 좀 빈약한 듯 보였지만 제니는 너무나 열심히 그리고 열정적으로 설명해 주어서 대단히 마음이 들었다.

　그녀는 역시 이곳 출신의 독일계 신실한 메노니따 교회 사람인데 아순시온에서 대학을 졸업하고 결혼하여 직장 생활을 하다가 11년 전에 다시 가족과 함께 고향으로 돌아왔다고 하면서 아들이 3명이라고 자랑을 했다.

  나는 거의 1시간 30분 정도 안내를 받으면서 너무나 많은 것을 배웠다. 물론 다른 박물관의 해설사들이 설명한 부분과 겹치는 부분도 있지만 다른 관점으로 역사와 문화를 해석하는 것도 매우 흥미로웠다. 나는 설명을 들으면서 궁금한 점들을 계속 질문했고 그녀는 너무나 친절하게 잘 설명해 주었다. 내가 아는 파라과이 메노니따 교단의 목사님들 이야기를 나눌 때 마침 그녀도 아는 분들이 있어서 대화가 더 원활하기 진행되었다.

  사람들과 만나서 대화를 하면서 느끼는 것은 생면부지의 사람을 만났을 때라도 둘 사이에 공통 분모가 있으면 대화가 쉽게 잘 풀어진다. 그런데 그 공통분모까지도 하나님이 주관하신다고 믿는다. 그래서 기도가 많이 필요한 것 같다.

  오늘 내가 만날 사람이 누구인지 모르지만 하나님이 예비하신 사람일 것이니 하나님이 할 말도 내 입에 담아 주시리라 믿는다.

  오늘 그저 지나가는 나그네요 방문객에 지나지 않는 나를 위해 최선을 다해준 그 여직원(그리스도 안에서 자매라고 불러도 좋을)에게 박수를 쳤고 고마움의 보답으로 마지막 남아있던 짜파게티 라면 두개와 냉장고에 붙이는 마그네틱을 선물했더니 너무나 좋아했다. 이렇게 하루가 마무리되었다.

그란 차코3 - 네우란드 역사 박물관(Museo Histórico de la Neuland)

  그란 차코 지역 여행 마지막 날이다. 오늘은 아침부터 서둘러야 한다. 왔던 그 먼 길을 되돌아서 가야 하기 때문이다. 그런데 고민이 생겼다. 원래는 차코 전체는 다 둘러볼 수 없어도 적어도 독일계 이민자 후손들이 집단 거주하는 필라델피아(Filadelfia), 로마 플라타(Loma Plata) 그리고 네우란드(Neuland) 이 세 도시는 가볼 계획이었는데 어제 로마 플라타(Loma Plata)에서 너무 시간을 많이 보냈고 오늘은 아침 일찍 출발해야 하기 때문에 네우란드(Neuland)방문을 어떻게 할까? 하는 고민이었다. 기도하면서 하나님께 물었지만 응답이 없다.

아침 식사를 하면서 핸드폰을 꺼내서 검색을 했다. 네우란드(Neuland)가 필라델피아(Filadelfia)에서 아순시온(Asunción)으로 돌아가는 길목에 있으면 방문하고 다른 쪽으로 가야 한다면 그냥 바로 집으로 돌아가기로 했다. 필라델피아(Filadelfia)에서 네우란드(Neuland)까지는 왕복 70 Km가 넘고 거기서 시간을 많이 보내면 집에는 너무 늦게 도착하게 되어서 일단 네우란드(Neuland)방문을 포기하고 바로 아순시온(Asuncion)으로 출발했다.

하늘을 올려다보니 이틀간 좋았던 날씨가 갑자기 구름이 덮이더니 비가 올 것 같았다. 차코 지역은 비포장도로 지역이 많아서 비가 많이 오면 오도 가도 못하는 지역이 많아서 집으로 바로 가려는 마음에 날씨가 더 재촉을 한다. 그런데 아순시온(Asunción)으로 가는 길과 네우란드(Neuland)로 가는 갈림길에서 성령께서 강권하여 나도 모르게 네우란드(Neuland)쪽으로 핸들을 돌렸다. 먼지를 뽀얗게 날리면서 비포장도로를 달리면서 자꾸만 하늘을 쳐다봤다. 그리고 기도했다. 비가 오지 않게 해 달라고.

그렇게 50분간을 달려서 네우란드(Neuland)에 도착했다. 그리고 역사 박물관(Museo histórico)으로 갔다. 그런데 박물관에 문이 열쇠로 잠겨 있었다. 그래서 박물관 뜰에 있는 거의 100년 전에 사용하던 농기구와 그와 몇 가지 조형물에 다가가서 사진을 찍었다. 그런데 저기서 누가 청소를 하고 있어서 물어보려고 갔더니 박물관에서 일하는 인디언(Nativo)아저씨였다. 이번 방문에서 처음으로 개인적으로 접촉한 인디언이다.

나는 그에게 과라니어(idioma Guaraní)로 말을 걸었더니 자기는 과라니(Guaraní)족이 아니어서 과라니어를 모른다고 했다. 아마 다른 종족인 것 같다. 그래서 우리는 스페인어로 대화를 시작했다. 이름을 물었더니 훌리오 베니떼스(Julio Benítez)라고 했

네우란드 역사 박물관　　　네우란드 역사 박물관 청소부 훌리오와 함께

다. 그는 박물관 책임자가 출타해서 다음 주간에 온다고 했다. 그러면서 길 건너편에 사무실이 있으니 거기에 가서 요청하면 문을 열어 줄 거라고 했다. 고맙다고 인사하고 사무실을 찾아서 걸어가는데 어느새 자전거를 타고 뒤따라와서 나를 사무실로 인도했다.

　사무실에는 한 여자 직원이 있었는데 독일계 러시아 여자다. 그녀가 내게 담당자가 없어서 설명은 해드리지 못해도 구경은 할 수 있도록 해 드리겠다고 하면서 인디언 아저씨 훌리오(Julio)에게 열쇠를 주었다. 나는 고맙다고 하면서 전도지와 막대사탕을 주었다. 훌리오(Julio)는 박물관을 열어주고 자기가 하던 청소를 계속했다.

　나는 박물관 내부 전시물 사진을 찍고 거기 있는 이주 경위와 이민 역사를 읽어 보았다. 메노니따(Menonitas)사람들의 역사가 거의 비슷하지만 다른 점은 필라델피아(Filadelfia) 거주 이민자들은 독일이나 유럽의 여러 지역에서 온 독일계 사람들이고, 로마 플라타(Loma Plata) 거주 이민자들은 독일계 러시아인들이 카나다(Canadá)에서 거의 50년간 거주하다가 독일어를 사용하지 못하도록 하고 종교적인 핍박으로 인해

네우란드 역사 박물관 외부 및 내부

멀리 남미까지 오게 되었다고 한다.

　네우란드(Neuland) 이민자들은 독일계 러시아인 특히 우크라이나(Ucrania)지역에서 살다가 집단 이주한 사람들이다. 메노니따 교파의 교리는 유아세례를 거부하고 평화주의자로서 집총을 거부하므로 안식교처럼 군대에 가지 않는다. 그래서 독일, 러시아, 카나다 지역에서 핍박을 받으며 살았다. 파라과이는 메노니따 독일계 이민자들을 받아들일 때 파라과이 정부와 협약을 맺어 지금도 메노니따 교인들은 군대에 가지 않는다.

　나는 관람을 마치고 아직도 청소중인 훌리오(Julio)와 깊은 대화를 시작했다. 그는 본래 가족이 모두 4명이었는데 자기와 같이 일하던 27세된 맏아들이 1년전에 마약 하는 친구들에 의해 살해되었고 지금은 24세된 둘째 아들을 데리고 아내와 함께 살고 있다고 하면서 눈물을 흘렸다.

　나는 그를 진심으로 위로하고 인간의 삶과 죽음에 관해 설명했고, 죄의 값은 사망이라 누구든지 죽지만 영원히 사는 길이 있다고 하면서 부활이요 생명 되신 예수그리스도의 복음을 전했다.

　그리고 하나님의 아들 예수 그리스도를 개인의 구주로 영접하겠느냐고 물었더니 그렇게 하고 싶다고 대답했다. 나는 그의 어깨에 내 손을 얹고 영접기도를 따라하도록 했다. 드디어 훌리오(Julio)가 예수님을 영접했다. 우리는 기뻐하며 서로 껴안고 서로를 축복했다. 왜 성령께서 강권적으로 자동차의 핸들을 네우란드(Neuland)로 돌리게 하셨는지 이제서야 이해가 되었다. 할렐루야~

나는 훌리오(Julio)형제와 작별할 때 전도지와 막대사탕 한 웅큼, 그리고 내가 다니면서 간식으로 먹으려고 아껴둔 바나나 5개를 그에게 모두 주었다.

나는 헤어질 때 그의 눈에 이슬이 맺히는 것을 보았다.

계속 신앙을 잘 유지할 수 있으면 좋겠다. 주께서 친히 인도하리라 믿는다.

나는 아순시온으로 돌아오면서 나를 통해 구원의 역사를 이루신 주께서 돌아오는 길에도 안전하게 지켜달라고 기도했다.

540Km의 거리를 약 8시간 만에 주파하여 드디어 아순시온에 도착했다.

시내 중심가를 지나고 있었는데 신호등이 없는 길에서 앞차를 따라 천천히 지나가고 있을 때 갑자기 오른쪽에서 시내버스가 전속력으로 달려왔다. 나는 순간적으로 주여~를 외치며 나도 모르게 악셀레이터를 힘차게 밟았다. 아슬아슬하게 스쳐서 지나갔다. 만약에 내가 버스를 보지 못하고 정상 속도로 지나갔다면 틀림없이 대형사고가 났을 것이고 그 결과는 뻔하다.

교통사고의 위험에서 날 구원하신 주님께 감사드린다.

주님은 오늘 인디언 훌리오(Julio)의 영혼과 이정건 선교사의 육신을 구원하셨다.

할렐루야~

나오면서 Conclusión

돌아보면 모든 것이 "하나님의 은혜"였다는 고백을 하지 않을 수 없다.

나는 기독교 가정에서 태어나서 자랐고 어릴 때부터 꿈꾸었던 목회자의 꿈을 이루었고 이어서 열일곱 살 때 서원했던 선교사의 삶을 살아온 것도 하나님의 은혜였다.

나는 내 인생의 절반이 넘는 날을 남미 파라과이에서 살면서 파라과이가 주는 매력에 흠뻑 빠졌고 하나님이 사랑하시는 파라과이 사람들을 깊이 사랑하게 되었다.

그런데 안타까운 것은 파라과이가 얼마나 아름다운 나라인지 그 속에서 살고 있는 파라과이 사람들이 얼마나 좋은 사람들인지 아는 사람들이 너무 적다는 사실이다.

요즘 레저 붐이 세계적인 추세이며 해외여행이 일상이 된 시대에 살면서 한국에서 지리적으로 가장 멀어서 웬만한 사람들은 가보고 싶어도 쉽지 않은 남미에도 이제는 많은 관광객들이 찾고 있다.

그런데 서점에 필수 여행 가이드북을 전시해 놓은 코너에서 파라과이를 소개하는 책자를 거의 찾을 수 없었다. 그래서 선교사로서 은퇴를 앞두고 파라과이에서 살면서 일하며 경험했던 파라과이에 대한 전반적인 것들과 파라과이 사람들을 소개하고 싶은 마음에서 이 책을 내게 되었다.

이 책의 자료는 주로 내 SNS 계정에 올렸던 게시물과 사진들을 중심으로 편집했는데 이것을 위해 형인 이정백 장로(안양일심교회, 올리브애드 대표)가 꼼꼼하게 정리하고 다듬어서 이 책이 세상에 얼굴을 드러내게 되었다. 지면을 통해 감사의 마음을 전한다.

    나는 이 책을 쓰면서 나와 부부로 38년을 살았고 동료 선교사로 32년을 함께했던 아내 고 박은주 선교사를 잊을 수 없다. 그녀가 없었다면 나의 선교사역은 불가능했을 것이다.

    또한 내가 목사요 선교사인 것을 늘 자랑스러워 하시며 평생 기도하셨던 부모님 이재술 장로님과 구은애 권사님, 그리고 장인 박계두 장로님과 장모 문계숙 권사님께 진심으로 감사를 드린다. 지금 장인 외에는 모두 천국에서 주님과 함께 계신다.

    그리고 이 책을 나의 사랑스런 두 자녀와 형제, 자매, 처제들에게 드리며 이 책이 파라과이 선교사를 지망하는 사람들뿐만 아니라 남미 파라과이로 여행하고자 하는 여행객들에게도 여행 가이드 책자로서 도움이 됐으면 좋겠다.

    특별히 이 책을 파라과이에서 사역하는 모든 선교사들과 목회자들 그리고 열심히 한인 이민자의 삶을 살아가는 교민들에게 드리며, 지난 세월동안 선교사역을 위해 기도와 물질로 후원해 주신 교회와 성도들에게 진심으로 감사드린다.

    아멘, 주 예수여 오시옵소서(계 22:20)

이정건 선교사

1955년 04월 12일 생
경상남도 거창 출생
고신대학교 신학과 졸업(BA)
고려신학대학원 졸업(M.Div., Th.M)
미드웨스트 대학교 및 에반겔리아 대학교 박사과정 수학

부산 신흥교회 전도사 사역
전라북도 익산에서 이리선교교회 개척(1985)
KPM선교사로 파라과이에 파송(1989)
에르난다리아스 산 라몬교회, 실로암교회 개척
델 에스떼 라파스교회, 아과비바 교회 개척
파라과이 장로교 신학교 조직신학 교수
파라과이장로교신학교 학장
파라과이장로교신학교 이사장

KPM선교사회 회장
KPM 본부장
KPM 멤버케어원장(연임)
KPM 파라과이 현장 복귀(~현재)

씹고, 뜯고, 맛보고, 즐기고~
떼레레의 나라
파라과이
Paraguay, la tierra del Tereré

초판 1쇄 인쇄 2025년 5월 22일
초판 1쇄 발행 2025년 5월 28일

저　　자 | 이정건
발 행 인 | 정동명
디 자 인 | 서재선
인 쇄 소 | 재능인쇄

펴 낸 곳 | (주)동명북미디어 도서출판 정다와
주　　소 | 경기도 과천시 뒷골1로 6 용마라이프 B동 2층
전　　화 | 02.3481.6801
팩　　스 | 02.6499.2082
홈페이지 | www.dmbook.co.kr / kmpnews.co.kr

출판신고번호 | 2008-000161
ISBN | 978-89-6991-051-6
정가 20,000원

※ 이 책은 저작권법에 따라 보호받는 저작물이므로 무단전재와 무단복재를 금합니다.
　이 책 내용의 일부 또는 전부를 사용하려면 반드시 〈도서출판 정다와〉의 서면 동의를 받아야 합니다.
※ 잘못된 책은 구입하신 서점에서 바꿔 드립니다.